王书华 主编·第三卷

晋商史研究文库·第一辑

明清泽潞商人研究

张林峰 ○ 著

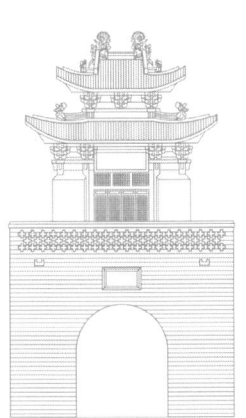

中国社会科学出版社

前　言

晋中商帮等于晋商吗？或者说，晋商，是晋中票号商人的专属名称吗？

这一问题，看似毫无意义，实则不然。晋商，顾名思义是山西商人的简称，在古代的文献中也有称作"西商"的。这一群体在明清两代与徽商长期并列中国诸商帮之首，号称北晋南徽，是当时商界实力相匹敌的唯二对手。由于万里茶路的开拓，晋中商人几乎垄断草原甚至俄罗斯方向的贸易，赚取不菲的利润，票号业的异军突起，更使得晋中商人"一枝独秀"，在晚清民初近一个世纪的时间内几乎垄断了汇兑业务，短期内聚集了大量财富，并在近代舞台上发挥了巨大的影响。票商的辉煌，使得晋商其他分支的光芒黯淡无光。加之各种传播媒体的渲染，尤其是一些火爆的影视作品的影响，使得晋商逐步在民众心中成为晋中商帮甚至是票号商的专有的代名词。

实际上，不管是考诸史实记载，还是商业遗存，"晋商"都不能仅仅是晋中商人的专属。晋商应是山西境内的所有商人群体共同的称呼。当然，不同时期，晋商的具体内涵区别很大。从时段上看，明代晋商主要由晋南的平阳府与晋东南的泽州府、潞安府籍贯商人构成。借助于明初"开中制"的契机，依托本地盐池的资源优势以及接近边地的地理优势，晋商拉开五百年辉煌的序幕，最迟万历年间，晋南的平阳府商人群体及晋东南的泽潞商人群体先后崛起，时人记载"平阳、泽、潞豪商大贾甲天下，非数十万不称富"。这是明代晋商的主要代表。清代以后，晋南、晋东南地区的商业继续得到发展，但是重心已经逐步北移，晋中商帮逐渐崛起成为后起之秀，以茶商和票商为代表的晋中商人，成为清朝晋商最杰出的代表。从地域上来看，山西境内的势力雄厚的商人群体起码有上文提到的平阳府商人、潞泽商人等早期晋商的分支，以及后来居上的祁、太、平商人，除此之外，还有忻代商人群体，寿阳商人等规模相对小一些的商人群体。我们倘以明清时期留下的晋商会馆进行统计，会有更直观的感受。现存山西会馆 400 多所，其中以具体府县命名的会馆，扣除地域重复者，尚涉及 70 余地，其中涉及 14 个州、府。其中以晋南地区的州县命名的会馆合计 4 个州、府，约 27 个州、县，晋中地区有 2 个府，13 个县的会馆，晋北约 14 县。其中泽潞地区除了"潞郡会馆，上党社、泽州府梨园会馆"这种以府为单位命名的会馆外，还有至少"黎城县会馆、屯留县会馆，长治县会馆，长子县会馆，壶关县会馆，平顺县会馆，高平县乌绫会馆"等七县会馆。

从经营的领域来看，晋商也绝不仅仅是票号商，从明代开中制时期的盐商，到后来的铁货商、绸布商、粮商，再到清代经营茶叶、颜料及烟草、干果等货物的商人，以上行当，无不是晋商深耕的领域。这才是科学的，符合历史真相的认知。

所谓"泽潞"地区，从行政区划上来讲，是明清时期的泽州府和潞安府辖区，大致相当于现在的晋城市和长治市两个地区。泽潞商则一般指明清时期泽州府和潞安府籍贯的地域性商人群体。这一地域的商人群体崛起较早，属于早期晋商群体的代表，最迟在明代万历时期，这一群体就凭借政策优势、交通优势及资源的优势，继晋南的平阳商人群体之后迅速崛起。明清之际，他们凭借本地优质的丝绸、铁货和煤炭，将生意做到华北、江淮，乃至周边国家，创造了时代的传奇。但是清代中后期，随着晋中票号商人的强势崛起，泽潞商人的光芒被掩盖，逐渐湮没于历史的长河中。在相当长的时间内，人们对晋商的印象一直停留在晋中商人群体之上，研究热点也一直以票号等为主，对于曾经辉煌数百年的泽潞商相对忽视。①

基于这一漠视、低估、忽视除了晋中商帮以外的晋商群体的现实，我们有必要对包括泽潞商人的其他晋商代表者给予正名，可喜的是，学界已经有部分学者意识到了这一问题，并提出打破"晋商即晋中商人"的认识误区号召。② 重新评价泽潞商帮等的历史地位，这也是本书选题的一个最重要的原因之一。

当然，泽潞地区的商人群体崛起较早，又较早退出历史舞台，加之其经营的业务是传统的铁货、丝织品等手工业制品，与金融业相比，在产业链上处于相对低端的地位，传奇性也不如票号商，因此保留下来的资料不如晋中商帮多，这对我们的研究造成不小的困难。但是，泽潞地区庙宇众多，我们可以借助大量庙宇，尤其是各种行业神庙宇等作为旁证，以及陆续面世的一批民间碑刻、账册等材料，推测明清时期的商业发展，并借助庙宇中保留的大量碑刻资料，进行较为详细的研究。

本书的创新之处，在于本书所用资料，除了明清正史、方志及部分近代调查资料外，占比最大的是各类碑刻资料，这也是本书的特色之一。碑刻资料是本区保留最丰富，也是最具特色的资料。泽潞地区地处山区，在历史上长期是国家权力相对薄弱的文化边缘区域，境内教育相对比较落后，因此传世文献较少。其资料的丰富程度不仅无法与江南这样的文化重地相比，也无法与同样是商人故乡的徽州相比，甚至无法与某些华北平原地区相比。不过本区民间崇信巫鬼，庙宇林立，大量的神庙保留了众多记事碑刻。清人叶昌炽说："大抵晋碑萃于蒲、绛、泽、潞"，历史上的泽潞地区及蒲州、绛州地区，基本相当于今天的晋东南的地区和晋南地区。据当代文物部门普查统计，山西省现存碑刻大约两

---

① 李永福、罗影：《明清时期"襄汾商人"探究——兼析"晋商即晋中商人"现象》《太原理工大学学报》（社会科学版）2015年第4期。

② 李永福、罗影：《明清时期"襄汾商人"探究——兼析"晋商即晋中商人"现象》《太原理工大学学报》（社会科学版）2015年第4期。

万通,其中半数左右分布在以上地区。①这万余碑刻资料,又有相当大一部分是明清时期,尤其是清代的资料,内容覆盖了民间生活的各个层面,可以为我们了解本地的商业提供帮助。

各类行业神庙,是明清以来地方经济发展的最直接见证者。庙内保存的行规、字号、经济规模等信息是现存碑刻中最精华的部分。诸如蚕姑庙、机神庙等是蚕桑、丝织业发展的历史证人;老君庙、针翁庙等是铁冶业的历史见证者;郎翁庙、轩辕庙是造纸业、印染业等手工业活动的历史遗存;鲁班庙则是建筑业者的活动场所。大量存在的金龙大王庙、关帝庙、财神庙,更是本地商业发达的强有力证据。除了这类庙宇,村落保留的社庙等其他建筑的记事碑文,或涉及公益事业的经费摊派,或记载大量乡规民约和禁约碑,则涉及基层市场交易,经济管理等内容,这种看上去零碎的信息,在官方史书中都极少记载,如能合理利用,都是极其宝贵的历史资料。尤其重要的是,清中叶以来大量出现的字号捐资信息,带有商人字号的碑刻,成百上千,保留的字号上千上万,为我们进一步理解泽潞商人经营的行当以及活动的区域提供了丰富而翔实的材料。

目前出版碑刻资料重要者有以下几种:国家图书馆利用本馆收藏拓片资料汇总出版的《国图藏历代石刻汇编》,按朝代分省整理了各地的碑刻资料,其中收录有部分山西的资料。以山西省为范围编订的资料有科大卫等主编的《明清山西碑刻资料选》三编以及《山西碑碣》上下两编。以上几类资料,多以全国或者全省为收录目标,资料多选择重要者录入,对于县级行政区内的资料收集相对不足。

近年来,山西省陆续出版了一批以县为单位的碑刻资料,其中最典型成果是《三晋石刻大全》系列。这套资料由省、市合作,分县收录,重点收集了山西省内碑刻保存较多的十几个县的资料,其中多数是泽潞

---

① 刘泽民总主编:《三晋石刻大全·长治市长治县卷》,三晋出版社2012年版,总序第2页。

地区的资料。涉及泽潞地区的主要有晋城市高平县及泽州县的上、下两册，晋城城区、阳城、陵川、沁水各一册；长治境内的有平顺县的上、下两册及长治、壶关、黎城、屯留、长子各一册，合计有十余种；此外各县还出版了一批金石志及碑刻集，代表有《泽州碑刻大全》共四册，《高平金石志》及《沁水碑刻蒐编》等。这批资料相互参照，基本上覆盖现存大多数碑刻文献遗存。略微遗憾的是，目前整理出版的碑刻资料，以晋城境内（相当于明清泽州府）收录最为完备，相对而言，长治地区（约相当于明清潞安府）的资料整理尚较欠缺，因此导致该区域的研究资料薄弱，甚为可惜。

除了山西本地的资料整理，晋商经商地的资料整理也有一批成果，代表有南开大学许檀教授编撰的《清代河南山东等省商人会馆碑刻资料选辑》，书中收录了华北诸省较重要的会馆、庙宇所保存碑刻资料，是晋商在外地经商的重要史料。

除了公开出版的一批资料，作者也曾数次前往泽潞地区做田野调查，调查地点涉及高平、长治等县份，获得数千通碑刻资料，这批材料中有相当一部分未曾整理出版，或者已出版而缺录碑阴或捐资人信息，调查所得恰好可以弥补出版资料的不足，在此一并说明。

当然，由于官方文献不足，而碑刻资料又过于零碎，如何对其充分、有效地利用是件较困难的事情。故本文的研究还比较粗糙，有很多资料还没能得到充分利用，尚有待进一步挖掘。由于时间限制，谨具粗稿，敬请方家批评指正，以便下一阶段研究的改进和提升。

是为记。

张林峰
2023 年 6 月撰于龙城

目　录

第一章　泽潞商人崛起的因素 …………………………………………（1）
　第一节　泽潞地区的生存压力与经商动力 ……………………（3）
　第二节　泽潞地区的地理条件与资源优势 ……………………（17）
　第三节　泽潞地区的行业神信仰与商品生产 …………………（30）
　第四节　泽潞地区的商业传统与商业经验积累 ………………（39）
　第五节　泽潞地区的交通区位优势与商业发展 ………………（49）

第二章　泽潞地区的商品生产 ………………………………………（55）
　第一节　明代泽潞地区的商品生产 ……………………………（55）
　第二节　清代泽潞地区的商品生产 ……………………………（69）

第三章　泽潞商人的经营行业 ………………………………………（133）
　第一节　外地输入商品 …………………………………………（135）
　第二节　本地输出产品 …………………………………………（151）
　第三节　泽潞商从事的其他行业 ………………………………（176）

第四章　泽潞商人的商业联系区域 …………………………………（190）
　第一节　河神庙所反映的商业活动区 …………………………（190）
　第二节　商人墓志记载的商业活动区 …………………………（204）

第三节　会馆捐资碑刻反映的商业活动区 …………………（210）
　　第四节　村落庙宇碑刻反映的商业活动区 …………………（222）

第五章　泽潞商人的特点与历史地位 ……………………………（237）

参考文献 …………………………………………………………（243）

附录　捐资字号资料选辑 ………………………………………（262）

致　谢 ……………………………………………………………（292）

第一章　泽潞商人崛起的因素

泽潞商人一般指明清时期泽州府和潞安府籍贯的地域性商人群体。所谓泽潞地区，通常以明清两代的潞安府和泽州府辖区为准，其范围大致相当于今天山西省东南部的长治和晋城两个市所辖十余个县。该地区历史悠久，是中华民族的发祥地之一。上古时代，这一地区就是先民活动的场合，高平的羊头山一带，是传说中的神农故地，神农培植五谷、亲尝百草就在这一地区。商周时期，这一地区有方国"黎"（长治西南）、"徐"（屯留北）等国。战国以来，本地区属于上党郡，曾先后归属于韩、赵等国，战国后期著名的长平之战就发生于此。秦统一后推行郡县制，本地区和晋中一部隶属上党郡，汉承秦制，本区仍隶属于上党郡，治长子。西晋统一后，本区分属平阳郡和上党郡。南北朝时期，割据不断，泽潞地区一带从属多变，直至隋朝取代北周，统一全国，更定地方行政制度，取消郡级建制，并于冲要诸州设总管府，以州刺史兼总管。炀帝即位后，又改州为郡，行郡、县两级制。泽潞地区被划归上党郡（疆域约相当于今天长治市及河北一部）和长平郡（相当于今天晋城市一带）。唐代划分天下十道，山西为河东道所领，泽潞地区分属阳城郡、上党郡和高平郡管辖。北宋本地区属河东路，元代以来则长期属晋宁路管辖。

元代建立的行省制度，被明代继承下来。在明代行政区被划分为布政使司（行省）、府、州、县几个级别，今晋城一部直辖于山西省布政使，为泽州直隶州，辖4县，分别为高平（今高平）、阳城（今阳城）、陵川（今陵川）、沁水（今沁水）。长治一带则归潞州管辖，辖长子（今长子县）、屯留（今长治市屯留区）、潞城（今长治市潞城区）、壶关（今壶关县）、襄垣（今襄垣县）、黎城（今黎城县）等6县，嘉靖八年（1529），潞州升为潞安府，以长治为附郭县，并增设平顺县，此时的潞安府治所在长治（今长治），下辖原潞州所辖6县及新设长治、平顺2县，合计8个县。①

清朝继承了明代的行政划分，泽潞地区在行政管理上仍属于泽、潞二府，疆域大体不变，调整之处仅仅是雍正元年（1723）将泽州的行政级别升级为府，并分凤台县为附郭。此时泽州府治所在凤台县（今晋城），在原泽州直隶州管辖4县的基础上，加上增设的凤台县，合计5县，泽潞地区2府13县的行政区划最终定型。

关于晋商崛起的话题，学界说法颇多，前辈学者曾提出一些比较有代表性的观点，比如"明末李自成遗金说""山西农业发展说"等。这些观点，能解释晋商崛起的一些共性的原因，但对于具备明显地域性特点的泽潞商，这些解释则并不具备普遍性。如"明末李自成遗金说"是山西地区很流行的一类传说，这种传说版本很多，它解释了晋商崛起的第一桶金来源的问题，但明显与票号业原始资本积累有关系，就地域而言，似乎与晋中关系更为密切；"山西农业发展说"对于泽潞地区来说，也不具备适用性。本区山多地少，气候高凉，农业一向不是优势行业，甚至本地的粮食还要仰赖邻省的河南等地接济，农业发展对财富积累的意义并不显著。相反，本地区对粮食的大量需求，促使本地人外出贩运，反而有可能是商业发展的一个诱因。其他诸如"运城盐池致富说"等，则显然与晋南商人关系更密切一些，与泽潞地区关系不大。

---

① 潞安府的平顺县原系嘉靖年间因为军事原因从潞城、壶关及黎城几个县各自拆分出一部分疆域所组建，乾隆以后被废除，民初再次恢复，不同时期存废不定。不过以上变化属于潞安府内部的辖区调整，除了所属县份数量在7县或者8县之间变动外，其所辖疆域整体上并无变化。

此外，学界前辈还有几种观点，比如明代开中制提供的契机。开中制的最大受益人，毫无疑问是盐池周边的平阳府商人，这批人也是明代晋商分支。泽潞商人在开中制中应当也有受益，明代开列的盐纲中，有泽潞纲即是证据。

山西地处中原与北方游牧民族地区物资交流的要冲的地理优势也是晋商崛起的重要因素。不过在与北方民族交往方面，泽潞地区不如晋中等地优势大，与少数民族的物资交流上，当以长城沿线的晋中以至于忻代商人优势最大。但是泽潞地区也有其自身优势，这里是晋豫二省的门户，是贯穿山西南北的官道必经之地，这是它的优势所在，明清逐渐开辟出来的万里茶道山西主干线，便是经过泽、潞二府一路北上，即是佐证。

山西盐铁等手工业商品生产提供的物质基础是晋商崛起的重要货源保障。手工业的发展，毫无疑问是泽潞商帮崛起的最重要物质保障。明代泽潞地区的铁、煤、潞绸等手工产品生产均有一定发展，从而为明代山西商人的兴起提供了物质条件。本地所产的丝绸，曰"潞绸"，是当时的贡品，质量极高，享誉海内外。山西是当时中国冶铁生产最发达的地区之一，泽潞地区又是山西境内冶铁最为繁盛的所在，本区所产的钉子、铁锅、犁铧、钢针等名优产品，广受各地欢迎，大阳镇甚至有九州针都的美名。此外本区的煤炭在市场上也有很高的竞争力。

地狭人稠的生存压力更是晋商崛起的一个现实因素。地少人多，粮食不足，大批人口注定要进行劳动力转移，而商业无疑是一个吸纳劳动力的最佳去处。①

除此之外，泽潞商崛起应该还有一些因素，我们试探讨如下。

第一节 泽潞地区的生存压力与经商动力

一 明清时期泽潞地区的人地矛盾

泽潞地区自明代以来就是人多地少的地区之一，人地矛盾相当尖

---

① 张正明：《晋商兴衰史》，山西古籍出版社1995年版，第4—30页。

锐。由于人口稠密，成为洪武、永乐时期对外移民的重点区域之一。根据统计，本区适合耕种的盆地、山间谷地等仅仅占据区域内总面积的不到三成（参见表1-1）。而人口密度从明代到清末，除了朝代鼎革时期的剧减外，整体趋势一直在下降。随着人口的不断增加，境内可供开发的土地已经达到极限，其表现就是各地的人均土地面积大幅度减少。根据表1-1统计可知，境内的十多个县里，适合发展农业的耕地占据全县面积比例都不算高。比例最高者为长治，占比也不过34.9%，其次是高平，占比为25.5%，占比在15%—20%之间的县份有5个，占比不足10%的县份有6个。整体上看，本区耕地面积较少，不适宜开发的丘陵和山地在多数县份中占据了绝对优势。

详情请见下表：

表1-1　　　　　泽潞地区各县耕地占县境面积比例①

县份	长治	高平	长子	屯留	潞城	襄垣	晋城
占比	34.9%	25.5%	19%	19%	17.3%	16.3%	15.6%
县份	阳城	壶关	陵川	黎城	平顺	沁水	—
占比	7.8%	7.5%	6.8%	5%	4.3%	4%	—

人地矛盾尖锐，在明代全国都是一个趋势，梁方仲先生曾对相关数据进行过研究，我们转引如下②：

表1-2　　　　明代历朝每户平均口数及每户平均田地数

朝代	每户平均口数（口）	每户平均田地数（亩）	每口平均田地数（亩）
太祖朝	5.47	35.3	6.5

---

① ［日］山冈师团编，山西省史志研究院编译：《山西大观》，山西古籍出版社1998年版，长治县，第250页；长子县，第260页；屯留县，第271页；襄垣县，第281页；潞城县，第293页；壶关县，第303页；黎城县，第313页；平顺县，第322页；晋城县，第332页；高平县，第342页；阳城县，第352页；陵川县，第361页；沁水县，第370页。
② 梁方仲编著：《中国历代户口、田地、田赋统计》，上海人民出版社1980年版，第201页。

续表

朝代	每户平均口数（口）	每户平均田地数（亩）	每口平均田地数（亩）
成祖朝	5.39	—	—
仁宗朝	5.24	41.9	8.0
宣宗朝	5.26	42.9	8.2
英宗朝（正统）	5.63	44.9	8.1
代宗朝	5.66	44.9	7.9
英宗朝（天顺）	5.78	45.2	7.8
宪宗朝	6.82	52.3	7.7
孝宗朝	6.12	82.8	16.2
武宗朝	6.48	50.6	7.8
世宗朝	6.52	44.9	6.9
穆宗朝	6.25	46.7	7.5
神宗朝	5.61	115.8	20.6
熹宗朝	5.25	75.6	14.4

在泽潞地区，同样的趋势也在发生，甚至更加尖锐。与可耕地资源不足相对是，本地的人口一直在膨胀。我们以方志记载的数据计算后，可以看出，整体上泽州府人口膨胀较快，人均土地下降迅速，相对而言，潞安府在明代人均土地变化较平缓。我们利用明代各版《山西通志》记载的人口及土地数目，整理成表。

详情参见下表：

表1-3　　　　　　　　明代泽潞地区土地平均水平

朝代	府县	户数/户	口数/口	土地	户均土地	人均土地
洪武二十四年	泽州府①	66846	474931	31804顷49亩	47.6亩	6.7亩
成化八年		74322	529683	27551顷15亩	37.1亩	5.2亩
万历三十八年		76967	619975	31131顷11亩	40.4亩	5亩

---

① 泽州府洪武、成化年间人口、土地数据参见成化《山西通志》卷6《户口》，第18页a、卷6《田赋》，第59页a—b；万历年间人口、土地数据参见万历《山西通志》卷9《户口》，第13页a、卷8《田赋》，第10页b。

续表

朝代	府县	户数/户	口数/口	土地	户均土地	人均土地
洪武二十四年	潞安府（潞州）①	166147	1113024	77553顷92亩	46.7亩	7亩
成化八年		85496	548460	40357顷77亩	47.2亩	7.4亩
万历三十五年		86234	379949	42359顷33亩	49.1亩	11.1亩

以整体看，除了战争因素和移民，以及灾荒的侵害，本区的人口基本没有出现大规模减少的现象，反而是持续膨胀。明初洪武、永乐时期的人口剧减，和洪武移民以及永乐靖难导致的人口流失，进而发动的二次移民有密切关系，而明末的人口暴跌，则与万历以后不断出现的动乱，尤其明末清初的长期战争关系莫大。别是崇祯年间，农民军多次经过泽州府地区，境内多个县份惨遭战火惊扰。在明末清初几个军事势力的拉锯战中，几乎泽州、潞安一带多数繁华村落、市镇遍遭荼毒，甚至州城都一度被攻陷，每次战斗，死伤都在千百之数，史书中记载了不少这种悲惨的例子：

> 泽之受流贼祸不一而足，贼至则无兵，任其蹂躏，兵至则尾后，甚至杀难民以首功，其为民害者更甚于贼……②

经过官军、流寇交替蹂躏，境内人口剧减，清初的人口较之明末，几乎十不存一。

清代统一以后，社会保持了长期的和平稳定，人口逐步恢复。不过乾隆以前，多数地区在人口统计中丁、口不分，无法准确计算人均土地水平，乾隆以后，才有了相对精确的人口数据。嘉庆年间重修一统志留下的资料，大致可以反映清代中叶，几乎是人口最高峰时期的人地关

---

① 潞安府洪武、成化年间人口、土地数据参见成化《山西通志》卷6《户口》，第17页a、卷6《田赋》，第56页a；万历年间人口、土地数据参见万历《山西通志》卷9《户口》，第8页b、卷8《田赋》，第6页b。

② 雍正《泽州府志》卷49《纪事·附兵燹》，第20页a。

系，嘉庆二十五年（1820）前后，泽州府原额153336丁，"丁"是征税单位，不能作为人口数据使用。"口"则是相对靠谱的人口数据，据记载，嘉庆时期，泽州府实际滋生男妇89万9698口，17万5997户，合计土地2万7959顷31亩，① 折合户均土地0.159顷，人均3.1亩，明代人均土地最高峰时期是洪武时期，人均6.7亩，明末万历时期，人均土地已降至5亩。嘉庆时期，泽州府的人均土地已经跌破明末水平，不足明初水平的一半，人地关系紧张得多了。

潞安府至嘉庆二十五年（1820）前后滋生男妇94万514口，22万2089户。土地3万7989顷69亩②，经折算，户均土地合计0.171顷，人均土地仅仅4亩。潞安府在明代洪武至成化时期，人均7—7.4亩，明末万历时期，人均土地短暂回升至11.1亩。嘉庆时期的人均土地面积较之明代，仅相当于明代最低水平的一半略强罢了。

虽然，这类官方统计的人口和土地数字也许会有偷漏现象而不够准确，但是一个大趋势是无疑的，即境内可耕地面积增长缓慢，甚至有所减少，基本上是达到当时技术水平下开发的极限，而人口数却是在继续不断攀升的，换言之，人地矛盾是逐渐在尖锐化是无疑的。

另外，民国年间日本人编订的《山西大观》收集了不少的调查资料，我们也可以拿来作为参考，与上文互证。材料中所记载民国元年（1912）山西各县人口数据，我们可以视作清末的人口数据，③ 制表如下：

表1-4　　　　民国元年泽潞诸县人口、土地

县份	人口	耕地	人均	县份	人口	耕地	人均
长治	193520人	66.9万亩	3.4亩	平顺	100287人	22.8万亩	2.3亩

---

① 嘉庆《大清重修一统志》卷145《泽州府》，第5页a。
② 嘉庆《大清重修一统志》卷142《潞安府（一）》，第6页a。
③ ［日］山冈师团编，山西省史志研究院编译：《山西大观》，山西古籍出版社1998年版，长治县，第248—250页；长子县，第258—260页；屯留县，第269—271页；襄垣县，第279—281页；潞城县，第292—293页；壶关县，第302—303页；黎城县，第312—313页；平顺县，第320—322页；晋城县，第330—332页；高平县，第341—342页；阳城县，第351—352页；陵川县，第359—361页；沁水县，第368—370页。

续表

县份	人口	耕地	人均	县份	人口	耕地	人均
长子	103632人	61.2万亩	5.9亩	晋城	258963人	93.6万亩	3.6亩
屯留	97049人	61.2万亩	6.3亩	高平	214106人	75.8万亩	3.5亩
襄垣	122955人	63.4万亩	5.2亩	陵川	100620人	42.6万亩	4.2亩
潞城	118816人	49.5万亩	4.2亩	阳城	131270人	41.6万亩	3.2亩
壶关	114294人	36.9万亩	3.2亩	沁水	66732人	32.1万亩	4.8亩
黎城	61716人	25.3万亩	4.1亩	—			

根据表1-4统计来看，泽潞地区清末人均土地面积能明显超过嘉庆时期水平的（即泽州府人均土地3.1亩，潞安府人均土地4亩），潞安府属县中只有屯留、长子和襄垣县3县，分别为6.3亩、5.9亩及5.2亩；泽州府属县中仅有沁水及陵川2县，分别为4.8亩及4.2亩；与嘉庆时期基本持平者有潞安府的潞城县和黎城县，分别为4.2亩及4.1亩。泽州府的晋城、高平及阳城三县人均土地水平与嘉庆时期接近，略高于嘉庆时期；潞安府属县中的长治、壶关等县，人均土地已经低于嘉庆时期，情况最极端的平顺县，人均土地面积仅有2.3亩，已经远远低于清代中叶的水平。这一数据与嘉庆年间数据相互参照，一定程度上验证了方志记载的数据的可靠。古代正常情况下，成人一年至少需要3石多粮食方能维持基本的生存需要，以泽潞地区的粮食亩产水平看，亩产超过一石者极少，多数地区亩产大概只有数斗，加之局限于气候等因素，相当多地区年仅一熟。以这个标准衡量，至少四五亩土地的粮食产出勉强能养活1口人，我们结合表1-3来看，泽州府至少在明成化时期已经接近这一红线，潞安府的人均土地拥有量较之泽州府略好，但最迟到清嘉庆时期，也已突破人均土地4亩这一生存红线。

从整体看，本区的人口除战争因素和移民及灾荒影响外，人口长时间保持了增长趋势，至嘉庆以后，人口规模已经达到惊人的地步，人地矛盾尖锐，大量人口土地不足，相当多的家庭处于少地甚至无地的状态应该是当时的常态。

二 明清时期泽潞地区的粮食压力

泽潞地区农业生产条件较为恶劣，粮食生产并非优势行业。受制于本地区多山，易旱，且气候偏冷的自然条件，本地粮食只能种植耐旱、耐瘠、适应山地凉爽气候且生长周期较短的作物。本地出产的细粮以麦子为主，杂粮以小米、高粱以及一些豆类为主。这些粮食受限于环境，产量都不算太高。产量较高的水稻仅在境内少数水热条件较好的河谷平原偶有种植，对本地粮食供应的大局影响不大。明清以来，随着东西方文化交流而传入的高产作物，如玉米和各种薯类，推广时间已经迟至清代，我们一并在本部分简要分别论述之。

（一）谷物

谷类作物是本地区最主要的粮食作物，在本区有两个主要的种类，一种是谷子，脱壳为小米；一种是黍，脱壳为黄米，即所谓的糜子，这是本地一种主要粮食作物。由于谷类比较耐旱，生长周期又比较短，在境内主要作为秋粮作物出现。某些自然条件不适合种植麦子的山地丘陵等地方，可以种植谷物，增加土地利用率。

泽州"地脉高寒，水利悉归下土"[①]，适宜种耐旱而生长周期短的谷类，境内的谷类品种很多，谷物最著名的产地为高平县：

> 黍有青、黑、红、白数种，通志云：羊头山有黍二畔，其南阴地，黍白，其北阳地，黍红，因之以定黄钟；……稷即穄米也，似黍而小，其色黄，土人称黄米。[②]

谷类有"黄、白、青、红数种，脱壳则为粟米，亦曰小米……高

[①] 雍正《泽州府志》卷12《物产》，第1页a。
[②] 乾隆《高平县志》卷6《物产》，第3页b。

平所出之粟精洁美脾，甲于他郡"①。

阳城县有黍："俗呼软黍，可酿酒，有黏不黏之别，宜早收，迟则风落。"② 有粱，其种类很多，"今通呼为谷……种分五色，名目甚繁，不止《周礼》谓九谷，脱壳即北人日用之小米"③。根据种类，又分为几种，"谷又有黏者，可酿酒，即古所谓秫，今之红谷是也"④。

长子县种植也有一定规模，境内谷"种甚伙，有红、黄、黑、白、青之分，早晚大小之异"。黍"有黑、白、红三色"⑤。

（二）麦

麦也是泽潞最主要的粮食作物之一，按照耕作方式，有春小麦和冬小麦之分，所谓宿麦，按方志记载，汾州以南地区"白露前种，芒种后收，名宿麦……种收隔岁，故号宿麦"⑥。白露是立秋之后的第三个节气，之后下一个节气即秋分。芒种则是立夏之后的第三个节气，芒种之后下一个节气即夏至日，基本上是秋种夏收，属于很典型的冬小麦。

若按照品种，则有小麦、大麦（䵬麦）、荞麦和莜麦：

> 麦之别种曰燕麦，俗称莜麦，夏秋种，性寒，宜边地……泽、汾近山诸属胥有之。⑦

泽州府境内，适合种麦的区域不多，如陵川境内多山，海拔高，气温相对较低，由于热量不够，加上缺水，相对高产的稻、麦，本地皆不能生产：

---

① 乾隆《高平县志》卷6《物产》，第4页a。
② 同治《阳城县志》卷5《物产》，第1页a。
③ 同治《阳城县志》卷5《物产》，第1页a。
④ 同治《阳城县志》卷5《物产》，第1页a。
⑤ 乾隆《长子县志》卷4《物产》，第9页a。
⑥ 雍正《山西通志》卷47《物产》，第5页a。
⑦ 雍正《山西通志》卷47《物产》，第5页a。

> 天以燠而生，陵则寒；地以沃而产，陵则瘠。无水，故不宜稻，早冻，故不宜麦。①

较适宜种麦的有阳城县等地，境内种植小麦：

> 备四时之气，先秋而成，续谷之不足，与䅟殊种，俗呼䅟为大麦，又有莜、荞两种，荞畏霜雾，犯之歉收。莜惟深山种之。②

高平境内"麦有大、小二种，又有别种曰荞麦，秋种，有红、黑、斑三种"③。

潞安府的壶关县：

> 气候高寒，麦五六月始熟，比刈麦种他谷则时已过，种荞则畏早霜，种菜艰于灌溉。……故春秋无麦禾必书，而壶邑不收麦之利，此生计所以薄也。④

境内所种植麦类有"小麦，大麦，荞麦"。

长子等县是潞安府内最适宜麦类种植的地区："麦惟长子、屯留宜，余间间有䅟麦、荞麦。"⑤ 品种"有大、小二种，另有荞麦一种，夏种秋熟"⑥。

不过小麦对于灌溉的需求较高，适宜的产区仅在少数山间盆地及河谷平原地带，其种植规模估计不会太大。一个旁证是高平县光绪《高平县志》的记载："地性寒，旧时种麦者少，近则益数倍焉。"

---

① 乾隆《陵川县志》卷16《物产》，第1页a。
② 同治《阳城县志》卷5《物产》，第1页a。
③ 乾隆《高平县志》卷6《物产》，第4页a。
④ 道光《壶关县志》卷2《物产》，第23页b。
⑤ 乾隆《潞安府志》卷8《风俗·附物产》，第13页a。
⑥ 乾隆《长子县志》卷4《田赋·物产》，第9页a。

（三）杂粮

泽潞地区种植的杂粮作物主要有高粱和各种豆类，这种作物通常作为大秋作物出现。

高粱，古称"秫"，或者"粱"，在山西，高粱别名甚多，长子县一带"高粱俗名焦籽，有红、白、御焦籽"①。高平地区则"一名稻秫，种来自蜀，一名蜀秫，土人又称荚子，有红、黑、白三种"②。这是一种种植历史很悠久的作物，也是泽潞地区种植较广的一种秋粮作物。高粱适应力强，且用途多样，泽潞地区，群山居多，土地相对贫瘠，耐贫而高产的高粱，成为境内最佳的选择，并在粮食种植中有一定地位。在玉米传入之前，高粱和粟类谷物应该是本地大秋作物最主要的两个品种。从已有的确定证据看，清代以来高粱的种植量应该不小，以至至迟在康熙年间，高粱已经在泽潞地区的粮食市场上有了相当的比重，而且是民间比较重要的粮食之一。康熙四十二年（1703），高平县西栗庄重修玉皇庙，管待工匠的粮食种类为：

> 四十年正月二十四动工至八月初八日止，吃米十九石六斗，使银二十二两五钱四分；焦子三石、曲六十个，使银三两二钱，香油、白面、豆面，共使银十一两八钱。③

从材料看，米、高粱（焦子）、面粉是主要的粮食种类，而一次性采购 3 石的高粱，可见这一地区食用高粱应该已经是一种习惯。

豆，古称"菽"，也是本区比较重要的杂粮作物。境内豆子种类很多，如潞安府长子县豆类"有青、黄、赤、白、黑五色，又有菉豆

---

① 乾隆《长子县志》卷 4《物产》，第 9 页 a。
② 乾隆《高平县志》卷 6《物产》，第 4 页 a。
③ 刘泽民总主编：《三晋石刻大全·晋城市高平县卷（上）》，三晋出版社 2011 年版，第 290 页。

（绿豆）、豌豆、扁豆、刀豆、连豆、蛾眉豆六种"①。

泽州府有"黑豆、菉豆（绿豆）、豌豆、豇豆、白豆、小豆、蛮豆"②。阳城县豆类"种分五色，又有豇、豌、蚕、扁之目，早种无荚"③。陵川县山高地寒，只有夏季适宜种植耐凉作物"谷雨种谷、麻、豆，小满种黍"④。高平县所种"种类极多，谚曰：谷三千，麦六十，豌八扁二豇十一"⑤。

这类作物多数作为秋粮种植，种植面积有限，产量较低，价值不大。

（四）其他新引进作物

泽潞地区由于气候、地形、水源等因素，极少出产水稻。个别水热条件较好的地方偶有种植，如长子县"稻：近河地间有之"⑥。入清以来，地方上也尝试逐步引进一些适合本地种植的品种，在某些水利较佳的地区进行推广。如阳城县：

> （水稻）在昔不产，迩年宜，固左近藉芦水，少有栽种者。脱粟较粳（粳）米尤硬，近沁溪者皆宜习种。⑦

又如屯留县：

> 玉溪水在县南十二里魏村，发源于村西南龙王庙沟，流里许入村水渐大，逦迤至东魏村，满河之中尽植稻田，旱涝均收，无歉岁，邑之水利，斯为最焉。⑧

---

① 乾隆《长子县志》卷4《物产》，第9页a。
② 雍正《泽州府志》卷12《物产》，第1页a。
③ 同治《阳城县志》卷5《物产》，第1页a。
④ 乾隆《陵川县志》卷15《风俗》，第3页a。
⑤ 乾隆《高平县志》卷6《物产》，第4页a。
⑥ 乾隆《长子县志》卷4《物产》，第9页a。
⑦ 同治《阳城县志》卷5《物产》，第1页a。
⑧ 光绪《屯留县志》卷1《山川》，第17页a。

除了传统的粮食作物，随着中外交流，一些西方的高产作物也开始传播，比如玉米。玉米，也有地方叫作"芋子"或者"玉荄"的，比较通行的称呼是"御麦"，民间认为其得名于"种自西番来，花开于顶，实结于节，穗包如拳而长须，吐红绒，粒如芡实，以曾经进御，故名俗称玉蕉籽。山产者肥大"①。玉米传入本地的确切时间不详。从现存资料看，泽州府是引进玉米较早的地区，境内的陵川县在乾隆年间就有"玉麦：晨炊"②的记载，可见玉米已经是一种重要的粮食来源，阳城县也是本区较早有玉米相关记载的县份。到清末，玉米已经作为一种常见的粮食在市场上出售，并在几次旱灾中扮演了重要角色。清末有一次著名的丁戊奇荒，记录了这一惨状的《□记灾碑》（保存在沁水县土沃乡可封村）记载"豆壹升价钱三百六十文；芋子壹升价钱三百二十文，蕉子壹升价钱三百二十文"③。所谓"芋子"即本地对玉米的称呼。沁水县中村镇中村《荒政碑》也有类似记载："玉麦每市斗二千八百文。"④

阳城县白桑乡通义村记载了另一次灾荒情况：

（光绪三年）十一、腊月间，育子一斗大钱二千二百文，蕉子一斗大钱二千文……至四年春间，水陆不能并进，米价昂长，每斗大钱三千六百文，育子一斗钱三千文，蕉子一斗钱二千八百文。

从这里可知，市面上的救荒粮食有米面、高粱（蕉子）、玉米（育子）等类，不过以上记载，属于粮食市场中的玉米，其扮演的是商品的角色，这种玉米也有从外地贩运的可能。直接的证据是：

至三月中旬下雨，一犁牲畜缺少，人扯耧播种洋谷。四月又

---

① 同治《阳城县志》卷5《物产》，第1页a。
② 乾隆《陵川县志》卷27《艺文三》，第98页a。
③ 光绪八年（1882）《□记灾碑》，现存沁水县土沃乡可封村舜帝庙。
④ 刘泽民总主编：《三晋石刻大全·晋城市沁水县卷》，三晋出版社2012年版，第608页。

第一章 泽潞商人崛起的因素

雨,方种菽、黍、育子……迨至六月底,洋谷渐熟,诸禾茂盛,秋成大熟矣。①

这里描述的救灾作物中,明确提到有"育子",是本区种植玉米的明确记载。

可见,玉米可能乾隆时期就已经引进在本区,而按照最保险的估计,玉米在光绪年间也已经有一定规模的种植量了。

土豆,即马铃薯,是随着中西交流引进的品种,最迟同治年间,阳城县已经有种植,并且认识到土豆和豆类的本质区别,"山人呼土豆者,系芋属"②。

在民国时期对于省内的统计中,对这一地区农产品记载如下:

泽潞各县多山,高粱、谷子、小麦为主,杂谷次之。畜牧、蚕桑、养蜂者亦不少。③

这一定程度也印证了方志的记载。各种粮食的播种情况,在民国统计也有记载,列表如下④:

表1-5　　　民国时期泽潞不同作物种植面积　　　单位:亩

县份	长治	长子	屯留	襄垣	黎城	壶关
小麦	132244	175500	279304	128600	138800	425780
大麦	80128	47227	83971	54737	—	—

---

① 刘泽民总主编:《三晋石刻大全·晋城市阳城县卷》,三晋出版社2012年版,第500页。
② 同治《阳城县志》卷5《物产》,第1页a。
③ 谢嗣燨:《视察山西农林畜牧水利报告》,民国十七年(1928)出版,出版商不详,第1—8页。
④ [日]山冈师团编,山西省史志研究院编译:《山西大观》,山西古籍出版社1998年版(内部发行),长治县,第249—250页;长子县,第259—260页;屯留县,第271页;襄垣县,第281—282页;潞城县,第293页;壶关县,第303页;黎城县,第313页;平顺县,第322页;晋城县,第332页;高平县,第342页;阳城县,第352—353页;陵川县,第361页;沁水县,第370页。

续表

县份	长治	长子	屯留	襄垣	黎城	壶关
粟	177846	184245	128480	170148	93600	221406
糜子	39087	20990	41896	17806	—	21289
玉米	188921	102035	92170	96945	72000	106445
高粱	102278	91540	97756	18117	10800	42578
大豆	17589	46644	33516	37591	3200	4258
荞麦	4560	9327	22344	15168	—	—
黑豆	21498	21937	25137	39569	28800	17031
绿豆	13029	—	25137	11211	—	4258
其他	若干	若干	若干	若干	若干	—
共计	669200	612000	612056	—	—	369566
县份	平顺	晋城	高平	阳城	陵川	潞城
小麦	80000	756478	143560	218416	8239	242325
大麦	625	23640	35890	—	—	36630
粟	55375	236399	176450	242685	173023	22330
糜子	4625	—	35890	14561	11123	14098
玉米	33375	78800	89725	97074	144186	64808
高粱	5875	236390	215340	72805	20598	50719
大豆	7857	78800	35890	24268	15242	5635
荞麦	265	—	—	—	—	4508
黑豆	10625	78800		14561	3559	16906
绿豆	4750	31520	53835	4854	4120	4508
其他	若干	若干	若干	若干	若干	若干
共计	228000	936187	758100	415836	—	—

从表中可以看出来，民国初年各县播种面积最多的基本是小麦和粟米，播种面积普遍超过十万亩，其次是玉米和高粱，播种面积在数万亩规模，各种豆类杂粮则只有数千至万余的播种面积。在麦子没有大规模种植以前，明清时期这里的主要粮食应该是以谷物、高粱居多，各种豆类杂粮为辅助。

整体上看，本地区在高产的玉米和红薯等作物大规模推广之前，种植的作物基本属于耐旱耐贫瘠的作物，产量相对较低，无法满足本地人口的口粮所需，为求生存，这部分民众，只能放弃农业，转向其他行业谋生，或从事手工业，或从事服务业和商业。这是促使本地区民众经商的一个现实动力。

第二节　泽潞地区的地理条件与资源优势

一　本地区的自然条件与副业生产

山西纬度与河南省的黄河北部分及山东省基本相同，在现代气象学划分中，整体上属温带大陆性季风气候，处于中温带向暖温带、半湿润向半干旱过渡的位置。但由于山西地处第二阶梯的高原上，与平原地区相比，海拔相对更高，气温也更低，具有多种气候类型。尤其是气候的垂直变化明显，一些较高山地气候的垂直差异，甚至大于全省气候的水平差异。四季各有特色，寒暖、干湿对比明显。冬季盛行从大陆冷高压流来的西北气流，夏季盛行来自西太平洋的暖湿东南气流。干季和雨季对比明显，雨热同季。季风的强弱和进退时间历年不同，常有旱涝现象发生。[1]

就泽潞本区小气候而言，本区虽仍属暖温带半湿润季风性气候，不过由于本区纬度低，却又海拔高的特殊情况，气候特点又有一定的地域性特征。本区内各地区小气候差异很大，可以细化为温寒作物区、温凉作物区、温和作物区、温暖作物区等。

整体上看，本区气候特点如下：四季分明，冬长夏短，春季少雨多风，干旱多发；夏季炎热多雨，降水量年际变化大；秋季温和凉爽，阴雨天气多；冬季寒冷，雨雪稀少。由于这种特殊的气候特点，干旱、冰雹、霜冻、洪涝等是本区最常见的灾害。干旱主要是春旱和伏旱，尤以春旱最为频繁，危害很大。洪涝灾害则多发生在夏季，由于降水来势迅

---

[1] 山西省史志研究院编：《山西通志（第二卷）地理志》，中华书局1996年版，第124页。

猛，强度大，山区暴雨极易形成洪涝。此外，某些高山地区，气温较低，容易发生冻害。

如果看明清时期的文献记载，泽潞地区历史上的气温似乎较之现代还偏低许多。据研究，明代后期中国逐渐进入小冰期，直到清末，文献中记载本区气候才有转暖的趋势。文献中关于气候恶劣的记载比比皆是，如泽州"太行片石带土无多……而地脉高寒"①。陵川县"天以燠而生，陵则寒；地以沃而产，陵则瘠"②。

潞安府情况更恶劣：

> 上党山高，惟夏令不爽，冬令常侵于春秋之半，甚有入秋即霜，盛夏而雹者。试凭太行观之，中州之绿野铺茵，山中之黄芽始甲，迨夫千岩叶落而山趾之树稍（梢）尚青，其气候相悬盖如此。③

潞州（后来的潞安府）"山高土燥，旱多而霜早"④。

沁水县情况是：

> 处深岩邃谷中，山多地隘，气候冱寒，即盛夏大热不过二十余日，田禾生长甚迟。⑤

壶关县情况如下：

> 居万山之中，物产之富固未易言，然地处高寒……壶邑气候高寒，麦五六月始熟，比刈麦种他谷则时已过，种荞则畏早霜，种菜

---

① 雍正《泽州府志》卷12《物产》，第1页a。
② 乾隆《陵川县志》卷16《物产》，第1页a。
③ 乾隆《潞安府志》卷8《物产》，第14页a。
④ 乾隆《潞安府志》卷9《田赋》，第1页a。
⑤ 光绪《沁水县志》卷4《风俗》，第1页a、b。

第一章　泽潞商人崛起的因素

艰于灌溉。①

屯留县"山川高险……其地墝高寒"②。

长子县情况是：

> 气序多寒少暑，桃李迫初夏方华，而移麦秋于六月，秋禾黍始登，或摧残于霜雪，盖地处太行之巅，风猛气肃，即盛夏可不挥扇。③

这样的气候，造就了本地频繁的自然灾害，如旱灾、霜冻、雹灾等，以及次生灾害，如各种虫灾（主要是蝗灾）、瘟疫。这在本地供奉的神灵中也有众多体现。本地供奉的主管气象的神灵，以雨神最为普遍。常见的雨神包括龙王、汤王及各种其他有祈雨职能的地方性神灵，诸如民间附会的各种"仙姑"之类。

雨神中，各类龙王为最常见的雨神，民间祭祀极多。如安河村有龙王庙一所，是村内祈雨之所。

> 盖闻阴阳相薄，山泽通气。凡名山大川高陵深谷，□以兴云蒸雨，何在非龙之神基用也……骨坨东北有龙王沟，其庙不知何始，至万历三十五年而重修增新……东有大涧泉水潺湲，隈有石匣桠然廓荡，凡祷雨者必取涧水注匣，以□为期，心诚者注之即盈，□亦随□。不诚者终不能盈也。其灵应若此，不可得而泯也，其功□若此，亦不可得而泯也。④

---

① 道光《壶关县志》卷2《物产》，第22页a—23页b。
② 光绪《屯留县志》卷3《风俗·物产附》，第31页a。
③ 乾隆《长子县志》卷3《风俗·附岁时记》，第11页b。
④ 崇祯八年（1635）《重修龙王沟庙记》，现存高平市陈区镇安河村观音寺。

泽州西邻村南阁也供奉有金龙大王一尊，以求"神灵赫濯，默佑一方，海晏河清，风调雨顺，合村老幼无不戴德"①。

除了龙王，泽潞地区还有一位独具特色的地方神灵——商汤。商汤以"祈雨"的典故，被本地人附会成具有雨神职能的神灵广为祭祀。高平的冯庄村成汤庙，历史悠久，创建年代已不可考，曾在康熙时期重修，该村保存的乾隆二十一年（1756）刊《重修成汤庙记》记载：

> 商王庙所在多有，闲游析城山……有神池一区，云蒸霞起，居民忧旱，辄取水其中，甘霖立沛。相传即成汤昔日祷雨处也，距吾汯百余里。汯之冯庄村，立庙祀神，时稔年丰，咸以为成汤惠泽……②

雹灾也是本地常见的气象灾害。本地祭祀的主管冰雹灾害的神灵，曰"三嵕"，封号为"护国灵贶王"，祭祀这位大神的庙宇叫"三嵕庙"或"灵贶宫"。三嵕信仰在本地有着悠久的历史，民间留下的宋元时期的三嵕庙遗迹很多，高平中坪村的三嵕庙是现存年代较早的庙宇之一，其创始时间，据说能追溯到唐宋时期，"自唐宋以及于国朝乾隆，迨不知几经圮毁，几经绸缪耳"③。三嵕神，据说是上古时期的神箭手羿。高平河西镇三嵕庙留下的碑刻，记载了这一大神的详细信息：

> 庙称三嵕何为？神讳也。何以为神讳神？神功也。何神乎？尔唐帝时十日为患，其臣名羿者，善射。帝命射之，有九婴之患，又命诛之；有猰貐患，复命斩之。一时河伯惮其武不敢溺人，风伯畏其威不敢坏屋，载耤轶事，功莫神焉，故没为宗布，人咸祀之，至

---

① 樊秋宝主编：《泽州碑刻大全（三）》，中华书局2013年版，第456页。
② 刘泽民总主编：《三晋石刻大全·晋城市高平县卷（上）》，三晋出版社2011年版，第346页。
③ 同治十二年（1873）《重修灵贶宫碑记》，现存高平市北诗镇中坪村二仙宫。

周显德，初始加封号而庙于三嶕山，后人神其功，因讳其名号特称为三嶕庙。①

三嶕神是执掌天气的神，民间祭祀他，以求风调雨顺：

> 如寒暑不时，风雨不顺，飞蝗遍野，年不顺成，无非神有以……默运其气者。神固国家之所凭依，人民之所藉赖者也。②

由于这一缘故，高平市北诗镇中坪村修建庙宇，以为祭祀：

> 山顶之上，古有护国灵贶王神庙，祷雨则甘霖普降，祈愿则冰雹不施。英灵赫濯，其应如响，故岁岁朝山者，不下四十余处；殷殷奉祀者，约有千百万年。其神灵、其山秀、而其建庙祀神，亦觉历久，而莫知其始也。……前缘元年秋，飞蝗入境，蛰蛰薨薨，因祈陈奇将军显圣，于是传神像以祀之，又奉龙王昭泽王与龙王三太子神图，设立一殿，守护四方。庶乎寒暑时，风雨顺，八蜡不作，百谷永成。③

民间祭祀三嶕，希望获得庇佑"举家各求平安、福利，每岁田蚕茂盛，普降一方，风调雨顺，苦雨不生，人民康泰，五谷丰收"④。

由于三嶕神鲜明的自然神的属性，其陪祀神灵也大多数是与农业生产关系密切的神灵，如中坪村的庙宇同时祭祀有"陈奇将军神像"，"龙王昭泽王与龙王三太子神图"，陈奇将军是主管蝗灾的神，龙王是

---

① 道光二十二年（1842）《补修大殿记》，现存高平市河西镇河西村三嶕庙。
② 刘泽民总主编：《三晋石刻大全·晋城市高平县卷（上）》，三晋出版社2011年版，第716页。
③ 刘泽民总主编：《三晋石刻大全·晋城市高平县卷（上）》，三晋出版社2011年版，第717页。
④ 天启七年（1627）《补修神农炎帝庙三嶕殿碑记》，现存高平市神农镇庄里村炎帝庙。

雨神，与主管冰雹等气象灾害的三崚神一起祭祀，相当贴切。

此外，本地还有虫王庙、八蜡庙等祭祀虫神的所在。虫神除了八蜡神、陈奇将军等，唐太宗因为"尝吞蝗，曰：'食其苗心，宁食吾心！'"的典故，也作为虫神被民间祭祀。

总体上看，泽潞地区除了几个处于山间盆地中的县份，如晋城盆地中的高平，以及上党盆地中的长治等县份粮食生产条件相对较好外，多数县份发展农业的条件并不算特别优越。尤其是地处山区的县份，仅能种植适合高凉气候的经济作物和杂粮。作为农业核心产业的粮食种植业不适宜于本地山地丘陵地形及寒凉气候，相较而言，各种家庭副业却较为适合，比如各种经济价值更高的经济作物都成为家庭经济的重要补充部分。

本区经济作物主要有桑、麻、药材等，此外染料和各种木材也有一定的经济价值。泽潞地区种植桑树有得天独厚的优势，它虽地处高海拔的太行山脉，但山西东南部纬度较低，加之本区北方有一道叫作韩信岭的高山隔绝了北方冷空气的侵害，形成一个相对独立而温暖的小区域。这道山岭基本是山西蚕桑业南北的分界线。民国有文献记载：

> 韩信岭以南为湖桑，以北宜实生桑。此为气候使然，湖桑不耐寒冷，常见岭北有辛苦数年栽培之湖桑，屡屡因冻而枯死者甚多，岭南则无之……①

这是其气候上的一个优势。泽潞地区位于此岭以南，所受霜冻雨雪灾害较少，因此蚕桑业相对兴盛，一直在清代，蚕桑业还在本地经济构成中占据极重要的地位。

另一种经济作物潞麻喜欢凉爽的气候，是一种上好纤维材料，也是本地特产。方志记载："麻，宜于凉地，故惟深山种之，沤成色苍，不

---

① 山西省农矿厅编印：《蚕桑浅说》，民国十九年（1930），第3页。

若外贩之光洁。"① 山地居多的阳城、沁水、陵川等地尤其适合潞麻生长，是优质麻产区。陵川县：

> 陵川僻居万山中，为一郡清凉之域，其地宜麻……产陵川者中外坚韧，绚制桅索，外虽磨镕而内不绝股，故舟人利之。②

药材中，则以党参为代表，最佳生存环境是山地"人参生深山中，近椴漆下湿润处"，阳城县境内"析城山莲花隘口、盘亭山、云蒙山、仙人洞"等地都是本地药材产地，本地产花蜜也是一种特色药材，"山产者佳，盖以山草皆药……采以酿蜜，用之足以却病"③。由于这种花蜜系蜜蜂于春夏之际药材开花之时所采集花蜜，药用价值很高。

此外，本地还出产染料，以及部分特殊用途的木材，这些特产虽然文献记载不多，但是在本地经济作物构成中，也占据一席之地。

除了种植经济作物，畜牧业作为一种重要的副业，在泽潞地区的家庭经济构成中也占据了较重要的地位。由于境内低山丘陵比较多，山间的植被适宜于畜牧业，加之海拔较高，气候凉爽，宜于牲畜避暑，因此本区在很早就出现了较为发达的畜牧业。据《周礼·职方氏》记载当时全国各地的特产：

> 冀州其利松柏，其畜宜牛羊，其谷宜黍稷，盖上党山高地狭，自昔宜于收畜。④

春秋战国时期富商猗顿曾"适上党之西河，大蓄牛羊于猗氏之南"，西汉末名臣鲍宣"以为其地（长子）宜田牧"而迁居上党。

---

① 同治《阳城县志》卷5《物产》，第2页a。
② 雍正《泽州府志》卷51《杂志》，第63页a。
③ 同治《阳城县志》卷5《物产》，第2页a。
④ 乾隆《潞安府志》卷8《物产》，第17页a。

在宋代，沁水令杨仲元曾在此处畜牧惠民：

> 使户费钱百，遣人市羊他所，于山中牧放，羊大蕃息，按年以纳，不科一钱而民不扰。①

长治也有悠久的畜牧历史：

> 唐李万江住牧津梁，今高河西有津梁寺，畜马蕃息，其形如鸭而健，世谓之津梁种马。元李植，尚书惟馨之子也，亦以谷量牛马，富甲诸州。②

至明代，本地畜牧业已经有了相当大规模，有人以畜牧为业，并因此致富，而与之对应，社会上出现专业的为人放牧为生的群体。尤其是牧羊业，在民间占有比较重要的地位。如潞安府的牧羊业相当兴盛，潞安府的壶关县在弘治、正德年间，有一位号称"万羊翁"的山民，据说他"冬月趁牧于武昌，及夏而还，若鸿雁之往来南北焉"③。

这位传奇人物在嘉靖年间出任壶关知县的牛恒所著《牧羊记》中也记载："壶地多山，饶蒭牧利。山翁有号万羊者，其人与万户侯等。"为其牧羊的长工累世从事牧羊业，

> 不识他事，自吾祖以来，老于牧矣，业尚专攻，艺缘世精，故主翁弗吾弃也。④

在潞安府，拥有畜群较多的主人一般通过雇用长工协助放牧，这种

---

① 乾隆《凤台县志》卷11《杂志》，第3页b。
② 乾隆《潞安府志》卷8《物产》，第17页b。
③ 乾隆《潞安府志》卷8《物产》，第17页b。
④ 乾隆《潞安府志》卷33《艺文续》，第35页b。

人叫作"牧头",牧头又管辖若干"伙工",民间穷人多选择为人放牧谋生,如沁水县秦村北毛生仁早亡,其子"无力读书,以牧羊为业"①。端氏人盖贵"为人牧羊"②。畜牧业的旺盛,使得民间还形成专门的节日,人们在农历六月初六犒赏牧羊者,同时这一天也是祭祀畜牧之神的节日,如"六月六日……乡民争献牲于三峻庙,又各享祀畜牧之神"③,"旧俗牧羊家于是日屠羊赛神,颁胙亲戚,贫无羊者蒸面似羊形代之"④。

清代以来,某些县份仍保持着一定程度的发展,如长子县,在乾隆时期的记载中,境内"地硗确,而收其民俭而好畜"⑤,但是由于盲目垦荒导致植被破坏,更多地方畜牧业已经呈萧条之势,如长治在清中叶时期已经是"山川渐枯,牧养无利,民间生计日就薄矣"⑥。

表1-6　　　　　　　清代泽州府部分禁羊村落统计

年代	禁羊村落	碑名	县份
民国四年	大阳镇	《合村公立禁松山群羊泊池碑记》	泽州
乾隆四十六年	高都镇保伏村	《保伏西社禁赌博等事碑》	泽州
民国八年	东沟镇关庄村	《禁羊护树碑》	泽州
道光二十二年	下村镇李山村	《县慈碑文云李家山大社禁羊碑记》	泽州
民国七年	下村镇李山村	《禁羊碑记》	泽州
咸丰八年	下村镇柳树底	《禁桑羊碑》	泽州
咸丰九年	大阳镇庙南沟	《骡马牛支差及握泊池碑序》	泽州
民国五年	西上庄夏匠村	《夏庄大社禁羊禁山碑记》	泽州
咸丰八年	东沟镇中街村	《公议乡约碑》	泽州
道光十三年	马村镇东周村	《奉官永禁碑》	高平
清代	北城边家沟村	《禁约碑》	高平
道光十三年	北城企甲院	《禁赌桑羊碑记》	高平

---

① 光绪《沁水县志》卷8《人物》,第86页 a。
② 光绪《沁水县志》卷8《人物》,第110页 a。
③ 乾隆《长子县志》卷3《风俗·附岁时记》,第14页 b。
④ 乾隆《长子县志》卷3《风俗·附岁时记》,第15页 a。
⑤ 乾隆《长子县志》卷3《风俗·附岁时记》,第11页 a。
⑥ 乾隆《潞安府志》卷8《物产》,第17页 b。

续表

年代	禁羊村落	碑名	县份
道光二十七年	北诗镇北诗午	《高平县正堂永禁事碑》	高平
乾隆元年	北诗镇丹水村	《丹水三社永禁樵牧碑记》	高平
乾隆年间	北诗镇郝庄	《郝庄大社永禁碑记》	高平
嘉庆二十一年	北诗镇拥万村	《重整社规碑》	高平
道光二十四年	河西镇常乐村	《永禁桑羊碑》	高平
咸丰七年	陈区镇西坡村	《种桑养蚕碑记》	高平
嘉庆十六年	东城张庄村	《高平县正堂张太爷告示》	高平
嘉庆元年	米山镇东南庄	《重议禁羊桑碑》	高平
嘉庆十六年	神农镇故关村	《阖社公议永禁夏秋桑羊碑》	高平
道光二十九年	河西镇岭坡村	《遵官永禁桑羊碑》	高平
嘉庆二十五年	河西镇乔村	《高平县正堂禁赌告示碑》	高平
嘉庆五年	北诗镇龙尾村	《遵官示禁告示》	高平
嘉庆八年	米山镇三王村	《奉正堂葛太爷禁秋羊桑树株碑记》	高平
道光二十二年	米山镇三王村	《三王村永禁桑羊碑记》	高平
咸丰四年	米山镇上冯庄	《正堂陈大老爷禁桑羊、赌博碑》	高平
同治五年	南城办徐庄村	《官谕》	高平
道光二年	三甲镇邢村	《无题名禁桑羊》	高平
乾隆十九年	北诗镇上沙壁	《阖社公议禁秋条例》	高平
咸丰三年	神农镇口则村	《口则村永禁事碑》	高平
嘉庆九年	神农镇团东村	《高平县正堂永禁事碑》	高平
咸丰三年	神农镇小川村	《大社公议永禁秋苗、羊、桑碑》	高平
道光三年	石末乡东靳寨	《李联蒙严禁牧羊蹭践桑枝告示碑》	高平
乾隆八年	石末乡石末村	《紫峰山碑记》	高平
清代	寺庄镇李家河	《白衣堂永禁牧羊碑记》	高平
道光九年	三甲镇响水坡	《禁桑羊碑》	高平
乾隆四十年	野川镇杜寨村	《永远禁松山碑序》	高平
乾隆五十三年	北城办	《高平县正堂禁示碑》	高平
嘉庆十四年	北城办	《券门庄禁赌秋羊碑》	高平
同治五年	原村乡常庄村	《遵官谕永远禁夏秋桑羊碑》	高平
道光十一年	寺庄镇枣河村	《阖社公议奉官永远禁止赌博、桑羊秋夏碑记》	高平

二 本地区的地理构造与矿产开发

泽潞地区从宏观看，属于我国第二阶梯，位于黄土高原向华北平原过渡地带。太行、太岳山环绕构成高原地形，通称"沁潞高原"，地势由西北向东南逐渐倾斜，海拔基本在 800—1500 米，最高海拔高达 2453 米。泽潞地区主要疆域就位于沁潞高原为主体的构造高原上。在群山中有几个较大的山间盆地，比较著名的有长治盆地、晋城盆地（泽州盆地），这种高原环境下的山地、丘陵及盆地构成本区主要的地形地貌。

具体来说，本区的长治市，也就是古代的潞安府地区所在地，位于山西省东南部，地处晋、冀、豫三省交界处，在东经 111°58′—113°44′，北纬 35°49′—37°08′。本区总面积为 13896 平方公里，为太行山、太岳山所环绕，构成高原地形，通称"沁潞高原"。整个地形由西北向东南缓缓倾斜，境内具有山地、丘陵、盆地等多种地貌类型，海拔大都在 800—1500 米，其中太岳山北台顶为海拔最高者，高达 2453 米。境内山地面积达 7042 平方公里，约占全市总面积的 50.67%，丘陵地带总面积达 4641 平方公里，约占全市总面积的 33.4%。盆地面积 2213 平方公里，约占全市总面积的 15.93%。①

而大致等于古代泽州府的晋城位置更加偏南，地理坐标为北纬 35°11′—36°04′，东经 111°55′—113°37′，总面积 9490 平方公里。② 周围为太行、王屋等山脉环绕，形成一盆地构造，即"晋城盆地"。境内平原面积约 12.9%、丘陵面积约 28.5%、山地面积约 58.6%。整体上看，本区山地、丘陵占据境内总面积的绝大多数，适合农业的盆地、平原面积占总面积不足三成。这一地区境内的地貌更为恶劣，如阳城县历史上记载为：阳城，山县，僻处陬隅……地多高崖、深谷，少平畴沃野

---

① 杨月生：《长治市》，中国城市经济社会出版社 1988 年版，第 4 页。
② 晋城百科全书编委会：《晋城百科全书》，奥林匹克出版社 1995 年版，第 1 页。

以资播艺。①

高平县的历史记载是：

> 邑中形胜，层山环抱，曲水萦流，寨堡皆险阻之区，高下悉耕凿之地，中原平坦乃建城邑。

甚至其得名也是因为"四面皆山，中有平地，曰高平"②。陵川"居太行之巅，齿烦产薄"③，境内同样是：

> 山倍于地十九，地既硗确，民性椎鲁，又不善治生，鲜营运货财之利，岁稍歉即贫乏不能自存。④

根据当代的科学统计整理，泽潞地区诸县份地形结构如下：

表1-7　　　　　　　泽潞地区诸县份地形结构

地区	县份	山地	低山丘陵	河谷平原
晋城市	高平⑤	35%	48%	17%
	阳城⑥	55%	40%	5%
	沁水⑦	40%	50%	10%
	陵川⑧	43.6%	47.4%	9%

---

① 乾隆《阳城县志》卷4《物产》，第13页a。
② 顺治《高平县志》卷1《舆地志》，第4页b。
③ 乾隆《陵川县志》《序》，第5页a。
④ 乾隆《陵川县志》卷11《赋役一》，第1页a。
⑤ 《高平县志》编纂委员会：《高平县志》，中国地图出版社1992年版，第30页。此外，《晋城市志》收录数据略有出入，山地、低山丘陵及河谷平原的三项比例分别为35%、48%、17%，应该是四舍五入取整的结果，参见该书第312页。
⑥ 阳城县地貌数据出入较大，《晋东南地区志》及《晋城市志》收录数据一致，本表以该数据为准，参见：山西省地方志办公室：《晋东南地区志》，方志出版社2016年版，第1296页；阳城县的资料中，山地、丘陵及河谷平原的三项比例分别为81.1%、15.9%、3%，资料来源参见：山西省阳城县志编纂委员会：《阳城县志》，海潮出版社1994年版，第64页。
⑦ 山西省地方志办公室：《晋东南地区志》，方志出版社2016年版，第1290页。
⑧ 山西省地方志办公室：《晋东南地区志》，方志出版社2016年版，第1318页。

续表

地区	县份	山地	低山丘陵	河谷平原
长治市	长治①	25.7%	25.5%	48.9%
	长子②	33.23%	34.74%	32.03%
	屯留③	36.2%	28%	35.8%
	壶关④	74.35%	12.33%	13.32%
	黎城⑤	57.94%	31.06%	10.99%
	襄垣⑥	31.9%	57.5%	10.6%

备注：本表所用数据来自各级地方政府编定的地方志，由于各级单位地貌类型划分标准不同，资料来源或许也有差异，部分县份，如阳城县不同资料中数据出入较大，长治、屯留数据则有细微出入。为保证数据来源以及参考标准的一致性，我们优先选择汇集一个地区十余县资料的《晋东南地区志》及汇集数个县数据的《晋城市志》等资料，以上资料中数据缺失的县份，则以相关的县志资料为准；对于不同资料中数据出入较大的县份，将其他数据来源备注明白，以为参考。

山区众多也意味着地下蕴藏的矿产众多，比较重要的产品如煤、铁、硫黄、矾等。早在明代，本地煤矿的开采已经有一定规模，最迟成化时期，山西的产煤区就有"平定、霍、吉、隰、浑源、辽、潞、泽诸州、阳曲、太原、清源、交城、文水、榆次、寿阳、孟、静乐、乐平、宁乡、临汾、翼城、浮山、岳阳、洪洞、赵城、汾西、灵石、乡宁、河津、大同、怀仁、孝义、介休、沁源"⑦等四十余处州县，其中泽潞诸府县就有泽州、潞州两州及长子、壶关、襄垣、潞城、高平、阳城等县，约占全省产煤县份的七分之一。

---

① 山西省地方志办公室：《晋东南地区志》，方志出版社2016年版，第1256页。
② 长子县志编纂委员会：《长子县志》，海潮出版社1998年版，第97页。
③ 山西省地方志办公室：《晋东南地区志》，方志出版社2016年版，第1275页。
④ 壶关县无直接记载，比例系根据记载的各种地貌面积换算而来，该县山地、丘陵及河谷平原面积分别为747.89、124及134平方千米，县域总面积1005.89平方千米；参见：壶关县志编纂委员会：《壶关县志》，海潮出版社1999年版，第37页。
⑤ 《黎城县志》中记载的数据前后不一，该书将境内地貌划分为山地（包括山间盆地）与丘陵两类及平川等，其中山地与丘陵分别占84.06%（包含10.5%山间盆地）与15.94%的比例，平原等地貌无数据，参见：黎城县志编纂委员会：《黎城县志》，中华书局1994年版，第73—79页。但该书记载境内山地、低山丘陵、河谷平原等地貌面积分别638、342、121平方千米，可以计算出境内各种地貌占比。数据来源参见该书第33页。我们表中所用数据以后者为准。
⑥ 山西省襄垣县志编纂委员会：《襄垣县志》，海潮出版社1998年版，第98页。
⑦ 成化《山西通志》卷6《土产》，第4页a。

境内的铁冶生产地合计有"平定、吉、朔、潞、泽州，太原、交城、榆次、繁峙、五台、临汾、洪洞、乡宁、怀仁、孝义、平遥"① 等十九处，其中泽潞境内有铁冶生产的县份有泽州府、潞安府及壶关、高平、阳城等五处，占比超过四分之一，有具体地点记载的铁矿，如高平县西北十里的走马岭，阳城县东北三十里的史山，陵川西三十里礼义镇的金牛山等。

特色物产为本地商业发展提供了商品的保障。史载：

> 上党居万山之中，商贾罕至，且土瘠民贫，所产无几，其奔走什一者，独铁与绸耳。②

泽潞商崛起主打的产品便是本地所产的煤、铁、丝绸。

基于以上现实，境内很早即形成重商的传统，人们或南下，或东进，携资就食于邻省，谋十一之利。

第三节　泽潞地区的行业神信仰与商品生产

商业的发展，离不开优质产品的保证。泽潞地区以煤、铁货、丝绸为优势产品，此外，纸张、陶瓷、酒水、药材等特产也有一定的影响力。由于纸质文献资料不足，这些产品的具体生产情况不得而知。我们要了解其详情必须借助于田野调查的办法，从大量的神庙遗存中寻觅答案。本地区保存下来的庙宇众多，行业神庙宇是其中的一个大类。本地主要的行业神庙有机神庙（具体神祇不详），祭祀丝织业祖师，轩辕庙（祭祀黄帝轩辕氏），祭祀丝绦行业的祖师爷；还有仙翁庙，祭祀张仙翁，是印染业的行业神，老君庙，祭祀开窑冶铁行业的祖师李老

---

① 成化《山西通志》卷6《土产》，第4页a。
② 乾隆《潞安府志》卷8《风俗·附物产》，第18页a。

君；等等。

丝织业与造纸业是泽潞地区最重要的手工业之一，它们的原材料与桑树密切相关。桑叶喂蚕，蚕丝是织绸的原料，桑树皮则是优质桑皮纸的主要原料。与之有关的信仰是炎帝信仰（内部大多陪祀有蚕姑、蚕神等神祇）。泽州府的高平县是传说中炎帝活动区，又是历史上著名的蚕桑重地，因此这种农业师祖的庙宇多分布遍及高平境内。据不完全调查统计，现存的炎帝庙规模较大的至少还有十多座，历史上有三十八座庙宇建筑附有蚕姑殿。除了米山镇等少数几个地区由于现代建设毁坏庙宇，碑刻资料缺少外，余下的几十个炎帝庙的周围，都保留大量蚕桑业碑刻资料，换言之，围绕这些炎帝庙都是曾经的蚕桑区。

一 蚕神信仰

蚕桑业是泽潞地区最重要的副业。桑叶用来喂蚕，蚕丝是织绸的原料，蚕神，顾名思义，是蚕桑业的保护神。泽州府的高平县是历史上著名的蚕桑重地，蚕神祭祀相当流行。本地区祭祀的蚕神各地不一，但毫无例外都是女性神祇，大概分为以下几种：

第一，"蚕姑"，这是最常见的一种俗称，具体所指神祇不详，似乎只是一种女性的蚕神的泛称。

第二，"元妃娘娘"或者"先蚕神"，或直接简称"仙姑"。这类蚕神仅在个别地区有发现，就留下的碑文来看，应该是上古时期黄帝的妃子西陵氏，嫘祖。如秦庄村万历二十年（1592）《重修仙姑土地神像记》碑刻记载"吾邑东北隅秦庄村旧有玉皇庙，□□曰仙姑，左右□□，右曰土地……盖仙姑司蚕事，土地奠民□……"[1] 又如永禄乡保存资料记载：

> 高禖深保育之恩，蚕姑掌经纶之绩。兼之关帝之德足协天，蔡

---

[1] 刘泽民总主编：《三晋石刻大全·晋城市高平县卷（上）》，三晋出版社2011年版，第165页。

翁之纸堪裕国,牛王之麻征力田,皆泽被生民,恩垂不朽……①

第三,"三蚕圣姑",这是另一种类型的蚕神,是三位女性,按年份分别当值,执掌蚕业。按照《农桑杂录》中的说法:"四孟年,大姑把蚕;四仲年,二姑把蚕;四季年,三姑把蚕。"人们在正月十五元宵节祭祀一次,四月蚕吐丝时再次祭祀一次。

第四,马头娘。这种类型的蚕神只听民间有此说法,具体调查没有见到实证。

大多数情况下,蚕姑并没有独立的庙宇,以"蚕姑庙"身份出现的情况极少。通常情况下,蚕姑陪祀于农神炎帝庙内,或者与机神等丝织业行业神并祀,或者与其他有关桑树的神祇并祀,比如汤王——传说成汤曾在桑树林中祷雨,因为与"桑"有关,故而二者具备某些类似的属性;再比如仓颉,传说中文字的发明者,在高平地区被尊为造纸业的祖师爷。高平所产纸张是一种利用桑树皮为主要原料的桑皮纸,而蚕姑是桑蚕业保护神,所以二者也和谐共存。

蚕姑庙(殿)是本地区分布最广的行业神庙,经过岁月的侵蚀,大部分庙宇已经塌毁,但根据碑文等各种资料可考的遗存,至少还有以下这些,兹列表如下:

表1-8　　　　　　　　　高平县蚕姑庙分布

地点	修建时间	庙宇	地位	资料出处
西坡村	康熙六年	玉皇庙蚕姑殿	陪祀	新建帝祠西北蚕姑子孙殿碑记
上扶村	雍正五年	仓颉庙蚕姑殿	陪祀	重修朗翁庙记
秦庄村	万历二十年	玉皇庙仙姑殿	陪祀	重修仙姑土地神像记
下台村	至元重修	炎帝中庙蚕神殿	陪祀	重修炎帝庙并各祠殿碑记
冯村	乾隆三十五年	成汤庙三蚕殿	陪祀	增修西殿五瘟神客堂蚕楼东南楼创修西南楼序
冯村	嘉庆元年	成汤庙三蚕殿	陪祀	重修三蚕圣殿并塑三嵝圣像装修山门石梯以及创修马房五间

---

① 雍正五年(1727)《朗翁庙碑》,现存高平市北城办上扶仓颉庙。

续表

地点	修建时间	庙宇	地位	资料出处
上韩庄	咸丰九年	机神庙三蚕殿	陪祀	补葺装修捐输花费碑记
冯庄村	新修庙宇	成汤庙蚕神殿	陪祀	蚕王殿东厢房维修碑记
谷口村	时间不详	骷髅庙三蚕圣姑牌位	陪祀	无
宰李村	乾隆三十二年	龙王庙蚕姑殿	陪祀	重修龙王殿高禖祠香亭鱼池补葺；白衣蚕姑山神等殿及舞楼碑记
大周村	道光四年	三皇庙蚕姑殿	陪祀	重修三皇高禖蚕姑等碑
团西村	民国四年	炎帝庙先蚕殿	陪祀	彩绘炎帝庙后院并先蚕等配殿碑
桥北村	不详	蚕姑殿	陪祀	不详
康营村	不详	成汤庙蚕姑殿	陪祀	无碑刻
李庄村	乾隆四十九年	蚕姑庙	专祠	李庄村合社公议五处神庙四至碑记
杜村	民国十四年	关帝庙蚕姑殿	陪祀	补修关帝庙及三官庙并奎星楼碑记
庄子村	不详	蚕姑庙	专祠	调查所得，无资料
十字岭	光绪三十一年	五龙庙蚕姑殿	陪祀	补修五龙庙并创修禅房一院碑记
郭村	民国二十三年	相如宫蚕姑殿	陪祀	相如宫重修碑记

表1-9 泽州其他县份蚕姑殿遗存

地点	时间	类型	资料来源
泽州县晋庙铺镇	雍正九年	蚕姑殿	云峰寺重修社庙碑记
泽州县金村镇府城村	嘉庆十九年	蚕姑殿	玉皇庙重修碑记
泽州县东沟乡辛壁村	嘉庆五年	蚕姑殿	创建福田院诸神殿碑记
沁水县龙港镇南瑶村	道光十二年	蚕姑殿	南沟社祭诸神条规碑记
陵川县西河底镇井沟村	光绪三十年	蚕姑殿	井沟村重修三教堂记
陵川县西河底镇积善村	道光二十五年	蚕神庙	永禁凤凰山穿凿蚄岭碑记
阳城县三窑乡	咸丰六年	蚕姑殿	龙王庙重建碑记

续表

地点	时间	类型	资料来源
阳城县凤城镇梁沟村	同治元年	蚕姑祠	补修殿宇并创修暖阁围屏天棚记
阳城县横河镇马炼村	道光二十一年	蚕姑殿	立茧秤碑序
阳城县白桑乡刘庄村	咸丰六年	蚕姑殿	重建碑记

除了资料中有明确记载的蚕姑庙（蚕姑殿）之外，由于祭祀农神的炎帝庙可能陪祀有蚕姑，所以一些可考的炎帝庙信息亦一并整理出来，并列表如下，以作参考：

表1-10　　　　　　　高平县部分炎帝庙分布

所在地	资料出处
寺庄镇箭头村	炎帝大庙塑像碑记补修炎帝庙碑记
三甲镇徘徊北	炎帝庙重修东廊记
神农镇庄里村	创修炎帝庙碑记
三甲镇北村	重修炎帝庙碑记
神农镇故关村	重修神农炎帝行宫
神农镇中村	创建神农太子祠并子孙殿志
北城办永禄村	增修炎帝庙碑记
野川镇常家沟	重修炎帝庙碑记
河西镇焦河村	迁修炎帝神农碑记
野川镇杜寨村	增修炎帝庙题壁
陈区镇四坪村	重修炎帝庙碑记
寺庄镇掘山村	补修炎帝庙碑记
寺庄镇贾村	修炎帝庙无名碑
北诗镇北诗村	重修炎帝庙碑
神农镇团西村	重修炎帝庙歌舞楼碑记
城区桥北村	重修炎帝庙碑记

现存碑刻资料大部分存在于东部的北诗镇、北部的神农镇、南部的河西镇、西部的野川镇、西北部的寺庄镇等，以及县城关厢周围的村落。从目前现存资料看，以冯村、宰李、永禄、义庄、团池诸里以及城

区周边为中心的地区是蚕桑集中地。考虑到各种原因导致的寺庙、碑刻的破坏,仅仅泽州府高平县一地的蚕桑区或许就涵盖超过百余村落,明清时期泽潞地区蚕桑业生产规模可见一斑。

二 轩辕黄帝信仰

丝绸是泽潞地区著名产品,与丝织业相关的行业有印染业、织造业等分工,分别信奉轩辕黄帝,仙翁等行业神。轩辕黄帝是传说中上古时期华夏部落的首领,据说其妻子嫘祖发明缫丝养蚕,故而一起被供奉为蚕桑业与丝织业的祖师爷。祭祀机神的庙宇为机神殿(庙),现存的机神庙遗址有两座,一座在南朱庄,该村文馆大殿保存有乾隆二十九年(1764)《补修机神殿记》:

> 里中□轩辕殿由来已久矣,惜被风雨损坏,难以栖神。村内安机者,不忍坐视,故竭力捐资,补修殿宇,圣像重新。庶几得神默佑,异日令吾侪生意勃勃,永必不兆于此,因为之序云。①

另一座在上韩庄,该庙是一个综合性庙宇,既供奉有蚕桑业的行业神蚕姑,也有印染业的行业神轩辕和织造业的行业神机神等神祇,在留下的"补葺装修捐输花费"明细里,列举了系列神灵:

> 粧修高媒祠全神像使钱陆千文;粧修游仙、玉皇、三蚕、监齐神像使钱三千二百文;装修轩辕神像——机神社;粧(今作妆——引者注)修牛王神像——牛王社;装修正殿立像——韩秉均……②

印染业行业有祭祀"仙翁"者,有些碑刻中也作"张仙翁",具体

---

① 刘泽民总主编:《三晋石刻大全·晋城市高平县卷(上)》,三晋出版社2011年版,第356页。
② 咸丰九年(1859)《补葺装修捐输花费碑记》,碑存高平市上韩庄玉皇庙。

指哪位神祇不清楚，从某些资料所谓"果老之庙"推测，似乎是八仙的张果老，但是张果老与印染业没有什么明显联系，这种祭祀有点不知所谓，暂存疑。

从相关资料中可知，对丝绸进行染色深加工的作坊主要分布区在城区周围，及部分商业繁盛的村、镇，如赵庄村、张庄、西南庄等地。印染业的行业神轩辕庙遗址，目前只发现城郊的张庄有一处，该村轩辕庙保存的嘉庆二十五年（1820）《重修黄帝轩辕氏庙记》记载：

> 相传村之先多业篆组，染五彩者。以帝为冕旒衣裳之祖，故建祠焉。亦古人饮食不忘始之意耳。乾隆未曾有重修之举，正殿粗完而功不继。今又三十寒暑矣，颓败荒坍日益甚，虽村之理旧业者百无一二，而修废坠以祀古帝，视造浮屠、崇道院，不可以道里计……①

其他地方诸如杜寨村等，虽有染坊分布，但印染业群体并没有形成规模，没有专门的庙宇存在。

三　仓颉、蔡伦信仰

纸张（桑皮纸）也是本区出产的优质商品，泽潞地区的民间以东汉改进造纸的蔡伦为行业神，"蔡侯之业"被作为造纸业的雅称；另外传说中黄帝时期的史官仓颉，发明了文字，纸张是文字书写的重要载体，因此也被作为行业神进行崇拜。如扶市村：

> 地狭田稀，其人多椎鲁，其俗尚粗疎（疏），至又习理蔡侯之业者甚众。②

---

① 刘泽民总主编：《三晋石刻大全·晋城市高平县卷（上）》，三晋出版社2011年版，第512页。

② 同治十年（1871）《济公会碑记》，碑存高平市北城办扶市村仓颉庙。

上扶村有仓颉庙,是周边从事造纸业的群体供奉行业神的所在:

> 邑之永录里善造构皮纸,行于四方,居民世食其利,遂建仓颉庙以祀之,俗号朗公庙。①

该村雍正五年(1727)《朗翁庙碑》记载:"仓颉正殿九楹,东高禖祠七楹,西蚕姑殿七楹,南厅九楹,舞楼七楹。"各位神明各有执掌:"高禖深保育之恩,蚕姑掌经纶之绩。兼之关帝之德足协天,蔡翁之纸堪裕国,牛王之麻征力田。皆泽被生民,恩垂不朽。"②

四 老君信仰

太上老君本是道教中的神仙,位列三清至尊,在神话中,他善于利用八卦炉炼丹,民间采煤、冶铁都与火炉有密切联系,煤炭是重要的燃料,冶铁、烧陶的过程则与老君炼丹的流程相似极多,因此民间将二者联系在一起,奉太上老君为行业神,曰"炉神"。民众希望通过祭祀老君,祈祷生产平安,行业繁荣。某种意义上,老君庙可以作为冶铁、开窑等行业发展状况的历史见证。我们将资料中能看到的部分老君庙信息汇总如下:

表1-11　　　　　　　　泽潞地区老君庙分布

资料	现存地	时间
《重修太清宫碑记》	南村镇冶底村太清宫	乾隆二十八年
《三教碑记》	柳树口镇西柳角村老君殿	康熙三十八年
《村庙原始碑记》	金村镇枣园村老君殿	乾隆末年
《创建老君阁小引》	大箕镇槲树庄村老君阁	康熙四十三年
《油丝伙会公议规则罚则碑》	大东沟镇贾泉村老君殿	同治十一年
《重修玉皇庙碑记》	下村镇关山村玉皇庙	咸丰八年

---

① 同治《高平县志》卷8《艺文志》,第45页b。
② 雍正五年(1727)《朗翁庙碑》,现存高平市北城办上扶村仓颉庙。

续表

资料	现存地	时间
《补葺炉神殿碑记》	南村镇西峪村卫公庙	乾隆二十七年
《徐庄镇地主为方炉条平商众为修设庙宇原委碑记》	大东沟镇老君庙	乾嘉时期
无资料	陈区镇安河村三清观	不详
无资料	河西镇河西村三清殿	不详
无资料	北城办王何北村老君庙	不详
无资料	北城办东庄村老君庙	不详
无资料	米山镇东墕村老君殿	不详
无资料	野川镇大野川村老君殿	不详
无资料	河西镇回山村老君殿	不详
《重修玄帝庙记》	河西镇西李门村老君殿	康熙五十五年

在泽潞地区，老君主要被从事铁冶及采矿（主要是采煤业）的群体所供奉。在现存老君庙较多，代表者如冶底村的太清宫，据乾隆二十八年（1763）刊立的《重修太清宫碑记》中记载"泽郡冶底镇有太清宫，祀老君，为董君华宇所创建，始于康熙丁卯岁"。[1] 康熙丁卯年是康熙二十六年（1687），则彼时的冶底已经有相当规模的冶铁业，清道光三十年（1850）再次立碑，记载：

  村东向有老君庙一所、居民崇祀多年，而炉户窑场尤相凭依，以赖神之锡（赐）福。[2]

铁货加工行业也有供奉老君的，比如徐庄镇是铁条加工、分销重镇，铁货行建立起自己的行业神庙宇即老君庙：

  乾隆叁拾肆年，余族叔昶董理展修关帝庙，彼时举族同心，并

---

[1] 樊秋宝主编：《泽州碑刻大全（四）》，中华书局2013年版，第26页。
[2] 樊秋宝主编：《泽州碑刻大全（四）》，中华书局2013年版，第29页。

赖众行及各镇人协力共济，规横（模）于焉宗宏，又于其旁营立老君庙，庙址构成东房三楹，厦棚一所，为条车方炉记。①

第四节　泽潞地区的商业传统与商业经验积累

与农业不同，商业是一种相对而言技术门槛很高的行业。不管是对市场信息的捕捉，对货源的了解，还是商路知识、商品鉴定等，在近代专业的商科学校出现之前，商业知识的获得途径极为狭窄。从各种史料记载来看，商业技能的获取不外乎以下几种途径——依靠家族传承，或是依靠师徒传承，还有一种可能，拥有相关知识的知识分子的加入。无论是何种途径，都需要长久的经验积累，没有经商的历史传统，很难短时间内培养出一种商业的习惯。

一　长期的经商传统

山西地区经商传统悠久，培育出晋商早期分支之一的泽潞地区自然也不例外。在传说中的神农时期，中国就有了商业交易。据《易·系辞下》记载："包牺氏没，神农氏作……日中为市，致天下之民，聚天下之货，交易而退，各得其所。"《易·系辞下》接着说："神农氏没，黄帝、尧，舜氏作……刳木为舟，剡木为楫。舟楫之利，以济不通，致远以利天下。服牛乘马，引重致远，以利天下。"神农即炎帝，据传说，山西东南部的高平市羊头山一带便是神农氏部落的活动区之一，至今仍有大量神农庙、陵、行宫遗迹留存于附近村落，据方志记载"上古炎帝陵在县北换马镇，相传帝尝五谷于此，后人思之，乃作陵，陵后有庙，春秋供祀"②。该遗址规模庞大，"镇东南一里许有古冢垣址，东

---

① 薛林平等：《东沟古镇》，中国建筑工业出版社2010年版，第165页。
② 乾隆《高平县志》卷5《陵墓》，第17页a。

西广六十步,南北袤百步,松柏茂密,相传为炎帝陵,有石栏、石柱存焉,盖金元物也"①。目前还保存有明代万历时期刊立的"炎帝陵"碑刻。除此之外,目前能见到最早的相关遗迹是羊头山保留的南北朝时期祭祀神农的碑刻,可见神农祭祀历史悠久。如果神农传说属实,则泽潞商的远祖可以追溯到文明萌芽时期了。

相对可信的历史,至少能够追溯到商代。商人善于经商,山西紧邻商人的核心统治区,境内也有不少商的封国存在,这种封国的国都人口密集,对物资交易需求较大,可能是当时商人的贸易之地。商品交换的活跃,促使一般等价物,即货币的出现,商代的货币是海贝,这应该是中国历史上最早真正意义的货币。1971年,山西考古工作者在保德县林遮峪商代墓葬中发掘出铜贝109枚、海贝112枚,这是迄今为止发现最早的金属贝,是山西地区商业发展的有力佐证。这一考古发现,多少能对泽潞地区的商业发展程度做一个旁证。

周代,本区长期属于晋国的疆域。春秋以后,晋国是中原地区文化水平最高的诸侯国之一,晋国国君晋文公则荣任春秋五霸之一,在位期间实施了一些比较开明的经济措施,如《国语·晋语四》记载的"轻关易道,通商宽农",即减设关卡,减免关税,使诸侯国之间的商路安全畅通。所谓"通商宽农",是指既鼓励商业的发展,又放宽对农民的征赋,是农商并重的举措,所以晋国很快强盛起来,境内商业的发展,无疑是霸业的保障。三家分晋以后,本地区大部疆域属于韩国,少数几个城池隶属于赵、魏。相对而言,韩、赵两国在此地统治时间较长,尤其是韩国,其铸币业主要分布在山西和河南两省,其中最重要的一个铸币区就是以韩国上党郡为中心的涅、长子、屯留、铜鞮、潞等铸币城市组成的上党铸币区。

这一时期商业进一步发达,本区及周边出现的一大批城市,其中不少都是重要商业中心。其中比较重要的,如隶属于魏国的高都(位于

---

① 乾隆《高平县志》卷19《艺文》,第23页a。

今山西晋城东北)、垂（位于今山西晋城南)、泫氏（位于今山西高平市)，隶属于赵国货的余亡（位于今山西长治市屯留区)、襄垣（位于今山西襄垣县西北)、郣（位于今山西沁水县东）以及隶属于韩国的露（位于今山西潞县东北)、百浧（位于今山西长治市武乡县西)、同是（位于今山西沁县西)、屯留（位于今山西长治市屯留区西)、长子（位于今山西长子县西南)、端氏（位于今沁水端氏）等城邑。战国时期，货币尚未统一，诸侯国各有自己的一套货币体系，甚至一些商业发达的城邑也有自己的货币。

三晋地区主要流行铲状的"布币"。在考古中发现的本地铸造的货币，至少有以下几种：韩国铸造的货币体系里，至少有以下几类：铭文为"长子"的布币（今山西长子县西南)，这类货币出土地至少十八处，包括山西省境内的阳高、浮山、翼城、襄汾、交城、黎城等地，河北省的易县、灵寿、蔚县、获鹿等地，河南省的郑州、新郑、平顶山、襄城等地，辽宁省的铁岭、辽阳，内蒙古凉城及北京朝阳等地。铭文为"屯留"（今山西长治市屯留区西）的布币出土地至少九处，包括山西省的芮城、阳高、祁县等地，河北省的易县、灵寿等地，河南省的郑州，北京市的宣武、朝阳以及内蒙古凉城等地。铭文为"露"（今山西潞县东北）的布币出土地至少十四处，包括山西省的黎城、芮城、阳高、祁县、浮山、河北灵寿、易县、蔚县，河南郑州、许昌、北京朝阳、宣武，内蒙古凉城、托克托都有出土。

赵国的货币体系里，铭文为"郣"（今山西沁水县东）的布币出土地至少十一处，包括山西省的原平、阳高，北京朝阳，辽宁大连、铁岭，河北易县、蔚县、丰宁、灵寿，内蒙古赤峰、凉城等地。铭文为"襄垣"（今山西襄垣县西北）的布币出土地至少二十八处，包括在山西省的黎城、阳高、芮城、屯留、浮山、左云、翼城、交城，河北易县、灵寿、丰宁、蔚县、滦南，辽宁铁岭、大连、辽阳、庄河，北京朝阳，内蒙古和林格尔、包头、土默特左旗、托克托、凉城，河南郑州、新郑、鹤壁、平顶山、洛阳都有出土。

魏国货币体系里，铭文为"高都"（今山西晋城东北）的布币出土地至少十四处，包括北京朝阳、宣武，河北灵寿、蔚县、易县，河南郑州，内蒙古托克托，山西阳高、屯留、襄汾、黎城、翼城、浮山、祁县等地。铭文为"垂"（今山西晋城南）的布币出土地至少三处，分别是河南新郑、鹤壁、和林县。铭文为"泫氏"（今山西高平市）的布币出土地至少十四处，包括山西芮城、阳高、浮山、屯留、翼城、襄汾，河北蔚县、邯郸、灵寿，辽宁辽阳、大连，内蒙古凉城，北京朝阳等地都有出土。

本地货币流通于各地，周边诸侯国发行的货币在本地也有发现。发现外地货币最多的地点是黎城及屯留。

在黎城发现了近三十种各地的货币，其中韩国货币七种，分别是如今天河南荥阳一带发行的"宅阳"铭文布，山西长子县一带发行的"长子"铭文布，山西沁县一带发行的"同是"铭文布，山西长治市武乡县一带发行的"百涅"铭文布，山西潞县一带发行的"露"铭文布，以及地点不详的"马雍"铭文布及"唐是"铭文布。

赵国货币十种，分别是山西离石一带发行的"蔺"铭文布，山西石楼县一带发行的"土匀"铭文布，山西平遥县一带发行的"中都"铭文布，山西襄垣县一带发行的"襄垣"铭文布，山西阳高县一带发行的"平阴"铭文布，山西介休市一带发行的"邬"铭文布，山西霍州市一带发行的"彘邑"铭文布，山西祁县一带发行的"祁"铭文布，山西吉县一带发行的"北屈"铭文布，河北蔚县一带发行的"安阳"铭文布。

魏国货币十种，分别是山西晋城一带发行的"高都"铭文布，河南开封市一带发行的"梁"铭文布，河南安阳市一带发行的"咎奴"铭文布，山西平陆县一带发行的"虞阳"铭文布，山西临猗县一带发行的"奇氏"铭文布，山西隰县一带发行的"莆子"铭文布，山西河津市一带发行的"皮氏"铭文布，河南安阳市一带发行的"安阳"铭文布，河南浚县一带发行的"渝"铭文布，以及河南济源市一带发行的"王氏"铭文布。

在屯留发现了至少二十二种货币,其中,韩国货币有河南荥阳市一带发行的"宅阳"铭文布,赵国货币有十五种,分别是山西太原市一带发行的"晋阳"铭文布,山西离石区一带发行的"蔺"铭文布,山西汾阳市一带发行的"兹氏"铭文布,山西文水县一带发行的"平匋"铭文布,山西孝义市一带发行的"平州"铭文布,山西临汾一带发行的"平阳"铭文布,山西太谷区一带发行的"阳邑"铭文布,山西平遥县一带发行的"中都"铭文布,山西襄垣一带发行的"襄垣"铭文布,山西霍州市一带发行的"虒邑"铭文布,山西祁县一带发行的"祁"铭文布,山西吉县一带发行的"北屈"铭文布,河北文安市一带发行的"武平"铭文布,河北武安市一带发行的"武安"铭文布,以及河北蔚县一带发行的"安阳"铭文布。

魏国货币有四种,分别是山西晋城一带发行的"高都"铭文布,山西高平市一带发行的"泫氏"铭文布,河南开封市一带发行的"梁"铭文布,陕西澄城一带发行的"禾"铭文布,长治发现了陕西铜川一带发行的"漆垣"铭文布。①

除了以上地区,在高平市发现了至少两种货币,如今天河北蔚县地区发行的铭文为"安阳"的赵国货币,山西夏县发行的铭文为"安邑"的魏国货币;在陵川县发现了河南荥阳市一带发行的铭文为"宅阳"的韩国货币,在沁水发现了济源市一带发行的铭文为"共金"的韩国货币。

大量的本地铸币流向四方,同时本地区又大量出土来自周边诸侯国的各种货币,这应该是当时诸侯国之间跨国贸易繁荣的考古学上的明证。

最迟西汉时期,泽潞地区商人已经成了规模。司马迁追溯战国到汉初的经济,将全国归纳成约十大经济区域,山西一地跨"三河"和

---

① 闫宏伟:《从三晋货币看三晋的铸币业和商业分布》,硕士学位论文,山西师范大学,2017年,第40—42、88—94、120—123页。

"燕赵"两个经济区域。山西南部（古称河东）、河南西北部（古称河内）、河北西南部（古称河北）合称"三河"。这一地区交通便利，商人南来北往十分活跃。司马迁在《史记》中记载当时的情况是："昔唐人都河东，殷人都河内，周人都河南，夫三河在天下之中，若鼎足，王者所更居也。建国各数百千岁，土地狭……都国诸侯所聚会。故其俗纤俭习事。杨、平阳、陈西贾秦、翟，北贾种、代。种代，石北也，地边胡，数被寇。……故杨、平阳、陈掾其间，得所欲。温、轵西贾上党，北贾赵、中山。"可见当时山西商人最迟在战国时期就形成三个贸易区，以杨（即今天洪洞一带）和平阳（即今天临汾一带）为核心的晋南商人，经商区主要在关中一带，以及晋北及冀北的"种、代"地区，这一区域大致相当于今天山西阳高和河北蔚县一带。山西东南部则形成一个"上党商贸区"。这里的商人翻越太行山往东可以到"温"（即今河南温县）、"轵"（即今河南济源）地区，往北可到赵，中山地区，经商范围很广。明清时期泽潞商人以河南、直隶等华北地区作为发展商业实力的基地，基本可以说在两千年前已经奠定。

宋代是中国历史上商业发展空前繁荣的一个时代，也是山西商业发展的又一个高峰期。由于五代的后晋将幽云十六州拱手让给北方政权，从而使雁门关一线成为中原政权和北方少数民族的分界线，山西在此后数百年的时间里分属于南北两个政权，这里既是国防前线，又是南北货物的重要中转站和集散地。宋朝需要来自北方的战马，而辽更需要宋的手工业制品，宋在"边州置榷场，与藩人互市"，因此成为游牧民族和中原农耕民族边境互市的重地。根据文献记载统计，宋代山西境内主要交易地点如下：

宋辽之间的贸易地点，最早于太平兴国二年（977）置威胜军榷场。澶渊之盟后又设代州雁门砦、火山军等榷场。辽国在朔州南和靠山西的飞狐荚牙设置榷场。庆历年间在岢岚军设马市，后设并州榷场。

宋和西夏贸易，主要在黄河沿线，如宋河东路设府州、麟州等榷场，久良津、吴堡、宁星等地及并州和代州设和市。西夏则在边境设置银星、浊轮谷等和市。

此外辽夏之间也有频繁的贸易,辽在云中(今山西大同)西北的过腰带设榷场,此外今山西应县、朔州也是与西夏贸易要地。

其中的威胜军,即明清时期的沁州,作为当时河东路的治所,是山西最重要也是开设最早的一批互市地点。沁州与泽潞地区毗邻,西北民族政权到内地互市,对于境内的商业显然有拉动作用。

二 家庭商业经验的传承

泽潞地区,有不少商人属于世代经商,长期的商业实践,让家族内部商业经验得到不断积累。早在金元时期,本区就出现一批有经商传统的家庭,上辇村位于明清时期泽州府城东北郊区,周边都是泽州的商业发达区,上辇村保存了一通金大定二十二年(1182)《故焦公墓志铭》,记载了上辇村焦氏商业家族的信息,从墓志记载看,墓主焦稀"曾祖仪,祖准,皆知市易事,父通,字明远,素隶先业。由明远而上,世为泽之高平人,国朝初以兵戈扰攘之故,始迁于晋城,因家焉。而长于治生,且勤约,未几,以财雄州里间"①。从墓主焦稀上溯到其曾祖焦仪,至少四代人都"知市易事""隶先业",应该是一个经商世家。元至治二年(1322)《创建三灵侯庙记》记载,黄头村早在元代该村已经是"聚落百家,务本之余,多从商贾,优游丰备"②,同时这里也是晋城"九头十八匠"村落之一,手工业极为发达。

高平建宁镇是明清时期的一个经济较发达的重镇,下属的东庙村在明代就有商业活动,该村的韩氏大约是一个商业世家,在保存下来的《韩邦典墓志》可知,"(韩邦典)祖父俱有隐德,积累厚封。公自韶龀,见公父游四方,即有志陶〔朱〕而随之……年十五,诣江南,远服贾,越数年而始一归……家山右,贸易南徐"③。韩邦典生于明天启

---

① 樊秋宝主编:《泽州碑刻大全(四)》,中华书局2013年版,第195页。
② 樊秋宝主编:《泽州碑刻大全(二)》,中华书局2013年版,第383页。
③ 王树新主编:《高平金石志》,中华书局2004年版,第462页。

七年（1627），卒于清康熙三十八年（1699），至少其祖辈已经开始经商，则其生活年代至少在万历年间，这是一个至少传承了三代的商业家族。

高平城北不远的企甲院村，是一个历史悠久的村落，其得名据说与战国时期长平之战有关。在明清时期，这里也是高平县境内的一个重要商业村落。官道由县城出发，向北穿村而过，抵达潞安府境内，便利的交通，刺激了村内的商业发展，在该村保存下来清代捐资资料中显示，该村在清代至少有徐氏、张氏等若干商业群体。其中的张氏家族，大约也是一个世代经商的商业家族，目前已发现的《张永灏墓志铭》记载："（张）府君讳永灏，字巨源，为人方正有刚，傲气秉曲心。行五，幼随二、三两伯父贸易彰德，操奇赢，握胜□。南越楚邓，北抵燕京，所至之处靡不令人敬服。东君甚钦重之。"① 张巨源幼年就随家人外出贸易，他生于乾隆九年（1744），而其父辈外出经商的时间至少能追溯到乾隆初，甚至雍正时期。在该村留下的其他捐资资料中，还能看到疑似张巨源子侄辈的商人信息，可见这也是一个传承数代的家族。

三　由儒入商的知识加成

泽潞地区不少商人的商人具备较高的文化水平，这批人有相当部分是由于家贫，读书无以为继，或者科举失意者而转行从事商业。在晚明各类商书大规模出现之前，商业信息的最大掌握者应该是官府。中国古代有修史的优良传统，史籍中专门辟出一类"食货志"作为全国各地经济信息汇总的栏目，此外"舆地志"等则是各地交通信息的汇总，"物产志""风俗志"等则包含了不少货源信息。这样的资料，民间难得一见，唯有读书人有机会一睹这类资料的真容，并获取商业相关地理信息等、物产信息等，以之为商业服务。知识背景是泽潞商人崛起的重

---

① 刘泽民总主编：《三晋石刻大全·晋城市高平县卷（上）》，三晋出版社2011年版，第425页。

第一章 泽潞商人崛起的因素

要助力。

这样的记载很多,我们摘录部分资料如下:

泽州县南大箕镇的秋木洼村,历史上是一个经济发达的所在,这里曾经诞生传奇泽潞商人王泰来。该村附近就是明清重要的冶铁重地大阳镇。这里在明代就有商人活动,村民王氏(资料中姓名残缺)生于万历三十四年(1606),卒于康熙三十四年(1695),家族经商为业,所生诸子中,次子"宗玉始而业儒,继而经商",时人评价他是"盖公之贾而贾效,儒而儒效,必若此也"。①

泽州县北部的巴公镇是境内经济发达的区域,镇内煤、铁储量丰富,周边的大阳镇、东沟镇及高平的河西镇都是清代的经济重地,巴公镇下辖的来村、尧头、西郜、北郜、三家店等村,是清代重要的商业村落,渠头、坡头等村则名列传说中的"九头十八匠"名单之中,手工业发达。巴公镇在明代就有较发达的商业,镇人卢公楷,字端式,系乡饮介宾、太学生,由于"家贫乏养,不得已乃弃儒而贾于光州。光州方新典者,其东君则四涧子安史公也。安史公一见公,即以大器许之,事无巨细,悉委诸公。公竭力经营,不负所托,数十年来生理较昔倍丰。公虽贾人,而孝友根于天性……"②

巴公镇的渠头村是"九头十八匠"村落之一,商业发达,被誉为"金渠头"。村人儒商张文炫"赋性聪慧,长而有礼,入孝出弟,已熟谙焉。兄弟二人,其仲也,弱龄失怙,奉父日浅。母宋太孺人,事之若严父之在堂……幼习儒业,母怜其禀赋薄弱,命弃儒就商。公不忍远离,与兄在本乡开设贸易生业"③。

巴公镇西郜村也是个商业村落,附近的北郜、东郜、渠头村、来村、三家店村、尧头等村,历史上或是商业重地,或是手工业重地。村民许公近仁,字存斋,曾为乡饮耆宾,"零丁孤苦,内外无依。而公矢

---

① 樊秋宝主编:《泽州碑刻大全(一)》,中华书局2013年版,第687页。
② 樊秋宝主编:《泽州碑刻大全(三)》,中华书局2013年版,第491—492页。
③ 樊秋宝主编:《泽州碑刻大全(三)》,中华书局2013年版,第616页。

志读书,贫不能给。弱冠时即笔耕舌耨,养家训子。尝曰书为起家之本,孝为百行之原。壮游江南,身寄漆园故里,涡水之阳,货殖生涯。白日经营持筹,夜间偷闲读书。饥无食,寒无衣,贫且愈坚,不坠青云之志。稍有托身之地,即旋里,以修家政立功名,尽心竭力成家立业。虽登科途,还归仕路,习商业不改儒风,轻利重义。所以训二子同列胶庠……即弃儒就商,克承先志,□立俱琳琅器,头角峥嵘"①。

泽州县北义城镇的西黄石村,也是一个历史悠久的名村,其原名叫金玉村,后改为黄石村。村民成氏发懋"早失[怙],生计日诎,几难具炊。君念无以养母,虽工文章列仕官宦,终艰于鸡豚之奉,何益为人子事?因弃儒业商,持筹握筭,善于居积,人以为工陶白之术,不知实欲务黄孟之行也。家既渐饶,滑甘轻暖,所以善母,大无不至"②。

泽州县西北部的大阳镇,是明清时期知名的冶铁重地,号称"九州针都",周边的巴公镇、大东沟镇及高平马村镇都是冶铁重地。镇上的居民常东兴"生数岁,即失怙。稍长,嗜读书,以家贫弃儒就商,为养亲计。性质直,不妄与人交。生平重然诺,不苟取。……晚年教诸子严而有法,为之延名师,丰修馔,虽岁耗数百金不计也。先是公胞叔怀菴公无子,家颇裕,族人有图为嗣者,怀菴公既卒无成言。适公自外归,即日定议,而以资产尽与之亲族,咸叹服焉"③。

大阳镇所辖的小南沟村位于大阳镇西南部,村民常东柏"弱令失怙,常随母依外家。稍长,读书未得终业,以家贫弃儒就商。然性傲岸,不肯受人睚眦,为商数年,弃之而归,复闭户读书,昼夜攻苦"④。

此外,还有一个不可忽视的信息来源是移民。明代初期,洪武至永乐时期曾大规模从山西向各地移民,泽潞地区是移民重要来源之一,这些散居各地的移民,既是泽潞地区外出经商的民众投靠的对象之一,同

---

① 樊秋宝主编:《泽州碑刻大全(三)》,中华书局2013年版,第442页。
② 樊秋宝主编:《泽州碑刻大全(三)》,中华书局2013年版,第352页。
③ 樊秋宝主编:《泽州碑刻大全(二)》,中华书局2013年版,第619页。
④ 樊秋宝主编:《泽州碑刻大全(二)》,中华书局2013年版,第633页。

时日常来往的通信也是重要的商业信息来源。

第五节　泽潞地区的交通区位优势与商业发展

山西号称表里山河，其东西分别被太行山和吕梁山两座南北走向的山脉包围，两山之间，是若干河谷盆地等组成的较为平坦的区域。受制于这种地形因素，本区的南北向交通相对而言较为便利。山西省内部，在雁门关以南基本不存在东西走向的海拔较高山脉，交通条件相对优越得多。贯穿本省南北的官道即沿着这一方向向南北延伸。这条路是山西省内的主要通道，它从太原南下，在山西东南部穿越泽潞地区沿线的潞安府、泽州府等，越太行而进入河南境内，官道沿线设置驿站、递铺等设施，为政府传递公文，迎送官差，是一条比较高效的通道。泽潞两地，是官道必经之地。以清代为例，泽潞地区设置的驿站有以下几个：潞安府境内的长子县有漳泽驿，屯留县有余吾驿，襄垣县有虒亭驿，泽州府境内的凤台县有太行驿、星轺驿，高平县有乔村驿、长平驿。这些驿站在明代就已设置，多数在清代仍得到保持。这条南北向的官道，也是一条重要的商道，晋商开辟的万里茶道，晋商从外地贩运布匹、粮食等所走的商道泽潞段，基本也与这条路大体吻合。这些驿站中，有不少是晋商商路上的节点。

我们以晋商贩运布匹的路线以及贩运茶叶的路线为例，进行简单分析。

布匹是本地紧缺物资，晋商外贩布匹的路线，在不少资料都有保留，如一家名为"锦泰蔚布庄"的字号留下的行路指南记载，途经泽潞地区的商路有两条，一为"从太谷赴老河口路程"线路如下：

山西境内的路线为："盘它（一站），牛侍（二站），师（虒）亭（三站），鲍店（四站），长平驿（五站），七岭店（六站），栏车（七站），邢邨（八站），泗水口（九站）"邢邨已经入河南孟津境内，从孟县新泽口两处过河，继续南下，"鲁山县（五站），南召县（十四站），博望（十五站），老河（十六站），白牛（十七站），林家牌（十八站），老河口（十九站）"从老河口弃陆上船，至瓦房店，转赴四川重庆各处，或南下至汉口各处。①

二为"从太谷至赊镇路程"，线路如下：

"子洪一站，风吹岭二站，沁州三站，师亭四站，鲍店五站，长平驲六站，乔村驲七站，泽州府八站，栏车九站，长平十站，孟县十一站，大槐树十二站，府店镇十三站，龙门十四站，下店十五站，老如州十六站，半折十七站，鲁山十八站，南召十九站，召河廿站，赊镇廿一站"②到达目的地后，转水路前往其他目的地。

从这个线路来看，泽潞境内师（虒）亭、鲍店、长平驿、栏车（拦车镇）、泽州府几个关键地点几乎与南北官道一致，仅仅在局部路线有略微的区别。

茶叶也是晋商经营的大宗商品之一。南方贩运回的茶叶，相当一部分要运销往蒙古及俄国。在若干条线路中，有一条重要的路线就是从山西北上入蒙古，这条路线，在一个采购安化茶叶的晋商字号留下的"行商遗要"中有明确记载。该抄本的"祁至安化水陆路程底"被用歌谣形式记录下来，即"祁（县）至赊（旗）歌语"：

洪、土、沁、虒、鲍；长、乔、泽、拦、邘。

温、荣、郑、新、石；襄、旧、裕、赊、旗。③

这首诗歌每个字代表一个地名，具体线路如下：

祁［县］县至三十里子洪，四十里来远打尖，三十五里至土门宿。四十五里西阳打尖，六十里至沁州宿。六十里至虒亭宿。四十里交川沟打尖，五十里至鲍店宿。五十里普头打尖，五十里至长平驿宿。六十里至乔村驿宿。六十里至泽州府宿。祁［县］至泽

---

① 刘建民主编：《晋商史料集成（68册）》，北京商务印书馆2018年版，第191—193页。
② 刘建民主编：《晋商史料集成（68册）》，北京商务印书馆2018年版，第204页。
③ 史若民、牛白琳编著：《平、祁、太经济社会史料与研究》，山西古籍出版社2002年版，第483页。

［州］计陆路五百八十里。

由泽州过太行山六十里至拦车宿。四十五里至邢郐宿。五十里郭村打尖，二十五里至温县宿。由彼早起二十五里至汜水北岸名平皋，过黄河南岸汜水县打尖，四十里至荥阳宿。六十里至郑州宿。五十里至郭店驿打尖，四十里至新郑县宿。六十里至石固宿。五十里至颍桥打尖，四十里至襄县宿。四十里至汝桥打尖，五十里至旧县宿。五十里龙泉镇打尖，四十里至裕州宿。五十里至赊旗镇。祁［县］至赊［旗］店十九站，计陆路一千三百五十五里。[①]

这条路线中，泽潞地区同样是必经之地，这条路线基本是从黄河北的温县、孟津一带西进，在拦车镇缴纳厘金税金，翻越太行进入山西。这段路程中，位于泽潞地区的地点有土门、西阳（屯留县）、沁州、虒亭（襄垣县）、交川沟、鲍店镇（长子县）、普头（襄垣县）、长平驿（高平县）、乔村驿（高平县）、泽州府、拦车镇（泽州县晋庙铺镇），这里面，仍然有不少地点与官方驿道的驿站重合。关于这条茶路在泽潞地区的走向，可以参考笔者相关研究。[②]

从上面两则材料可见，泽潞地区在商道上的关键地位。

东西向的交通方面，由于山西与河北、河南之间被纵贯南北的太行山系阻隔，形成明显割裂的东西两个区域，东西向交通的通道不仅少，而且艰难得多。太行山海拔高，与华北平原落差大，使得山西与周边省份在东西方向的交通缺乏平坦的道路，历史上山西向东进入华北平原的道路主要是一些借助山间谷地开凿的小道——所谓的"太行八陉"。所谓"陉"，就是山间的羊肠小道。这种山路具体指代说法不一，但是比较固定的说法有八条。按《读史方舆纪要·河南一·太行》引晋郭缘生《述征记》，"太行八陉"指的是如下几条：

---

① 史若民、牛白琳编著：《平、祁、太经济社会史料与研究》，山西古籍出版社2002年版，第483—484页。
② 张林峰：《明清泽潞商人与晋东南茶路及茶叶消费》，《农业考古》2017年第5期。

> 太行首始河内，北至幽州，凡百岭，连亘十三州之界，有八陉。第一轵关陉，第二太行陉，第三白陉，第四滏口陉，第五井陉，第六飞狐陉，第七蒲阴陉，第八军都陉。

这八条山道，位于泽潞地区的有三条，即太行陉和白陉和滏口陉。

太行陉从河南沁阳出发，经小口北上太行，经过天井关，经晋城、高平至壶关、长治（上党），是本区和河南之间较重要的通道之一。这条道路也是泽潞商以及南北客商最常行走的路线。现存的一些商业路程指南中记载的商路基本与这条路吻合。这条路在河南的出口就是河南怀庆府下辖的著名商镇清化镇，由清化镇东行不远，即可借助卫河水道，轻松前往直隶、山东，或转向京津或者南下江南。山西境内的铁货，或者中原地区的粮食，都在这里汇聚，并转输到目的地。

白陉则是泽潞地区连接豫北卫辉府的捷径，是陵川等县翻越太行进入河南的捷径。据记载这条路

> 怀在其南，卫在其东，彰在其东北，居人往来，商贩辐辏，莫不经右脊绝䪨、猿投峻壑之区，所恃一线羊肠，惊心怵目以达之耳。尤冲要者，自邑之八犊岭至辉之薄壁镇，或通获嘉、修武，或达淇卫、汴梁，或历彰德以通山左，凡潞、泽两郡自西北而来者，熙熙攘攘，莫不由之。①

陵川县曾在乾隆十九年（1754）维修过这段道路中最险峻的一段，前后历时一年，修整商路数十里。

滏口陉则是从潞安府壶关县进入直隶邯郸一带的一条比较重要的道路。潞安府的铁货，有一部分即沿着这一道路转输出去，并且就近借助

---

① 山西省政协《晋商史料全览》编辑委员会、晋城市政协《晋商史料全览·晋城卷》编辑委员会编：《晋商史料全览·晋城卷》，山西人民出版社2006年版，第626—627页。

直隶境内的水道运往远方。

在东西向交通中，尤其值得一提的是在明清时期逐步形成的"清化大道"。这条路线是从泽州的周村镇出发，通往河南的清化镇，这条路线的得名，也与河南清化镇有关，因为这条路线的终点就是清化镇。该路线至少在明代就已经形成。在明代的商书《一统路程图记》中记载的山西东南部路线，就有这条路的影子，从河南入山西后，先过拦车镇，再入周村镇，最终向西到达翼城和临汾。这条路线的具体细节，学界已有考证，即从太行山与河南交界处的天井关出发，途经天水岭、新房窊、东岭口、上犁川、冶底村、南岭上、望头、南上坡、岸村，最终抵达周村镇。此即大名鼎鼎的"清化一大道"。①

除了"清化一大道"，还有一条"清化二大道"，这两条道路走向基本一致，也是泽州地区在明清时期的著名商道，这条道路的具体路线，在《晋商史料全览·晋城卷》中有清晰记载，清化二大道起点是泽州县周村镇，沿线经范墕、班墕、下河、吉村、李寨、坂河、牛花岭、西沟、下犁川、孟窑、坟上、西凰头、花口、东庄、蓄粮掌、衙道、碾槽洼、前洪水、后洪水、泊盘等村后，进入河南省境内。② 这条道路至少在明朝万历三十年（1602）就曾有修缮，可见其开辟的时间至少能追溯到晚明，这与《一统路程图记》记载也可以互相佐证。

泽潞地区向西的路线，基本与《一统路程图记》等记载的内容差不多，从周村镇出发，经过翼城、临汾等地，渡过黄河进入陕西境内。这条路线是山西铁货外运的重要线路，在多种方志资料中都有记载，详情参考笔者对泽潞地区铁货外销路线的考证。③

整体上看，泽潞地区境内的商路差别不大，大体是沿着明清南北驿

---

① 李嘎：《古道悠悠：明清民国时期的晋城交通与沿线聚落》，山西人民出版社2016年版，第39页。
② 山西省政协《晋商史料全览》编辑委员会、晋城市政协《晋商史料全览·晋城卷》编辑委员会编：《晋商史料全览·晋城卷》，山西人民出版社2006年版，第426页。
③ 张林峰：《清代泽潞地区铁冶产区空间与铁货外销路线研究》，《晋商研究（第六期）》，第88页。

道进行，除了个别地区会根据实际进行调整。截至明清，本区已经形成一条南北向的"官道"为主干线，及若干东西向的商道——所谓"太行八陉"的道路交通网，此外，各县份之间也开辟出相互联系的道路，在此基础上，民间又有各种小路对上述交通网络不断完善、修正，在清代已经形成了以南北官道为干线，各县之间的驿路为支线的一个交通网络体系。

特殊的交通区位优势，也为泽潞地区商业的发展提供了有利条件。

第二章　泽潞地区的商品生产

泽潞商人的崛起除了生存压力及政策契机，还有一个重要的条件是资源优势。本区的资源主要是本地特色农产品、各类手工业制品及部分矿产品，这些优质的产品为商业发展提供了商品保证。明代到清代，因为自然环境的变迁、政策环境的差异，使得本地在不同时期所产出的特色商品也有所不同，兹简要介绍如下。

第一节　明代泽潞地区的商品生产

明代开始，泽潞地区不少农产品及手工业制品商品化程度进一步加深，成为商业崛起的重要支持。如沁水县在明代"宏（弘）、正以前，俗俭朴，衣必以布，冠必以毡，履必以麻，率自捆织，器具陶匏，间有磁漆，饮馔皆时产而无珍异，盖宛然唐氏遗风焉"。在清康熙年间的记载中，已经是"迩年仕宦颇多而贾游四方者尤比比也，间以□褕华美相矜诩，民间亦效慕焉，先民俭朴之风其损耗多矣"[①]。这种消费风气的变化，背后是大量商品投入市场的一个反映。

一　明代的经济作物种植

明代泽潞地区的经济作物以生产纺织纤维用的桑、麻为主。由于泽

[①] 康熙《沁水县志》卷3《风俗志》，第1页a、b。

潞地区山地丘陵居多，发展蚕桑业较之种粮，收益相对要高，而高海拔造成的相对凉爽的气候，尤其适合喜欢凉爽环境的潞麻。在相当长的时间内，泽潞地区都是历史上是著名的蚕桑区，本地出产的黄丝是一种优质蚕丝，以之所织丝绸即著名的潞绸，更是名扬海外。陵川、阳城等地出产的潞麻，也是地区名产。

本节主要对泽潞地区的经济作物种植做一浅显探讨，并求教于方家。

（一）桑树

桑树是本区最重要的经济作物之一。由于这一地区山多地少，低山丘陵地带不适宜农耕，但是适合种植桑树等经济效益更高的各类林木作物。桑树的桑叶可以用来喂蚕，所生产的"黄丝"是本地特产，也是进贡的"贡品"，更是制造潞绸的优质原料。除了服务于丝织业，泽潞地区还生产一种优质的纸张——桑皮纸，这种纸张同样是贡品之一。制造桑皮纸的主要原料就是桑树的外皮。

山西东南部的泽州府和潞安府曾是北方重要的蚕桑区之一。这类从事蚕桑业的历史相当悠久，最迟隋唐时期就成了风气。方志记载，隋代"长平、上党人多重农桑，性尤朴"[①]，元代专门设立"绵稻提举司"管理这里的蚕桑生产，明代由于朝廷的政策引导，蚕桑业得到了相当大规模的发展，蚕桑业的发展达到一个高峰期。据明代《山西通志》记载，省内各县所种桑株如下：[②]

表2-1　　　　　　　　明代泽潞两府种桑规模

	洪武二十四年	永乐十年	成化八年
泽州及属县	13万5908株	21万166株	28万7313株
本州	—	7万4258株	7万4258株
高平县	7万1792株	7万1792株	7万1792株

---

① 乾隆《潞安府志》卷8《风俗·附礼仪时节物产》，第1页b。
② 成化《山西通志》卷6《田赋》，第56页a—61页b。

续表

	洪武二十四年	永乐十年	成化八年
陵川县	—	—	7万7147株
阳城县	2万8343株	2万8343株	2万8343株
潞州及属县	8万4514株	6万4262株	9万423株
本州	—	—	5841株
壶关县	2万4187株	2万4187株	2万4187株
长子县	1万7748株	1万7748株	1万7748株
屯留县	8476株	8476株	8476株
沁水县	3万5773株	3万5773株	3万5773株
潞城县	3639株	3639株	3647株
襄垣县	1万212株	1万212株	1万212株
黎城县	2万252株	—	2万312株

就表2-1中看，泽州的桑树种植较之潞州发达得多，发展势头也比潞州迅猛，从洪武到成化的百年间，泽州桑树规模翻了一倍有余，其中最主要的贡献来自泽州本州境内及陵川县。具体到各个县来说，高平无疑是泽州诸县中蚕桑业较为发达的县份之一。早在洪武年间，该县已拥有超过7万株的桑树，接近潞州全境的桑株规模，在泽州境内，高平一县就贡献了全州桑株总数约53%的额度。泽州本州的桑树种植从永乐开始也进入快速发展期，桑树迅速攀升至7.4万余株，较之高平的规模还要略大。相比较而言，潞州境内种桑规模要逊色得多。一方面，潞州境内自洪武以来，桑株数目增长缓慢，甚至在永乐年间一度有大幅度减少；另一方面，潞州境内各县种桑规模也远远不如泽州。如潞州本州及属县中，种桑规模过万者，仅有4县，其中桑树规模最大的壶关县也不过拥有2.4万余桑株，而泽州种桑规模最小的阳城县，也有2.8万余株桑树。潞州本州及其他2县，则仅有数千株的规模，其中潞州本州直到成化年间，桑树尚不足6000之数，而规模最小的潞城县，仅仅拥有3600余株桑树，基本可以忽略不计。

不过整体上看，洪武到成化这百年间，泽潞地区的桑树种植还是呈现发展趋势的。除了桑苗总数的增加外，桑树种植区也在扩大，某些洪武时期没有桑苗记载的县份，在永乐、成化时期开始有记载，比如泽州本州内，潞州本州境内以及陵川县，都属于桑树种植的扩展区。陵川县在明代，基层各"里"甚至设有桑园，乾隆《陵川县志》转引万历年间的陵川县令许自严所修县志，记载明代陵川县境内"每里官桑田一所"，① 这种专门开辟的官有桑园，应该是朝廷推动的结果，也正因如此，成化时期陵川境内的桑树规模会从无到有，剧增到7万余株。至明末，才由于管理废弛，豪强侵吞，导致"各里桑园久湮没"②。

（二）潞麻

"潞麻"是泽潞地区一种重要的经济作物，因为产于泽潞的上党盆地，该地区古代属于泽州府和潞安府，故而又以产地得名"潞麻"，在近代日本人的调查中，将泽潞一带所产麻称为"白麻"，而晋中一带所产麻称为"青麻"，或许是由于"潞麻"以色泽洁白之特点而得名。

在棉花传入中国以前，麻曾经是下层人民长期以来的主要织造纤维来源之一。在山西地区，麻的种植历史也相当久远，在隋唐时期推行的"租庸调"税制中，所缴纳的"调"具体包括"绢二丈、绵三两或布二丈五尺、麻三斤"。民间也长期以种麻作为经济补贴，宋元之际，泽潞地区潞麻曾是一种较为普遍的经济作物，一些寺庙甚至通过种麻以维持寺院的日常开支。如高平县开化寺的庙产中有："寺东麻地一十亩……寺南麻地一十亩……麻地九亩，东北至□□河，南至道河……王村屋三间，麻地二亩，东至□文……"③ 高平县原村上董峰圣姑庙为了维持寺庙正常运行，信众合力置办庙产，其田产中包括有

---

① 乾隆《陵川县志》卷11《杂税》，第14页b。
② 雍正《泽州府志》卷33《宦绩》，第41页b。
③ 天圣八年（1030）《泽州高平县舍利山开化寺田土铭记》，现存高平市陈区镇魏庄村开化寺。

"村西麻地一所，东至赵家墓，南北一直为界……"①

直到明代，民间种桑种麻风气仍然相当盛行，明代由于明太祖鼓励民间种麻种桑的税收优惠政策，山西地区麻的种植继续维持一定的规模。潞安府的长治、长子县及泽州府的陵川、阳城仍是潞麻的主产区。据《潞安府志》载：当地农民"勤农织之事，业寡桑柘，而富麻苎"。

二 明代的丝、绸生产

泽潞地区是北方少有的蚕桑业重地，本地丝织业具体起源何时，并没有明确记载，但至少隋代泽潞一带就有种桑织绸的传统。隋唐时期实行"租庸调制"，实行实物纳税，丝织品是官方要求的纳税事物之一，这是隋唐时期泽潞地区就有丝织业活动的实证。至迟在元代，泽州地区的蚕桑业已经比较兴盛，在现存碑刻中发现元代蚕桑业痕迹就有不少。团池乡下台村炎帝中庙所保存的康熙九年（1670）《重修炎帝庙并各祠殿碑记》记载："吾泫有上、中、下三庙，在换马者为上，在县治东关者为下，而余乡则其中也，奉敕建立，其来远矣。而创兴之始，杳不可考，重修则于至元之年，及余之身三百余载……"② 该庙是高平地区规模较大的炎帝庙，庙内陪祀有蚕神。按照它的记录，元代就曾重修，则其创修年代更为久远。蚕神祭祀大约也可以追溯到元代。此外，原村乡上董峰万寿宫保存的元至治二年（1322）刊立的《重修万寿宫记》也有记载："伊昔仙姑来，税驾通义村……种艺蚕绩外，攻苦不惮烦。……"③ 足可见元代该地区的蚕桑业已经有较大规模。另一证据是，元代设立了专门掌管丝织业的地方官，《元史》卷85《百官一》载："晋宁路织染提举司，提举一员，照略案牍一员，其属：提领所

---

① 元至元二十五年（1288）《七佛祖师天公玉皇庙院仙姑祠宇下常住土田壁记》，现存高平市原村乡上董峰万寿宫。
② 刘泽民总主编：《三晋石刻大全·晋城市高平县卷（上）》，三晋出版社2011年版，第250页。
③ 刘泽民总主编：《三晋石刻大全·晋城市高平县卷（上）》，三晋出版社2011年版，第68页。

一，系官织染人匠局一，云内人匠东、西局二，本路人匠局一，河中府、襄陵、翼城、潞州、隰州、泽州、云州等局七。每局各设提领一员，副提领一员，惟泽州、云州则止设提领一员。"可见元代就已在潞、泽二州设织染人匠局负责官府织染。该地留下来的元至治二年（1322）刊立的《重修万寿宫记》是元朝的"宣授承务郎冀宁等处绸绵稻田提举司提举"李友恭所手书。所谓的"冀、宁等处绸、绵、稻田提举司"应该是元代地方上劝农以及管理征收丝制品的官员，这与史书记载的元代在路一级行政区设立的掌管丝织业的地方官——织染提举司可以互证，能够值得官府组织起如此规模的官僚机构，说明元代其地蚕桑业的生产已经有一定规模了。

本区所产蚕丝是一种名为"黄丝"的蚕丝，是一种稀有的蚕丝，更是一种贡品。蚕丝的征收标准，似乎与桑树数目有关，从洪武到成化年间，泽州桑株数和丝赋数逐渐增多，如泽州府情况如下：

泽州并属县：洪武二十四年桑一十三万五千九百八株，丝八百七十二斤三两五钱；永乐十年桑二十一万一百六十六株，丝一千五百三十九斤一十二两二钱；成化八年桑二十八万七千三百一十三株，丝一千八百一十四斤十二两六钱。①

此外，本地所产丝织品也是上交皇家的重要贡品之一。潞州承担的上贡份额，据弘治《潞州志》载：

国朝……岁造生丝绫三十匹，生丝绢五十匹……

本州并属县：弘治五年……共征丝三百六十二斤一十两九钱五分，折绢二百八十七匹。

本州：弘治五年……征丝二十六斤五两三钱五分，折绢二十一

---

① 成化《山西通志》卷6《田赋》，第59页a、b。

第二章 泽潞地区的商品生产

匹，解京库。①

泽州承担的上贡份额，据万历《泽州志》载，包括"黄丝五百斤、遇闰共加黄丝五百四十二斤"。另外还有丝织品，"每年无闰该造绢一百匹，绫一百匹，遇闰加造绫八匹，绢九匹"，这些摊派各随年造解，并无增减。

泽潞地区最著名的丝织品当数泽州地区的"潞绸"。通常认为开始于明代初期，但是具体的情形，一直处于半传说半历史的状态。按照民间传说，潞绸的兴起与朱元璋有莫大的关系，洪武皇帝在民间的地位大概相当于潞绸生产行业的祖师爷，之所以如此，估计与洪武皇帝的一系列重农政策有关系，最著名的就是下面这句话："天下初定，百姓财力俱困，譬犹初飞之鸟，不可拔其羽；新植之木，不可摇其根，要在安养生息之。"② 不仅如此，他还用实际措施落实这一主张，朱元璋政权十分重视关系民众穿衣吃饭的棉、麻、桑、枣及漆树等作物的栽培，甚至利用经济手段进行引导，规定："令天下农民凡有田五亩至十亩者，栽桑麻木绵各半亩，十亩已上者倍之，田多者以是为差"，为了防止民间懈怠，除安排官员监督外，还规定了惩罚手段："不种桑者使出绢一匹，不种麻者使出麻布一匹，不种木绵者使出绵布一匹。"

洪武元年（1368）又把这一法令推广到全国各地："凡种桑麻四年始征其税，不种桑者输绢，不种麻者输布……"通过一系列鼓励政策，督促老百姓种植经济作物的政策。二十八年（1395）专门针对山东、山西、河南农民下令，自二十六年（1393）以后，栽种桑、枣、果树，"不论多寡，俱不起科……"这些得力措施有力地推进了经济作物种植面积的扩大，为日后手工业的发展奠定了坚实的原料基础。有鉴于此，

---

① （明）马暾纂辑，长治市旧志整理委员会点校：《潞州志》，中华书局1995年版，第11—12页。

② 《明实录·明太祖实录》卷29，洪武元年正月辛丑，第505—506页。

朱元璋在民间备受追崇，现存有大周村民众为其竖立的"皇帝万岁"的石碑，把他与上古大贤尧、舜、禹等历代圣王并列祭祀，享受香火："天皇施主：礼部尚书裴宇……地皇施主：医官武思明……人皇施主：何愧……尧皇施主：牛廷佐……舜王施主：段兰……禹王施主：张福轲……汤王施主：李君佩……大明朱太祖：施主牛代仁……将军施主：牛君实……伏羲施主：何惧……金龙大王施主：连得实……女娲施主：杨文明、杨文进，男：杨冠、杨一魁、杨一选、杨一桂……"①

此外，秦庄村玉皇庙保存的明代万历二十年（1592）《重修仙姑土地神像记》也有类似记载："吾邑东北隅秦庄村，旧有玉皇庙，□□曰仙姑，左右□□，右曰土地……盖仙姑司蚕事，土地奠民□相宜修攀，而亦足以仰副太祖高皇帝有仙民□意也……"②

虽说这些与史实未尽符合，但足可看出明太祖在泽绸发展历史上的巨大作用。

考诸史实，"潞绸"的生产则始于永乐时期，确切说，和沈王就藩于潞州卫有关。沈王朱模是明太祖第二十一子，洪武二十四年（1391）封王，因当时年龄尚小，永乐六年（1408）始到潞州就藩。据说，他十分孝顺，为了表示对父皇的尊崇，在他就藩以后，组织本地的机户，并特意从江南等地征集数千机户来潞州，专门生产一种用于皇家的丝绸，叫作"潞绸"，这种丝绸恐怕与泽潞地区原来的传统丝织品有很大不同，因为它糅合了外地匠人的先进技术，实际上对山西丝织业进行了改良和升级，对于山西丝织业是一种提升。明初潞王就藩于泽潞，带来一大批南京等地的织工，为本地的丝织业提供了新的技术，名扬天下的"潞绸"也从此开始大放异彩。

为了有效管理丝织业生产，明政府在潞泽地区设有织造局等专门机

---

① 明代《皇帝万岁碑》，现存高平市马村镇大周村。根据布施者礼部尚书等信息，可以得知这些人活动于明万历前后，但碑刻具体刊刻年代不详。
② 刘泽民总主编：《三晋石刻大全·晋城市高平县卷（上）》，三晋出版社2011年版，第165页。

构，岁造绫绢上贡。据记载，山西境内至少四所织造局："织造局，太原、平阳二府，泽、潞二州俱建，每岁织造绫绢。"① 发达的丝织业，使得各类丝织品成为本地特产，最迟在成化时期，山西境内已经形成以下几个丝织区："绫，太原、平阳二府，潞、泽俱出；帕，平阳、潞、泽俱出，高平米山尤佳；绸，潞泽州俱出。"② 至万历时期，泽、潞两府的潞绸生产达到全盛。最盛期境内有织机一万三千余架，其中潞安府制造业尤为发达，据记载，"明季高平、长治、潞州卫绸机凡一万三千余轴，十年三贡，凡贡四千九百七十匹，匹准价银四两九钱五分有奇。长治贡十之六分二，高平贡其三分八"③。

就潞安府来说，明代是其丝织业发展的高峰期，嘉靖间曾任长治知县的丁惟宁的传记之中记载"（长治）县宜桑，人多以绸为业"④。《潞安府志》也有类似记载，潞安府"在昔殷盛时，其登机鸣杼者奚啻数千家，彼时物力全盛，海内殷富，贡篚互市外，舟车辐辏者，转输于省直，流衍于外夷，号利薮。其机则九千余张"⑤。明代的潞安府（潞州城）是一个重要的手工业生产型的城市，是泽潞地区最重要的潞绸生产基地。据弘治《潞州志》记载，朝廷所设的管辖丝绸生产的"织造局一所"就位于城内，潞安府境内鼎盛时期拥有近万架织机，这批丝绸作坊有相当一部分也安置在城内。明代的潞州城内有十八街巷，是各种手工业者聚集的街道，就"绵房巷、绫房巷"⑥ 等名字来看，显然是生产贵重丝织品的场所，极有可能就是潞绸产区所在。

泽州府也是丝绸生产重地，据万历《泽州志》卷4《建置志·公署》载"（州治内临政堂、退思堂）西为织造局"。可惜由于资料短缺，

---

① 成化《山西通志》卷4《公署》，第15页b。
② 成化《山西通志》卷6《土产》，第4页a。
③ 同治《高平县志》卷4《食货志》，第16页a。
④ 乾隆《长治县志》卷12《名宦》，第4页b。
⑤ 乾隆《潞安府志》卷8《物产》，第18页a。
⑥ （明）马暾纂辑，长治市旧志整理委员会点校：《潞州志》，中华书局1995年版，第11—12页。

城内丝织区分布地及生产规模无从估算。反而是泽州府属县高平县留下较多的资料。高平县在明代也是一个手工业生产色彩相当浓厚的城市。泽州府的潞绸生产基地之一就是高平县。史载泽州府境内明代有织机三千张，其中高平县就拥有机户一千五百余家，这批机户应该有相当一部分居住在高平县城内。明万历年间，潞绸生产达到高峰期，机户在民间的公益事业中相当活跃。万历二十年（1592）高平东郊一个小村维修蚕姑庙，在留下的《重修仙姑土地神像记》中①，留下了高平城内机户参与公益事业的记载，本次捐资中，城内的招贤坊的"焦奉义、邢应弟"等十三名善信以丝绸作为布施品，城内治平坊的"袁登科"等七人，招贤坊的"秦应启 秦孟阳"等五人以及节义坊、西厢和城北里、赵庄西里、李村东里及徘徊西里的捐资者以银钱参与布施。本次捐赠的丝绸，大概率就是著名的潞绸，其中丝织品捐赠者籍贯为本里（赵庄西里）及招贤坊，显然这两地是丝织业者聚集的地区，可见最迟万历时期，高平县城的招贤坊已经是一个丝织业生产的中心之一。②

较之于清代，明代的丝织业生产管理方式带有明显的官府管控色彩。在管理方式上，主要分为两种：一种是依靠分散在各县的本地机户进行生产，这属家庭手工业作坊性质，这种工匠一般并不赴府当差，而是在当地分造交纳；一种是依靠外来机户，在官府的监管下实行"住座"制，每月保证至少有 10 天集中生产。

由于管理相对合理，从明初到弘治年间，潞泽地区丝织业呈现良好的发展势头，并在万历时期达到巅峰。彼时的生产盛况，如《潞安府志》追述："在昔殷盛时，其登机鸣杼者，奚啻数千家。彼时物力全盛，海内殷富，贡篚互市外，舟车辐辏者转输于省直，流行于外夷，号称利薮。其机则九千余张，分为六班七十二号，即间有尺符征取，如捐

---

① 刘泽民总主编：《三晋石刻大全·晋城市高平县卷（上）》，三晋出版社 2011 年版，第 165 页。
② 张林峰：《明清时期泽潞地区的城镇化——以高平县米山镇为个案的研究》，《晋商研究》2021 年第 5 期。

碎壁［璧］于宝山，分零玑于瑶海，易易耳。"①

除了按规定完成每年派来的定额外，朝廷还会根据需要，不定期派发临时织造任务，即"岁造之外、奉旨题派织解者，曰坐派"。所谓"坐派"，明人吕坤记载了几次有代表性的案例："万历三年坐派山西黄绸二千八百四十匹……十年坐派黄绸四千七百三十匹……十五年坐派黄绸二千四百三十匹……十八年坐派黄绸五千匹，用银二万八千六十两……夫潞州之有绸也，非一年矣……是绸也，士庶皆得为衣……"②

从以上零星记载可以看出，明代的丝织业生产能力。当然，这些繁重任务已不能完全依靠织造局力量完成，故管理措施也有了改进，采取了"领织"的办法，即将织造任务分摊派给民间机户，到期收解，这种管理制度相对而言更加灵活。

"潞绸"除供应皇室消费外，也有多余的产品投入市场，属于比较高端的丝织品。除此之外，泽潞地区还有其他丝织品的名产，成化《山西通志》载山西土产中的丝织品，有以下几类："绫，太原、平阳二府，潞、泽俱出；帕，平阳、潞、泽俱出，高平米山尤佳；绸，潞、泽州俱出。"③这里提到山西丝织品种类，除绸之外，还有绫、帕等种类，其中所提到的"帕"即高平名产乌绫帕，最负盛名。这是一种妇人包头的丝织物。其具体情况，在雍正《泽州府志》中有明确记载："帕：织成素绢，以橡殻皂之。谓之乌绫帕，用以抹额。"④泽州地区出产一种橡树，其果实可以做皂色染料，素绢用它染色后的产品就是所谓的乌绫帕。这种帕子其实就是对素绢的染色再加工。这种产品属于一种民用产品，在明末潞绸生产能力被大量摧毁后，成为清代泽潞地区出产的主要丝绸种类之一。

三 明代的采矿业

煤炭是本区重要矿产之一，优质的煤炭出产在阳城、高平等地。据

---

① 乾隆《潞安府志》卷8《物产》，第18页a—b。
② 乾隆《潞安府志》卷31《艺文续》，第14页a、b。
③ 成化《山西通志》卷6《土产》，第4页a。
④ 雍正《泽州府志》卷12《物产》，第3页b。

史料记载,煤最早称谓叫"石涅",本地在先秦时期有一座叫"涅"的城市,据学者研究,就与此地有丰富煤炭资源有关。①"涅"城位于今天的武乡境内,属于广义的上党地区,距离泽潞地区并不远。汉唐以后,本地煤炭的使用更为普遍,人们以之作为铸钱的燃料,五代至宋朝,河东路一带开采煤炭充当做饭的燃料已经有一定的规模,可能已经作为商品出现。

明代煤矿的开采已经有一定规模,在明成化《山西通志》中,记载山西的产煤区如下:石炭:"平定、霍、吉、隰、浑源、辽、潞、泽诸州、阳曲、太原、清源、交城、文水、榆次、寿阳、孟、静乐、乐平、宁乡、临汾、翼城、浮山、岳阳、洪洞、赵城、汾西、灵石、乡宁、河津、大同、怀仁、孝义、介休、沁源、武乡、和顺、长子、壶关、襄垣、路(潞)城、高平、阳城诸县俱有窑"②。其中全省出煤炭的州县43处,泽潞诸府县就有2州、7县。

具体到各县而言,潞安府长治县荫城里及周边是产煤区,长治府城有"煤市",在明万历年间(1573—1620)《革里煤碑记》记载"长邑有山而多童,其所产之材不足以供窠梲槫栌之用,以故上栋下宇犹筑土作壁,葺苇代椽,至民间一切司爨之政与燎火之需,咸不取足于薪樵,而于煤是赖"。林木资源的匮乏,使得薪柴不足,民间以煤炭代替薪柴,官私所用"凡公庖所给,多非甸人积薪,特求煤以为熟食御寒之具,斯地势使然也"。这一时期,境内已经出现一批专门以挖煤卖煤为生的窑户,他们"业煤犹农业稼也"。不过这一时期的煤炭生产规模还较小,"各乡之山俱有煤窑,虽有力者得而取之。然财不足以购其窑场,力不足以及乎幽邃,亦罕有收其利而赖其用者,因是业之者鲜"。周边以此为业者也较少,"三里以及固真二里,产煤不过数处,专其利者不过数十家,各里煤窑约计五十余座"③。

---

① 田秋平:《天下潞商》,三晋出版社2009年版,第26页。
② 成化《山西通志》卷6《土产》,第4页a。
③ 乾隆《长治县志》卷23《艺文志》,第49页a。

泽州陵川县的黄沙山，最迟在明成化时期，就有煤炭生产的记载："在陵川县西南十里，产煤炭"①，高平煤炭产量也很高，万历年间，境内曾发生过煤窑自燃的事故，顺治年间的《高平县志》记载了这次事故："明万历三十一年秋九月，唐安镇煤窑火龙见，里人方下取煤，忽见火光满井，热气熏蒸，急上之，身已燋烂而死。须臾雷震井中，火光上腾，乌云□余，周围百步下热雨。寻复入井，人不敢近，谓有火龙潜焉。"② 所谓火龙，是古人不了解自然现象的想象，就这个材料描述来看，当是煤窑通风技术不到位，导致瓦斯等可燃性气体没能及时排除，最终导致自燃而发生的事故。

到明末清初，本地煤炭已经扬名于外，顺治年间方志记载"邑原无奇货，独煤炭甲于天下"③。尤其县东南十五里"第四都朱庄东里"的几个村庄："南朱庄、贺岗、上村，北朱庄出煤炭，甲于一邑。"④

四 明代的铁货生产

山西多山，煤铁资源丰富，适合铁冶业发展。本地的铁冶生产历史悠久，早在汉唐时此地就是国家铸钱的重地，在万历《潞安府志》中就有时任知府大人周一梧留下的记载"钱通交易，与银子母相权。汉唐以来，取当地所产，铸铁为钱，公私相杂"。至明代，省内铁冶生产已经相当旺盛，明初全国共设置有13个铁官，山西就占据5个，而泽潞地区又包揽了其中2个，即是益国铁冶和润国铁冶。润国铁冶据考证，位于潞安府城里的炉坊巷，益国铁冶则位于泽州府高平县的王降村。《泽州府志》记录了益国铁冶的历史，"益国铁冶：（县）北十里王降村，元大德间置铁都提举司，益国冶至正中废，明洪武初徙冶县北二十里，永乐中奉工部勘合罢炉冶事"⑤。这种官方主导的生产弊端颇多，

---

① 万历《山西通志》卷2《山川》，第50页a。
② 顺治《高平县治》卷9《祥异》，第7页b—8页a。
③ 顺治《高平县志》卷1《舆地志·物产》，第19页a。
④ 顺治《高平县志》卷2《建置志·里甲》，第23页b。
⑤ 雍正《泽州府志》卷13《古迹》，第12页a。

效率很低，朝廷被迫变管理措施，废除铁官制度，转而以对民间让利更大的办法管理地方铁冶生产。具体办法是通过税收进行管理，对民间经营的铁冶业征收一定比例的税，收税比例为产品实物三十取二，相当于十五分之一的实物税。这样的制度相对合理，促进了铁冶从业者的生产积极性。至明成化年间，方志记载境内的铁冶生产地合计已有十九处，分别为"平定、吉、朔、潞、泽州，太原、交城、榆次、繁峙、五台、临汾、洪洞、乡宁、怀仁、孝义、平遥、壶关、高平、阳城俱有冶坑，唯阳城尤广"①。其中泽潞有铁冶生产的县份有五个，占比超过四分之一，有具体地点记载的铁矿，如走马岭"在高平县西北十里，出铁矿"②，史山"在阳城县东北三十里，产铁，其西五里有金裹谷堆，堆下亦有铁矿"③。金牛山"在（陵川）邑西三十里礼义镇……其山出铁矿、煤炭"④。能被省志记载，大约生产规模是比较大的。

开采的铁矿，有相当部分被运往城市进行深加工，明代一些行政治所城市逐渐发展成铁货加工、分销的重地。如潞安府（明初为潞州）就是重要的铁货加工中心。据弘治《潞州志》记载，明代潞州城的十八条街巷里有"炉坊巷""锡坊巷""锣锅巷""锅房巷""刀子巷"等⑤，就名字来看，显然是因铁货加工行业集中地而得名。锅房巷、锣锅巷显然是铸锅，或者贩卖铁锅的集中区，刀子巷则应该是制刀的集中区。炉坊巷，据研究是唐代铸钱炉址所在，锡坊巷则应该为冶炼锡矿或制作锡器的所在。煤灰坡顾名思义，系冶炼用的燃料煤的残渣堆积之处⑥，石头街则应为矿石堆放之处。明《潞州志》曰："潞州本地无矿，均需从外地运至。"

---

① 成化《山西通志》卷6《土产》，第4页a。
② 成化《山西通志》卷2《形胜形势》，第50页b。
③ 成化《山西通志》卷2《形胜形势》，第51页b。
④ 民国《陵川县志》卷1《疆域山川略》，第18页b。
⑤ （明）马暾纂辑，长治市旧志整理委员会点校：《潞州志》，中华书局1995年版，第11—12页。
⑥ 田秋平：《天下潞商》，三晋出版社2009年版，第36页。

从以上记载看，以生产铁器等的行业命名的街巷，占据了全城街巷六分之一的比例，可见明代弘治时期，潞安府城中的铁货生产已经相当旺盛。

除了行政治所，在明代晚期，由于铁冶的发展，有相当一批的村子已经借助冶铁发展起来，并逐渐成为铁冶重镇，典型如大阳镇等。与此同时，商人资本已经开始投资铁冶业，这些人或者直接从事开矿冶铁，或携技术经营他方，或者利用资本渗透入铁冶生产，泽州申匠村著姓李氏为商人家族。李朝相生于嘉靖四十一年（1562），卒于万历十六年（1588）"以铁冶游齐鲁诸地经营，所在有获"①。泽州秋木洼村商人王氏生于万历三十四年（1606），卒于康熙三十四年（1695），对于冶铁采矿有独特见解，"金之英惟铁，□□独□铁之始为矿石，采之（缺字）。其上赭者，下必矿。公液矿（缺字）而智过之，数以万（缺字）"②苗匠村商业大族的李明轩生于万历二十八年（1600），卒于崇祯十五年（1642），隶属商籍，曾在运城经营盐业，"后移居于巴公镇中，兼开质库……各处开凿□矿，咸借公资以助之"③。

这些地区生产的钢针、犁铧、铁锅等名优产品，为泽潞商的崛起提供了商品保障。

第二节 清代泽潞地区的商品生产

清代与明代相比，商品生产的种类有所区别。明代泽潞地区的特色产品以丝绸、铁货等为优势产品，但明末清初的长时间战火导致本地大量织机焚毁，机户流散，织造中心潞安府境内的织机从最盛时期的九千张，锐减到三百余张，不及明末一个零头，加上原料价格上涨，官吏盘剥，乾隆年间，潞安府的丝织业几乎消亡。泽州府在朝代变革中也受到

---

① 樊秋宝主编：《泽州碑刻大全（一）》，中华书局2013年版，第700页。
② 樊秋宝主编：《泽州碑刻大全（一）》，中华书局2013年版，第687页。
③ 樊秋宝主编：《泽州碑刻大全（四）》，中华书局2013年版，第543页。

巨大冲击，战火之后，顺治时期境内织机数量仅存世一千五百架左右，泽、潞二府合计，织机不足两千之数。加上晚明以后进入小冰期，气候变冷，本地桑树大量冻死，蚕丝等原料供应不足，只能从外地采购，这又导致丝绸成本剧增，竞争力锐减。困境之下，本区潞绸生产已经大大不如明代。清代以来，丝织业虽得到缓慢恢复，但是官方组织的贡绸生产模式基本停滞，根据市场需要进行商品化生产的丝织业逐步成为主流。相比较而言，煤、铁产品反而呈现出后来居上的势头，逐步成为清代本地的特色产品。入清以后，社会的长期稳定，加上矿禁不断放松，煤炭商品化加速，作为取暖做饭及冶铁的燃料而大量投放市场。冶铁更是得到长足进步，泽潞地区的铁锅、犁铧、钉子、钢针等铁货都是市面上的名优产品，几乎垄断华北市场并远销江淮，甚至转销周边国家，本区已成为北方铁货主要生产地之一。

一　清代经济作物的种植

（一）桑树

明清易代的战乱，对泽潞地区的蚕桑业造成非常大的影响，加之明清鼎革之际小冰期的到来，极端天气往往导致桑树冻死，入清以后，泽潞地区的蚕桑业已经不如明代。不过由于种桑养蚕较之于种粮仍有相对较高的经济回报，加之本地所产"黄丝"作为"土贡"的组成部分，仍有一定的需求，官府仍对种桑活动进行鼓励，民间里社也乐意对蚕桑业进行扶持，随着社会的稳定，泽潞地区的蚕桑业逐步恢复并得到一定程度的发展。

由于清代官方不再如明代一样将桑树数据与赋役等考核进行挂钩，因此泽潞地区没有留下官方对桑株的统计数据，桑园模式也很少出现，偶尔有庙宇、学校等公共机构会拥有桑园，作为产业经营，以获得经费来源。如嘉庆二十四年（1819）高平县的清化寺《补修清化寺并条规碑记》记载："清化寺，一村之荫庇也……初有桑田百六十余亩，家倨器物不可胜□，以为供佛养僧之需。原不许［山］主构置典买。"① 这是寺庙经营的产业，面积达到160亩，规模可谓不小。该村约有土地1600亩，桑田面积占总土地面积的10%。陵川县杨村镇岭北底村在道光二十四年（1844）"村中共地九顷有余，栽桑二千余株"②。桑田面积所占比例也是规模比较大的。

较之"桑园"模式，百姓利用山坡地头种植的散株桑树更为普遍。这种种植模式一方面利用了间隙土地，提高了收益；一方面也可以预防灾荒。

为了推动蚕桑的复兴，地方官努力颇多，有不少地方官因为劝课农桑作出政绩而留名。如平顺县知县高复兴"顺治二年以贡任平顺知县……躬课农桑，土辟氓聚"③。又如平顺县知县刘征"南昌人，进士。康熙间平顺知县……平顺地瘠民贫，征劝课农桑，督励纺织"④。这些官员努力的方向之一是技术引进和桑苗品种更新。如潞安府的襄垣县知县贾慎行"劝民栽桑，其法有盘根、有分根、有种子、有分压，于桑中又分荆、鲁，荆桑则宜于成树，鲁桑则宜于成簇。襄民竭力栽植，全活四万余簇，大著成效"⑤。泽州府地方官曾刊有《蚕桑说》，广劝栽桑。作者认为：

> 桑最易生，山边墙外，地角田头，处处可种。即令并此均无隙地，竟种于陆地之中，计离六尺远一株，占地无多，依旧可种稼穑。迨桑既成林，占地渐大，其利亦远胜于苗稼。

此外种桑养蚕利润颇高，且耗时较短，性价比很高：

---

① 刘泽民总主编：《三晋石刻大全·晋城市高平县卷（上）》，三晋出版社2011年版，第508页。
② 刘泽民总主编：《三晋石刻大全·晋城市陵川县卷》，三晋出版社2013年版，第252页。
③ 乾隆《潞安府志》卷16《名宦附政绩》，第71页a。
④ 乾隆《潞安府志》卷17《名宦附政绩》，第77页a。
⑤ 乾隆《潞安府志》卷8《风俗·附礼仪时节物产》，第16页a。

> 养蚕之事，自生蚁以至缫丝，妇女勤劳不过四十余日，以一年三百六十日计之，除去四十余日，沿余三百一二十日，皆可各为本业。又况此四十余日，所得之利，可敌三百一二十日所得之利乎？

为此，采取十一条措施，分别为："举绅士"以求办事得人。"筹销路"以求产品盈利，"节用度"要求蚕桑局节省经费，"策善后"是推广成功之后相关事宜的处理。

除了以上几条，最核心的几条如下：

"筹经费"是用来支付"前赴湖州买桑秧桑子、雇教种树接树养蚕缫丝湖人、运脚工食"等开支。"计久远"以解决长久之计使各处效法，转教各乡，以期愈推愈广。"发桑母"是利用湖州所购买接好桑树，每县酌发若干株，作为桑母以备嫁接繁殖之用。"禁揩吝"是鼓励民间接桑之时，互相支援桑枝，不得揩吝不与，但禁止任意剪伐，致伤桑树。"勤护惜"要求对桑园筑土墙，或编篱围护，禁止纵放牛羊故意作践以及偷窃桑苗。"广教导"要求每县招募精细勤谨者来局学习嫁接之法，以及养蚕缫丝络丝等事，局中提供工食，学成之后，互相传习。"明赏罚"，则是对在局办事诸绅士进行考核，并对各乡种桑情况进行考核。

这些举措，在泽潞地区广泛出现的各种禁约碑里，或多或少都有体现。官府应民间请求所刊刻的禁令性质的碑叫作"禁约碑"，根据其内容又有"禁桑羊碑"或"禁赌碑"等区分。所谓的"禁桑羊碑"，其实是古代基层政府出示的一种带有某种禁令性质的告示，此类碑刻主要的目的是禁止牧羊、赌博、暗娼乃至流民等，但核心是保护蚕桑。大多数情况下，禁羊与禁赌是共生的，并没有严格的区分。民间将相关告示刻碑保存于村内，以为警示。这种资料保留颇多，但内容简略不一，部分资料仅有寥寥数语，如高平团池保留的嘉庆九年（1804）《团东村禁娼赌停桑羊告示碑》，内容为"禁娼、赌、停桑羊告示碑"[①]。

[①] 嘉庆九年（1804）《团东村禁娼赌停桑羊告示碑》，现存高平市神农镇团池村清化寺。

高平响水坡村保存的道光九年（1829）《三甲镇响水坡村禁秋桑羊碑》，内容同样是一句话"奉官永远复禁秋、桑、羊。勒石以垂久远"①。

当然，也有一部分禁碑内容很长，大约是按照公文的原文抄录的，永禄地区是泽州重要的蚕桑基地，永禄里东庄村仓颉庙保存的乾隆五十三年（1788）立《高平县正堂禁示碑》是目前发现年代较早的资料，反映了永禄三村里社防止各种因素祸害蚕桑业的努力。碑文记载：

> 特授高平县正堂加五级纪录十次葛，为严禁剐柴牧羊以培桑株事。窃照行□治民，首重农桑。农者，食之本；桑者，衣之资。固王政树桑之教，诚不容缓。若桑株培植，得□□牧，不加条桑□月，菁萃沃若。蚕食既无不足，茧丝必产其多，卜便民衣，□裕国贡。则桑株一事，实为重务。今据地方李兴□等众，称该里桑株，岁被匪徒剐柴肥己，牧羊踩躏。以致桑株待尽，蚕食无赖……自禁之后，如遇前项匪徒，仍蹈故辙剐柴牧羊，残[戕]桑株者，许尔等立即扭禀本县，以凭究治，决不宽贷。各宜凛遵毋违。
>
> 以上通共三村庄社首公议。②

由于里社属于民间自治性质的机构，本身并没有执法权，在世风衰败、道德沦丧时，在物质利益面前不堪一击，故里社还要依靠世俗的权力，引进朝廷的力量是唯一也是必然的选择，通过在朝廷的备案，更能增加其行使权力的合法性，而朝廷借此控制地方也是一个很好的契机。鉴于官、民双方在这一方面的高度一致性，这种碑便应运而生并广泛出现。

---

① 刘泽民总主编：《三晋石刻大全·晋城市高平县卷（上）》，三晋出版社2011年版，第547页。

② 刘泽民总主编：《三晋石刻大全·晋城市高平县卷（上）》，三晋出版社2011年版，第420页。

神农镇故关村所存嘉庆十六年（1811）《阖社公议永禁夏秋桑羊碑》最典型体现这种结合。该碑碑阳是里社的村规，碑阴刻的是官府的告示，二者完美结合：

阖社二十一枝，奉示公议，禁止永远。不许夏采伊人之桑，秋窃非己之禾。以及□□养羊之家，并育六畜之家，皆莫入禁场，而践嗜其农桑之物。古云天地之间，物各有主。苟非吾之所有，虽一毫而莫取。此理久着，人咸悉知。第晚近人心不古，只知利己者居多。训六畜秉□不类。讵明天害人之道，而守其法则乎？故不得不严为永禁，以重农桑耳。兹特显立斯碑，预为告明。自禁之后，各宜凛遵。倘有不法之辈，阖社公仝送官究治。

社规列后：四月初八日，执事首人，遵规禁夏，拈阄派班，不得推违。

一议，禁夏不得入伊人之地，挖取菜苗，窃采桑叶。如有人拿获者，入庙公议罚油。

七月初七日，执事首人，遵规禁秋，拈阄派班，不许延迟。

一议，禁秋不许入伊人之地，假以剪莠割芦打枣为名，窃取田禾瓜菜之类。如有人拿获者，入庙公议罚油。

一议，凡所养蚕之家，必以桑株为重，外人不得砍伐。倘有人砍伐伊人之桑株，有人拿获者，入庙公议罚油。

一议，凡所卧羊之事，夏以三月朔日起，四月朔日止；秋以九月朔日起，十月朔日止。虽然卧羊，不许在禁场以内牧羊。为保重农桑，恐其践嗜耳。如有人违犯，有人拿获者，入庙公议罚油。

（碑阴部分）

特授高平县正堂加五级纪录十次张□，为严禁踏践田禾、□取瓜菜、砍伐桑株，以保农业，以重蚕桑事。照得时届孟秋，田禾长发，渐次吐□，瓜菜业已成熟。诚恐无赖、男妇、孩童，假以割草挖菜为名，潜入地内窃取瓜菜，作践田禾、砍伐桑枝，均未可定。合行示禁为此示。仰该里乡地及地主人等□，悉自示后，如有前项匪徒仍蹈前辙者，许尔等指名禀究，决不宽贷。该里□保地主人等，亦不得借端滋事。各宜凛遵，毋违特示。①

此外，高平东靳寨村玉皇庙保存的《李联蒙严禁牧羊蹭践桑枝告示碑》，内容也较多，长达二百多字：

> 特授高平县正堂加五级纪录十次李，为严禁牧放羊只，肆行砍伐，以重蚕食事。照得桑株为蚕食之需，自宜共相保护，岂可肆意损伤？兹据沙壁里东靳寨村社首王克绍等，以该村地内所植桑株，近被无知之辈牧放羊只，砍伐蹭践，禀请示禁，前来合行，给示永禁。为此，示仰该社首乡地居民人等知悉：嗣后，如有前项不法之徒仍敢肆意牧放羊只、蹭践桑枝者，许尔等公同禀送，以凭按法究治。尔等亦不得借端滋事。各宜凛遵。②

高平米山镇定林寺保存的道光年间《高平县正堂永禁事记》，内容多达三百余字：

> 特授高平县正堂加九级纪录十二次李，为保护山林以全名胜事。据米山东西北三里绅士、地方禀称：大粮山之左，寺名定林，近有无知牧竖，纵其牛羊千百成群，朝夕迭至，大树则啃及半面，小树则拔其全株，遂使茂者复枯，后者难继。禀请示禁前来。合行出示严禁。为此，示仰该里乡地并附近村民人等知悉：自示之后，如有

---

① 王树新主编：《高平金石志》，中华书局2004年版，第688—689页。
② 道光三年（1823）《李联蒙严禁牧羊蹭践桑枝告示碑》，现存高平市石末乡东靳寨村玉皇庙。

前项无知牧竖，在于该处牧放牛羊牧畜、践啮树株，并移取者，许尔等立即拿获送案，定行重究，决不宽贷，各宜凛遵毋违。特示。

时道光六年八月初九日

界限东至东岭上，北至官甲顶，东南至王家庄道，西至大粮山根，南至砖窑，西南至松树道。①

在这些碑刻中可以看到，劝农的里社、维持治安的乡地、身负功名的生员还有基层的官府全部被卷进来，各方力量共同为蚕桑业的发展提供了一个保障。

实际上，官府在基层经济活动中起到的作用相对有限，更多扮演了倡导或者监督的角色，对经济干预最积极，效果最明显的应该是各种基层组织，例如清代以后在基层自治中发挥着越来越多的作用的里社。上文已经提到里社在基层的各种作用，其对于蚕桑业的积极作用尤其明显。里社除了利用自身权威约束各种危害蚕桑业的行为外，为了鼓励蚕桑，各地里社制定了丰富的村规，内容涉及鼓励措施，派种桑苗的标准，后期考核制度，日常的监督措施等，这种规定甚至具体到规定社民种桑的数额，定期进行成活率的考核，等等。这类规定一般都会立碑记载。这类碑刻，在乾隆以后大量出现。例如建宁乡何家村三教堂存乾隆三十五年（1770）《劝栽桑以禁滥采序》是现存较早的劝桑村规，涉及摊派标准、考核办法、打击对象和惩罚标准等几方面：

吾邑东土田非不辟也，耕耘非不力也，而独蚕桑之务阙如……今纠合乡众共来劝惩，各于阡陌之际，屋舍之旁，封植桑树，兼养众木……

条例书于左：

一约：每亩栽桑三株，少一株者罚油三斤

---

① 刘泽民总主编：《三晋石刻大全·晋城市高平县卷（上）》，三晋出版社2011年版，第538页。

一约：每亩栽桑三株，三年验活，如有一株未活者，罚重栽十株
一约：桑叶不许乱采，如违者罚油十斤
一约：如有见窃取桑叶者，隐匿不报，社中查出，罚油五斤
一约：获住盗桑者送社，社中出钱一百文
……
一约：刮草不许代桑叶，如违者罚油五斤
一约：桑条不许偷采，如违者罚油廿斤
以上各条各宜凛遵，如有不服者合社公举送官究责①

河西镇义庄村关帝庙存道光十四年（1834）《大社永禁桑羊碑记》则是社规中规定最详细的：

吾乡义庄村，旧禁桑羊残碑犹在，不意半途而废，此事久不获见矣。兹幸有维首同七班社首等纷然振奋，复举此事，故公议条规，勒碑谨志，将我朝之教泽不坠，亦前辈之遗风不泯也。倘自此以往，农桑兼务，衣食丰足，则久之仁让成俗，比户可封，讵非吾乡之良谋也耶！是为序。②

所列十六条社规，规条列后：

一议，栽桑日期准于清明以前，不许迟延。
一议，起初桑种大社采买，每一亩地发给桑种二枝，照期自栽，勿得有误，违者议罚。
一议，嗣后累年各自多栽，利益无穷，如有将桑种无存绝不再栽者，从重议罚。

---

① 乾隆三十五年（1770）《劝栽桑以禁滥采序》，现存高平市建宁乡何家村三教堂。
② 道光十四年（1834）《大社永禁桑羊碑记》，现存高平市河西镇义庄村关帝庙。

一议，栽桑之后，觅四季长巡人二名，代巡夏秋两季，每一人长年工价钱拾贰仟整，按四季分发，不许支取。如每日游荡赌博怠不敬事者，一经查出，即行革去另觅。

一议，栽桑以后，男妇幼童各自守分，不许乱采，并禁窃取秋夏田禾等物。违者，无论巡夫旁人，皆许扭庙鸣钟，待维社首分其情形轻重议罚，概不允另人讲情，违者议罚。

一议，自领桑种之时，如有隐匿地亩，务按报名多寡，按亩数领栽。如仍蹈故辙，日后查出，不惟有事社中不管，仍然公同议罚。

一议，巡夫因循懈怠，维社首亲见，并不戒饬，明系徇情故纵，经旁人鸣钟指出，入庙议罚。

一议，巡夫不得徇情，倘有关切情面私自纵放，或只辨己事，并不巡查，经地主出首，除议罚外，仍行革巡。

一议，犯规之家倘有逞强反目行凶殴辱，维社首除绳捆外送，[报]官究治。

一议，罚油多寡系某人查出，系某人扭庙，即许某人与社中均分，长巡者不得争论。

大清道光拾四年岁次甲午二月清明日勒石

在这则社规中，有十二条属于劝桑条款，占据全部规定的75%，余下四条则是对于"巡秋人"的考核监督条款，间接上也与禁桑有关。为了保持蚕桑之利，里社不惜动用公费："栽桑禁羊，所有历年一应花费尽属社中。"规定优惠条件鼓励农户种桑："起初桑种大社采买，每一亩地发给桑种二枝，照期自栽，勿得有误，违者议罚。"对抵制种桑者强制性按地亩面积摊派种桑指标："务按报名多寡，按亩数领栽。"此外还有各种后期的保护措施，为了确保桑苗顺利成长，里社专门设立"巡夫""巡秋人"等，定期进行抽查考核："栽桑之后，觅四季长巡人二名，代巡夏秋两季，每一人长年工价钱拾贰仟整"；打击外来干扰因素："凡养群羊者，无论本村外村，于惊蛰以前、立冬以后入境牧放，不许擅入他人地内，损坏桑株等物。"对于那些隐瞒土地数目，或者偷懒应付的人，社内会根据情节轻重，给予严厉处罚，轻者罚钱，重者罚戏。而且为了防止巡夫舞弊懈怠，社内还规定了严格的监督措施。

除了高平县，凤台县也有类似记载，目前已出版资料中能见到的凤台县禁桑碑年代最早的是巴公镇双王庄保存的嘉庆十六年（1811）《巴公镇双王庄本社公议永禁桑羊碑》，① 铺头村在同治四年（1865）也有记载：

> 我村杨柳成材，桑柿无种，岂非舍重就轻者哉？今遵官谕，田畔植桑。父老商议，并植柿株，此乃万家得利之由，非一人肥己之意，何不踊跃而为。合社立有明规，每亩地栽桑柿若干株，只许加增，不许减少。倘有无知之徒，或恃强剪伐，或乘间窃砍，由社议罚，不然则送官究处。②

陵川县也有部分蚕桑业活动，礼义镇大义井村玉皇观保留了一份乾隆三十七年（1772）刊刻的《禁桑碑记》：

> ……有一种无耻之男妇，不知栽桑养蚕为公，止徒偷叶卖□营私，损人利己，可痛恨……我村遵明文同乡地公禁损桑，无□大家小户，均不许损树折枝，并不得乱采牧养。至蚕□之日大社挂秤抽用，以供□盛加意□察，如或无桑有茧，桑少茧多，即系偷桑，入社议罚。勒碑之后，望我辈各人栽培自守，再复均相辽望，倘若匿情徇私，较偷桑倍罚。如不遵，社许值年社首乡地送官究治。③

---

① 刘泽民总主编：《三晋石刻大全·晋城市泽州县卷（下）》，三晋出版社2012年版，第554页。
② 樊秋宝主编：《泽州碑刻大全（二）》，中华书局2013年版，第442页。
③ 刘泽民总主编：《三晋石刻大全·晋城市陵川县卷》，三晋出版社2013年版，第143页。

这是陵川县目前能看到最早关于保护蚕桑业的资料。

崇文镇河头村保存的嘉庆八年（1803）《河头村禁约碑》则是规定了禁止牧羊，保护桑田的范围："永禁北主山、南松坡兼境内不许牧羊损桑。"①

马圪当乡大郊村道光元年（1821）《大郊村禁约碑》规定：

> 五亩之宅，树之以桑，皆因庄村田土缺少，养桑者原为农夫备诚寒之类，各自用功养桑喂蚕……有男妇幼童，自不养桑，望为损人利己，胡采人家桑叶，毁坏树木。②

壶关的鹅屋乡黄崖底村位于壶关与陵川二县交界处，村内所存同治十一年（1872）《禁伐山林碑》记载了"陵川、壶关二邑三社公议"的条款：

> 一议：凡在社之家，每家养桑，不养桑者，罚钱五百文；一议：有人毁坏桑树，私采桑者，加倍重罚。③

泽州大阳镇南峪村光绪二年（1876）《南屿大社禁册桑羊树木碑记》：

> 彼羊之害，深为可恨，不能□桑喂蚕，因此永禁群羊。永远不得入禁地，如不遵社规者，强入禁地，有人将羊拿获入庙，议罚。④

---

① 刘泽民总主编：《三晋石刻大全·晋城市陵川县卷》，三晋出版社2013年版，第179页。
② 刘泽民总主编：《三晋石刻大全·晋城市陵川县卷》，三晋出版社2013年版，第203页。
③ 李玉明、王雅安总主编：《三晋石刻大全·长治市壶关县卷》，三晋出版社2014年版，第283页。
④ 刘泽民总主编：《三晋石刻大全·晋城市泽州县卷（下）》，三晋出版社2012年版，第702页。

此外沁水县也有部分记载,如土沃乡西羊村道光十七年(1837)《六里禁伐桑碑记》:

> 沁水屛邑也,治南一带又山陬也,居民鲜什一之□□,所籍以谋衣者恃有蚕桑耳。无论平原阪田树艺之木桑居□也,而妇女勤□克佐农功之不逮者,于此为殷殷焉,以言其利不□□薄哉。①

这些详细的规定为里社推行蚕桑业提供了可操作性极强的标准,此外,民间为了保护桑蚕业顺利发展,还制定了大量禁止损毁桑树的禁桑碑,并多次重申,在某些村内保存的还不止一块,说明基层对于蚕桑业的关注在一直顽强地推进。

表2-2　　　　　　　　　　禁桑羊碑等分布

碑名	年代	地点	庙宇
《三庄禁赌禁桑羊碑》	乾隆三十四年	米山镇南朱庄	灵显庙
《劝农桑以禁滥采序》	乾隆三十五年	建宁乡何家村	三教堂
《禁桑羊碑》	乾隆四十一年	河西镇回山村	观音堂
《禁桑羊碑》	嘉庆元年	北诗镇东南庄	二仙庙
《告示碑》	嘉庆五年	北诗镇龙尾村	东岳庙
《正堂葛太爷禁秋羊桑树株碑记》	嘉庆八年	米山镇三王村	玉皇庙
《禁桑羊碑》	嘉庆十六年	东城区张庄	玉皇庙
《合社二十一支禁桑羊碑》	嘉庆十六年	神农镇故关村	炎帝行宫
《禁桑羊碑》	道光九年	三甲镇响水坡	祖师庙
《禁桑羊碑》	道光十一年	寺庄镇枣河村	祖师庙
《禁赌桑羊碑记》	道光十三年	北城办企甲院	二仙庙
《大社永禁桑羊碑记》	道光十四年	河西镇义庄村	关帝庙
《合社公议严禁赌博并夏秋田禾桑羊六畜碑记》	道光十四年	北城办黄耳沟	观音阁

---

① 刘泽民总主编:《三晋石刻大全·晋城市沁水县卷》,三晋出版社2012年版,第341页。

续表

碑名	年代	地点	庙宇
《三王村永禁桑羊碑记》	道光二十二年	米山镇三王村	玉皇庙
《永禁桑羊碑》	道光二十四年	河西村常乐	玉皇庙
《禁桑羊碑》	道光二十五年	三甲镇邢村	关帝庙
《禁桑羊碑》	道光二十九年	河西镇岭坡村	三官庙
《禁桑羊赌博碑》	咸丰四年	米山镇上冯庄	三教堂
《禁桑羊禁乞讨禁赌碑》	同治三年	南城办徐庄	关帝庙
《禁桑羊碑》	同治五年	原村乡常庄	三教堂
《东大社禁桑羊碑》	同治十三年	寺庄镇李家河	白衣庙

从以上可以看出，村规民约与禁桑羊碑在维护蚕桑业的发展曾起到一定作用，其广泛出现的年代在乾隆以后，嘉道时期最多，这种碑的大量出现是基层组织发挥作用的一个体现。另外，禁桑羊碑等资料出现的地方也是蚕桑业存在的一个更直接的证据，以蚕桑业最旺盛的高平县为例，在现有的 21 例禁桑羊碑中，米山镇资料最多，约占总数五分之一，从侧面证实了方志记载的米山多蚕桑的记载。

（二）潞麻

棉花的普及，在一定程度挤压了麻布的市场，但清代潞安府的长治、长子县及泽州府的陵川、阳城仍是潞麻的主产区。据《潞安府志》载：当地农民"勤农织之事，业寡桑柘，而富麻苎"。泽州府的阳城县"麻，宜于凉地，故惟深山种之，沤成色苍，不若外贩之光洁"①。山地居多的沁水、陵川等地尤其适合潞麻生长，是优质麻产区。陵川县：

> 陵川僻居万山中，为一郡清凉之域，其地宜麻，往与林明府问及麻利，大都南麻，外韧内脆，唯产陵川者中外坚韧，绚制桅索，外虽磨鎝而内不绝股，故舟人利之。②

---

① 同治《阳城县志》卷 5《物产》，第 2 页 a。
② 雍正《泽州府志》卷 51《杂志》，第 63 页 a。

第二章 泽潞地区的商品生产

"货之属：麻：出陵川者佳，用作船缆，以其从外朽也。"① 由于潞麻的特点，被广泛用来充当航船缆绳的原料，每年大量运往沿海。地方政府重视潞麻生产，甚至专门在方志中刊印种植潞麻的农书以推广。

麻在本区的交易量有相当规模，在陵川县城的牙行中，"麻行"居各行之首，大约是经济实力较雄厚的缘故。雍正六年（1728）开始在陵川增设税收：

> 陵川僻处山中，向无额税，今年五月，新行添出，百姓颇以为苦等语。因仍详请商牙认税，按季缴纳。……各行商、牙，本县铺户、麻行、花行、屠行、染行、布行、果菜行、故衣行税银共八十两……以三落地商牙畜税银合共三百十五两五钱。②

对包括潞麻在内的产品所征的税收，归属于杂税之列，后被改由麻行等代为承担：

> 陵川向无杂税，雍正六年县详起立杂税，邑人以为苦，后复详铺户、麻行包纳，陵川县落地商牙畜税向系商收汇，雍正八年县□官收盈余尽数起解……③

一直到民国时期，麻行是重要牙行之一：

> 麻行津贴洋九十四元，斗行津贴洋二千八百元，铁行津贴洋一百元，当行铺捐洋一百二十五元，商会铺捐洋三百一十三元。④

---

① 乾隆《陵川县志》卷6《方舆志·物产》，第3页b。
② 雍正《泽州府志》卷22《杂税》，第30页b。
③ 乾隆《陵川县志》卷11《杂税》，第8页a。
④ 民国《陵川县志》卷2《赋役略》，第6页a。

潞安府也是一个重要的潞麻生产中心，为此长治县北呈乡上村特意建立一个麻市以方便交易，据保存的光绪元年（1875）《麻市碑》记载，同治三年（1864），该地生员王炳南等，

> 邀集当时同人叶金山，监生闫光祖，职员张西铭，乡耆牛而炽、魏益禄、张声闻等，以乡约十二班，公商议举，领帖文，起麻市。集期改为逢单，行名取义均益。捐资演戏，广招远方客商，酌定章程，屏杜奸刁弊窦。迄今十余年间，市价无伪，童叟莫欺，客来云集，货集山堆；闲人归市，村无游民，隙地植麻，野无旷土，自是人务本业，不难仰事而俯畜……①

村落的集市逐步扩展到以潞麻交易为主，成为一个专业性的麻市，周边村落成为潞麻生产中心。

此外，壶关县树掌镇河东村也有一定的潞麻种植，该村保留的光绪二十三年（1897）《村产明细碑》记载，该村"东沟湾地二亩，庙门口小麻池一段"②。这种麻池，是沤制麻制品的加工场所，麻池作为社产，估计该村的麻种植应该有一定的规模。

在民国年间的调查中，泽潞一带仍有一定的潞麻种植，如民国二十八年（1939）调查中记载，长治县"农产物以蓝、麻为多，杂粮亦丰"③。此外，"阳城、晋城、襄垣、中阳等处的妇女养蚕抽丝，长子、长治、方山、辽沁等处的妇女剥麻纺绳"。

（三）药材

药材也是本区比较重要的经济作物。泽潞地区山地丘陵居多，适合

---

① 刘泽民总主编：《三晋石刻大全·长治市长治县卷》，三晋出版社2012年版，第225页。
② 李玉明、王雅安总主编：《三晋石刻大全·长治市壶关县卷》，三晋出版社2014年版，第300页。
③ 周宋康编：《山西》，中华书局1939年版，第179页。

第二章　泽潞地区的商品生产

药材的生长，据方志记载，泽州府出产药属有：

> 苍术、黄芩、远志、升麻、猪苓、地黄、半夏、茵陈、紫苏、甘遂、石膏、香附、桔梗、荆芥、防风、柴胡、细辛、薄荷、黄连、藁本……知母、秦艽、木通、菖蒲、山查（楂）、贯仲、赤石脂、天南星、连翘（佳者出沁水紫河门）、何首乌、地骨皮、兔（菟）丝子、百合、葛根、天门冬、麦门冬、黄精、牵牛、麝香、桑寄生、五灵脂、欵（款）冬花、马兜苓（铃），五味子、益母草、车前草、藜芦、郁李仁、紫石英、酸枣仁、天仙子、艾、漏芦、羊踯躅、白蒺藜、羊蹄根。①

潞安府境内所产药属有：

> 党参、桔梗、苍术、半夏、天南星、黄精、藁本、防风、柴胡、贯仲、黄芩、款冬花、牵牛、荆芥、益母草、车前子、菟丝子、蔓荆子、酸枣仁、寄生草、何首乌、蛇床子、香薷、紫苏、米壳、文蛉、藜芦、知母、贝母、甘菊、甘草、草乌、茵陈、菖蒲、苍耳、连翘、薄荷、巨胜、苦参、元参、远志、瞿麦、升麻、商陆、威灵仙、禹余粮、椒、鼠粘子、蜜（密）陀僧、小回（茴）香、石脂（五色）、石钟乳、紫苑（菀）、白石英、朴硝、长石、不灰木、硫黄、艾、秦艽、蒲公英、枸杞、山慈菰、五灵脂、茱萸、芍药、葶苈、黄柏、青黛、桑白皮、乌石。②

这些药材中，最知名的就是党参。潞安府曾是党参的重要产区：

> 古有人参……出壶关紫团山，参园前明已垦而田矣，而索者犹

---

① 雍正《泽州府志》卷12《物产》，第2页a、b。
② 乾隆《潞安府志》卷8《风俗·附礼仪时节物产》，第14页b、15页a。

未已，张翰林铎谓其遍剔岩薮根株鲜获，而人慕虚名，寺膺实害，每值易参，僧以倍价市之，逮系弥句，吏缘为奸，又司捕者假以巡察，横索参钱，山僧敛而纳之，至鬻衣钵，今所出惟党参，然亦不能多得也。①

泽州府历史上也有一定产出：

  人参出上党，类人者善。唐制上党贡人参一百小两，高平贡人参三十小两，仪州贡人参三十小两……元史载上党人参，贡有岁例……人参生深山中，近椴漆下湿润处……宋时潞州上党郡贡人参一千斤……上党人参徒存其名耳，志载泽州亦贡人参十斤。②

可惜到明清，由于开采无度，已经近乎绝迹。此外陵川县也有人参出产。在陵川的资料，将之称为"薓"，即"参"的异称。据记载：

  薓：产上党，陵居上党之脊，药产有薓，前志名而未详……收运至家向日摊晒，宵间众手把握，使坚致有纹，各束成捆，累万累千，于外省药肆会上鬻之，多获倍息。③

其产地"东乡出党参，有以贩参为业者，惟亦不多"④。清末，县内古交乡马武寨一带，尚有外地人在村内租地种参，据村内保存的宣统三年（1911）《重修马武寨关圣帝君庙宇碑记》记载："所有外户在本社内种参之户，亦按上、中、下分类摊。"⑤

壶关县：

---

① 乾隆《潞安府志》卷8《风俗·附礼仪时节物产》，第14页b。
② 雍正《泽州府志》卷51《杂志》，第54页a、b。
③ 民国《陵川县志》卷3《生业略》，第8页b、9页a。
④ 民国《陵川县志》卷3《生业略》，第13页a。
⑤ 刘泽民总主编：《三晋石刻大全·晋城市陵川县卷》，三晋出版社2013年版，第317页。

人参五叶……紫团参之为古今珍重可知,然今其园既垦而田,求之高崖绝壁亦不多见,阛阓间所市者,皆黎城种参,而壶邑则无之,即有亦不过蔓草之类耳,按名索实失之远矣。①

潞城县"泉甘土肥,菽麦皆宜,兼能养种党参"②。

阳城县药材出产较多,境内"析城山莲花隘口,产药……盘亭山,产药……云蒙山产药……岭西一层山即西坪八十里,产药……仙人洞七十里,产药"③。本地特产药材花蜜"山产者佳,盖以山草皆药,春夏之交,高下尽成花田,采以酿蜜,用之足以却病"④。所产药材"外客运卖于禹州,约行十数万不等"⑤,是县内重要经济来源。

罂粟最初被当作药物,用作镇痛之用,泽潞民间又称作"乌烟",以区别传统的烟草。这一作物的经济收益较之粮食要高许多,早在乾隆时期,陵川县的罂粟种植已经有一定规模,在方志"物产"栏目就记载有"罂粟"一项,最迟同治时期,高平也开始泛滥,同治《高平县志》记载"乌烟流毒中土,浮食奇民嗜之者十室而九"⑥。鉴于这种危害,同治年间时任县令龙汝霖曾严厉禁烟,所发布训诫二十条,其中第二条就是"禁种莺粟(割而成乌烟者)"⑦。潞安府的屯留县清末也成为罂粟产区,光绪时期,本地物产中所载"罂粟"被归入药属,⑧ 这种毒品的泛滥对泽潞的经济产生了严重的不良后果,使得山西成为禁毒运动最活跃的地区之一。

---

① 道光《壶关县志》卷2《物产》,第25页a。
② 光绪《潞城县志》卷4《杂述》,第11页a。
③ 同治《阳城县志》卷5《物产》,第20页a。
④ 同治《阳城县志》卷5《物产》,第2页a。
⑤ (清)杨念先等:《阳城县乡土志(骈散体两种)·阳城县金石记》,三晋出版社2009年版,第93页。
⑥ 同治《高平县志》卷1《地理志》,第41页b。
⑦ 同治《高平县志》卷1《地理志》,第44页a。
⑧ 光绪《屯留县志》卷3《物产》,第35页a。

(四）其他经济作物

泽潞地区由于气候原因，几乎不产棉花，某些县份，偶有出产，不仅产量低，而且质量差。陵川县的生产大概有一定规模，并有部分投入市场，在清末的方志记载中，物产类有"丝、麻、棉花"① 三类，棉花已然归入"货属"中，可见棉花之种植是为了面向市场，已经具备一些商业化意味。

染料的生产，也有一定的规模。本地丝织业发达，需要对丝绸进行各种染色加工。此外，外地所贩棉布可能也有部分为未曾染色的原色布匹，需要按照本地需求进行染色加工，与之匹配的印染业对于染料的需求很大。这种印染丝织物和棉织物的颜料，除了部分购自外地，有相当部分是本地所产。目前所见，泽潞地区所种植的颜料植物比较重要的有如下几类：

染红色系的染料，有红花："太原、平阳、汾、潞、泽俱出"，紫草"潞州出"，这种颜料在明代就有种植，乾隆《陵川县志》还记载了染紫色的赤木，"赤木：染绛"②。

染皂色的橡殻，是泽州一带加工乌绫帕专用颜料："高平胥产帕，织成素帛，以橡殻皂之，谓之乌绫帕。"③ 这种"橡殻"，在泽潞各县有较普遍的出产，如陵川县货之属有"橡殻"④，阳城县"橡壳染皂"⑤。

染蓝色的蓝靛，产量大且价值高，不仅供应本地市场，还远销外地，是一种重要的经济作物。阳城等县为主要种植区。阳城县"靛：即蓝汁，种宜于圃。立伏后取蓝投水，捼（掺）以石灰，以棒搅之乃

---

① 民国《陵川县志》卷4《物产略》，第72页。
② 乾隆《陵川县志》卷6《物产》，第3页b。
③ 雍正《泽州府志》卷12《物产》，第3页b。
④ 乾隆《陵川县志》卷6《物产》，第3页b。
⑤ （清）杨念先：《阳城县乡土志（骈散体两种）·阳城县金石记》，三晋出版社2009年版，第91页。

成。业染家贩之"①。据清末民国时期的文献回忆，阳城县的蓝靛，在清末时期的产量相当巨大，"本境销行蓝靛约一万余觔"②。除了以上几个主要产区，其余各县份，蓝靛也是市面上重要的货物，如长治"货属"有"靛"，黎城植物中有"大蓝""小蓝"③，货属有"靛"④，潞安府"麻、靛、苇席、荻帘"⑤，屯留"货属"有"绵布、油、靛"⑥等，或许以上地区也有蓝靛种植。

除以上几种染料外，本地还有一些较为小众的染料，如"黄芦：染黄"⑦。此外还有染绿色的颜料，阳城县所产"柞枝，染绿而利产尤奇"⑧。

这种植物染料，除了蓝靛、红花等是人工种植者外，"橡殼""赤木""黄芦"等多属于林木，可能是野生林，也可能是人工林。我们虽然没有证据证明这类树木是人工种植的，但是它们经过人工采集，被列入了"货属"，并作为一种商品投放市场，也可以视为一种商品化。

本区榨油业不很发达，所用油料，就零星材料看，似乎以植物为主，其中以麻油居多。值得一提的是一种外地传入的油料作物——花生，其传入泽潞一带，明确的史料记载是在道光年间，由在外贸易的本地人带回，并逐步推广开来。文献记载，沁水人赵家常：

> 道光间，贸易宁陵县，见有种花生者，心窃识之。及归里，劝左右村人沿沁河边种之，大获其利，致小康者数十家。乡里皆思其德，立石以表于路。⑨

---

① 同治《阳城县志》卷5《物产》，第2页a。
② （清）杨念先等：《阳城县乡土志（骈散体两种）·阳城县金石记》，三晋出版社2009年版，第93页。
③ 康熙《黎城县志》卷2《政事志·物产》，第34页b。
④ 康熙《黎城县志》卷2《政事志·物产》，第35页a。
⑤ 乾隆《潞安府志》卷8《风俗·附物产》，第18页a。
⑥ 光绪《屯留县志》卷3《物产》，第141页。
⑦ 乾隆《陵川县志》卷6《物产》，第3页b。
⑧ （清）杨念先等：《阳城县乡土志（骈散体两种）·阳城县金石记》，三晋出版社2009年版，第91页。
⑨ 光绪《沁水县志》卷8《人物》，第33页a。

乡人于咸丰二年（1852）所刊立的碑记《教种花生赵公讳家常乡里感德碑》全文如下：

> 公赋性聪敏，壮习计然术，亿无不中。道光三年，贸易宁陵县，闲步郊外，见有种花生者，心窃识之，还家，循其法以自种，且告村人言："花生之利，较种五谷加倍。"而村人初未深信。道光二十年，见公得利甚厚，相率而效种之。东村一带，每岁利获千金，由是致小康者数十家。迄今，上至沼水，下至潘庄，凡知种花生者，皆公之留遗也，故勒石，以垂不朽云。①

就碑文可见，截至咸丰初年，沁水县的花生种植已经有一定的规模，有相当一批村落以花生为经济作物谋利，并且取得相当不错的市场收益，这算是油料作物里的最重要经济作物。

山地适宜发展林业，本地某些地区的山民，会利用山林所产谋利。主要的林木类型有用材林和果林。

阳城境内多山，林木资源丰富。本地多野蚕"蚕有两种，家蚕食桑，胡蚕食檞，即饲于野"②，"野蚕资于檞叶，惟竹林顶左近多植檞树，供饲野蚕者，利与耕桑埒"③。在阳城利用柞树放养野蚕收茧是一种民间重要的收入来源。

除了养蚕，某些树木，可以造车，如"椋：即楝，材中车"。某些可以榨油，"盖县南椋子榨油即此"。核桃、漆树及制造家具等：

> 核桃结实而木纹独秀，漆树资割取之财，椴木利斧斤之器，皆岩居者取以为资焉。

---

① 贾志军主编：《沁水碑刻蒐编》，山西人民出版社2008年版，第251页。
② 同治《阳城县志》卷5《物产》，第3页b。
③ 同治《阳城县志》卷5《物产》，第2页b。

还有一些木材可以制作寿材：

> 县人贵柏，以为棺椁，故境内柏多松少，富人大贾时来购采。①

水果类，主要以柿子为主。柿子不仅是一种水果，也是民间救荒的重要作物：

> 县旧无柿，明万历中，知县新郑王良臣悯其地瘠寡产，人少物利，乃自其乡携种至，使户植之。初以为烦苦，未几柿长成林，取材、落实，民皆受其利。近城沙石山植者味甘美，县南山尽青石，产柿味涩。②

以救荒为目的的柿子，性质更接近粮食作物，但是作为水果销售的柿子，则是商品无疑。

潞安府相对而言，林木资源比较匮乏：

> 昔曹魏建邺宫，伐上党山材木，故其规制极盛，后历代斫伐，加以樵牧日烦，虽深山绝巘，皆濯濯。所称木之属惟杨、槐、榆、柳，人烟颇盛，余非盆中之景，则神栖之禁物耳，今并盆中之景与神栖之禁物渐凋矣。③

二 清代的蚕茧生产

种植桑树是为了给蚕提供食物，以生产蚕茧。蚕茧除了生产为蚕丝，供丝织业生产之外，也有直接作为商品出售的。专门经营蚕茧交易

---

① 同治《阳城县志》卷5《物产》，第2页b。
② 同治《阳城县志》卷5《物产》，第2页b—3页a。
③ 乾隆《潞安府志》卷8《物产》，第15页b。

的机构,被称为"茧行",所收取佣金被称为"牙用",这类资料现存不少,我们可以由此一窥本地蚕茧生产及交易情况。

泽州府的高平县是蚕桑重地,种桑养蚕风气浓厚,不少村落都是蚕茧交易重地。

在建宁乡郭庄村保存的两份资料,大约是目前为止发现最早的关于蚕茧交易的资料,如该村关帝庙保留的顺治十二年(1655)《郭庄村茧用入社碑记》记载:

> 兹村素有平衡蚕□一行,原为增饰神事之资,无何,迁延日久,被里老什排徇称入社,各分而为自私之利,其□莫息问。有乡耆郭景隆等目击心伤,非今是古,欲为长久之计,于是,□请村众聚庙,谓处□蚕茧牙用,尽系入社,众悉唯唯。遂于本县范县翁案前,□领贴文阜造官,称里老什排不得仍前擅自称收。许□神二人、社首二人、总椎一人,每年轮流管理,或补葺庙宇,或增置器物,或别神事之用,谁曰不宜?①

这块碑是一名范姓县令判决的记载,查找相关资料可知他应该为顺治年间的范绳祖,他同时也是顺治《高平县志》的编修者,以此看来村内至少清初就有蚕茧生产及交易,其历史可以追溯到晚明甚至更早。

郭庄村玉皇庙保留了另一份资料——《建宁乡郭庄村茧资碑记》记载了相似的内容:

> 兹缘沵邑东北郭庄村□□□□□大帝庙势□要会五方之透气攸萃,神威显赫,千古之英灵常振,□□礼告虔者,咸在于斯焉,岂不洋洋乎一大观哉□惟艮之角因无地基稍有所缺,其相沿盖亦有□矣。幸有本□□□□、姬业恒、连正新首事者,庠生苏□眉、满

---

① 王树新主编:《高平金石志》,中华书局2004年版,第556页。

□□顿起善念，共相议曰："庙制有□，诚中心之抱歉也。"遂以□和之茧用，为庙中之公费。即恳之基主，基主亦唯唯然而诺之。于是，从公议价，置□社内，买之者输诚，卖之者亦输诚，此□神□人□之胜事也。□时□□猝，虽未□理，然基址有定则，后起之补缀者，不□无地而庙宇之有缺者，亦得完美矣。①

这两块碑根据内容看，似有关联，大概是记载的同一件事。

同属高平县的西坡村，也是蚕茧生产中心和交易中心，在康熙六年（1667）《新建帝祠西北蚕姑子孙殿碑记》中记载："众人随将茧行另交别社，公用□两殿基址，皆□□行社之故也。"②

康熙九年（1670）《新塑蚕姑子孙殿神像续记》也有类似记载："夫帝祠西北两殿既建矣，茧行既另交别社矣。然神像未塑，殿宇未碾，其功不□□全哉。"③

以上材料可以看出，最迟清初，泽潞地区一些地区已经出现茧行，其交易应该比较普遍。

在泽潞地区其他县份里，阳城县也是一个比较重要的蚕桑区，由于当地没有丝织业的传统，所产蚕茧主要用来销售，商品率最高，目前留下的资料也较为丰富，内容包括蚕茧交易市场秩序的维护、牙税的收取比例等方面。通常情况下，这些责任由里社承担，现存保存较完整的几则规约转载如下：

阳城县河北镇下交村所保存乾隆五十三年（1788）《贸易公约》记载：

本社公议：茧季下交村中不得私自贸易，俱要到社过秤，茧□低则价有多寡，此随行情定之。老耆于八甲中预请八位公直照管其用，

---

① 王树新主编：《高平金石志》，中华书局2004年版，第558页。
② 康熙六年（1667）《新建帝祠西北蚕姑子孙殿碑记》，现存高平市陈区镇西坡村玉皇庙。
③ 刘泽民总主编：《三晋石刻大全·晋城市高平县卷（上）》，三晋出版社2011年版，第251页。

□□□□抽买家用钱贰文,以备庙中公费用,所立罚约条规开后:
一、所举公直与推诿误事者罚钱一百文。
二、私自贸易者□□……①

阳城横河镇马炼村保存有一块道光二十一年(1841)《立茧秤碑序》,记载了该地的蚕茧交易规则:

近闻四邻村庄皆有茧秤一事,独盘亭定此备社,偶起此念。想余社之茧,可归于社中变卖,方为三面之益:凡商者坐庙求得货农之心愿,庙而得财,社内抽油资而荣社。
一议、茧入社者,买、卖两家每茧一斤,各出油资钱三文。
二议、在社人等不许在家卖茧,如私卖茧者照罚。
三议、新旧四位老头每日一位、七位茧头每日一位轮流周转,在庙执日主价过秤。
四议、每年六月初六祀三蚕圣母尊神,所用之物照账办理。此日,勾账交头,不许失误,和违者遵古惩罚。
五议、社抽油资只许置买社物花费,不许古迹祭祀使用。②

阳城县润城镇中庄村也有蚕茧生产,该村嘉庆元年(1796)《白巷里八社分摊每年纳官黄丝碑记》记载:

向来总催办丝抽取八社茧用,钱粮正旺于茧季,不无分身错误之累。今生等公同调议,将丝照八社分办。一社办丝六两,六八四十八两,正合三斤之数。③

---

① 刘泽民总主编:《三晋石刻大全·晋城市阳城县卷》,三晋出版社2012年版,第328页。
② 张正明等编:《明清山西碑刻资料选(续2)》,山西经济出版社2009年版,第25页。
③ 刘泽民总主编:《三晋石刻大全·晋城市阳城县卷》,三晋出版社2012年版,第341—342页。

阳城县凤城镇梁沟村也有蚕茧生产,该村同治元年(1862)《补修殿宇并创修暖阁围屏天棚记》记载:"公同妥议,于每年夏秋照社均收米麦,蚕季并收茧用。"

尤其值得一提的是,阳城境内的白桑乡刘庄村,最迟在嘉庆初期,刘庄的蚕桑业生产已经相当旺盛,并且在村内形成了交易蚕茧的专门市场——"茧行",从嘉庆九年(1804),到民国十四年(1925),村内的蚕茧市场持续了至少120年。① 我们经过换算,发现在嘉庆时期及同治年间,种桑收益一度超过种粮收益。蚕桑业在村里经济中还是占据较大优势的。直到光绪以后,蚕桑业的整体趋势才逐步走向萧条。

此外,沁水县也有蚕茧生产活动,如龙港镇国华村保存的乾隆三十一年(1766)《合镇公议条规碑》载:

乾隆甲申……本乡有行无市,店家支应七分,牙行镇中惟有些许茧用,日日让给乡堡作酬辛劳,愚见不如归公以为办公之需,未知是否……每年茧用,每斤二厘,经乡堡收明交付社老,作办公之项……茧用五月内即交,违者公罚乡堡……茧佣及罚项俱以补修道路置办桥木为先务,有公便办,不得屯积。②

泽州县也有一定规模的蚕茧生产。如泽州县巴公镇渠头村嘉庆三年(1798)《公议乡风十二劝》记载:

夫蚕桑为王政要务,古之后妃皆躬亲之。况庶民乎!旧年曾遵

---

① 这批碑刻分别为:嘉庆九年《接替碑记》,嘉庆十二年《接替碑》,道光五年《刘家庄重修成汤殿碑记》,道光八年《增补器俱碑记》,道光十五年《社宰瓜代答贺神赎碑记》,道光十八年《社首替代碑记》,咸丰六年《接替碑》,咸丰八年《接替碑记》,同治元年《穿井砌路碑记》,同治四年《刘家庄社庙社宰瓜代碑》,同治七年《出庙补修碑记》,光绪三十年《出庙始末缘由碑记》,民国十四年《接替碑记》,以上碑刻保存于阳城县白桑乡刘庄村汤王庙内。
② 刘泽民总主编:《三晋石刻大全·晋城市沁水县卷》,三晋出版社2012年版,第226—227页。

府宪示谕，已经勒碑，而栽者尚属寥寥。由于不知蚕桑之益故耳。夫植桑养蚕，不惟克勤女工，且卖茧得钱，足够完粮纳课之需，其利亦何著哉！今再慨切奉劝，人知蚕桑之当务，则亦勤俭之旧俗也。①

三 清代的丝织品生产

就种种迹象看，清代的丝织业生产规模似乎不及明代，产地重心从潞安府转移到了泽州府，产品类型与明代也有较大不同。

明代末年，潞绸生产已经危机重重，首先是明廷官方支付给工匠的报酬远低于潞绸的实际价值，使得织户损失极大。据记载，明朝发放给织工的工价：仅有八钱，还不足以维持生活所需，而一匹潞绸的市场价约二两五钱，织户所得还不及绸价三分之一，不仅无利可图，还要赔钱，其结果必然是织户大量减少。清人在评价这一事实时，有很清醒的认识，顺治《高平县志》就有记载：

> 物竭于所产，言取用之无继也。法制狭而土瘠，别无珍异，独是皇绸互市，丝绢之累已成民患。年输岁给，未有底止。环观杼轴，十且九空矣。呜呼！翠以羽毙，烛以膏□，西人之子独非民耶？②

又如《续高平县志》记载：

> 明中叶之孝敬，则征求无已，官司倚法以削民，黎民重困。国朝贡有常品，绝无苛求而时事变迁，每形支绌，近遭饥馑，杼轴愈

---

① 刘泽民总主编：《三晋石刻大全·晋城市泽州县卷（下）》，三晋出版社2012年版，第507页。
② 顺治《高平县志》卷1《舆地志·物产》，第19页b。

空，输费之烦，县尹恒迁延以避之。续志贡篚聊以告病。①

可见，苛政对于潞绸业的摧残之深。

潞绸生产的又一巨创来自明末清初战乱的毁坏。明末清初，山西地区接连遭遇李自成农民军与明军、李自成与清军的厮杀，再就是清初的姜瓖叛乱，连绵的战火对潞绸生产造成极大破坏，织机烧毁，织户逃散，生产能力大为削减。至清初局势稳定，境内已经是：

> 明季高平长治潞州卫绸机凡一万三千余轴……（顺治四年）机户逃散，潞州卫无一人。长治、高平绸机亦仅存一千八百户……姜瓖乱，杼轴尽毁，工匠几无孑遗……②

明清易代导致织机焚毁，织户流散，清初境内从巅峰期的一万余张织机锐减到不到两千户，不及明末一个零头。

清康熙年间，安徽桐城人许七云游历潞安府，所写《上党竹枝词二十一首》对潞绸的织造有所记载：

> 年年蚕月茧抽丝，北董村中弄杼儿。一种歌喉长短曲，樱桃树下赛神时。③

北董镇是潞安府治下一个经济较为繁华的重镇，在清初还保留着一定规模的织造业，但是潞安府城内的丝织业生产已不见记载，当是府城内已经没有丝织业活动的反映，这与方志所记基本吻合。

至同治年间，高平、长治两地仅存六百余机。到光绪八年（1882）张之洞请停潞绸上贡时，情况已经是：

---

① 光绪《续高平县志》卷6《贡篚》，第10页a。
② 同治《高平县志》卷4《食货志》，第16页a。
③ 田秋平：《天下潞商》，三晋出版社2009年版，第26页。

> 潞绸并不出于潞安，潞民但能养蚕不习机杼，向在泽州，织办或雇泽匠到潞织办，或寄丝至豫省织办，大浸以后桑植不蕃，机匠寥落，如泽州机户前约千有余家，五年前三十余家，今存米山镇刘氏一家。①

与潞绸从业者大幅缩减同时，岁贡丝绸从三千匹，一路削减至数百匹，最后彻底取消。加上官吏盘剥，物价上涨，本地原料供应断绝，"近桑蚕渐废出无几，潞绸所资，来自远方川浙之地"，② 生产成本大幅提升，使得竞争力下降，至乾隆年间，潞安府的丝织业已经几乎消亡。

清代泽潞地区的丝织活动主要在泽州府，该地承担了六成以上的官府摊派。泽州的丝织区又集中在高平县，丝织业村落主要在县城周边及部分交通要道沿线。由于贡绸征收额大幅度削减，清代以来的丝织业生产似乎以各类民用丝绸为主，兼有部分贡绸生产。就方志记载来看，所产丝绸种类有所谓"双丝绸""乌绫帕"等，双丝绸即潞绸，乌绫帕则是一种女性包头的织物。

根据相关资料记载，高平县城内的几个坊和城郊区是明代织户集中区，由于资料不足，清代高平县城内的丝织业情况，已不可知，但郊区仍延续了明代的丝织传统，是一个重要丝织区。如城南郊的龙渠里下辖的上韩庄和桥北村在清代仍有丝织活动。上韩庄村在咸丰年间村内设有"机房"，还有机户的行业组织"机神社"："粧修游仙、玉皇、三蚕、监齐神像使钱三千二百文；装修轩辕神像——机神社。"③

桥北村在乾隆三十一年（1766）修建石桥的工程中，摊派对象包括"共机三十零半张"。村内织机约三十架，道光年间，该村改修炎帝庙大殿，参与捐资的字号有"杨乌绫店"和"猴乌绫店"两家店

---

① 张之洞：《张文襄公全集》，《续修四库全书（第510册）》，上海古籍出版社2002年版，第187—188页。
② 乾隆《潞安府志》卷8《物产》，第18页a。
③ 咸丰九年（1859）《补葺装修捐输花费碑记》，现存高平市南城办上韩庄玉皇庙。

铺,当是本村人开办的收购本村丝织品的店面,所产丝织品以民用乌绫帕为主。

县东米山镇及周边也是明代以来的传统丝织区,清代仍保持着较旺盛的丝织业生产。据记载,清初米山一带居民多"织帕,市多丝绸,与上党相酹"①。

除此之外,从丝织业者的供奉行业神机神的机神庙遗存分布看,也能看出些端倪。境内的南朱庄村是一处重要的丝织区,该地机神庙内《补修机神殿记》有很明确的织户捐资信息:

> 里中口轩辕殿由来已久矣,惜被风雨损坏,难以栖神。村内安机者,不忍坐视,故竭力捐资,补修殿宇,圣像重新。庶几得神默佑,异日令吾侪生意勃勃。②

就捐资来看,乾隆年间,村内从事丝织业的家庭起码五十家左右。

此外,三王村有"机神殿两楹",西沟村有"兴顺机房",大冯庄村及周边是另一个重要的丝织重地,在乾隆十五年(1750)《新修玉皇殿碑记》,建筑费用的来源如下:

> 每年所收谷石、乌绫并牛工悉为准作价银附入各姓银数之内……③

乌绫折色已经是村落经济收入三大来源之一。

除了以上几个区域,县西的徘徊北村有"天兴机坊"④等信息,应该也有部分丝织业生产。

不过随着商业的冲击,境内的丝织业也逐渐衰落,截至同治年间,

---

① 顺治《高平县志》卷2《建置志·里甲》,第24页a。
② 刘泽民总主编:《三晋石刻大全·晋城市高平县卷(上)》,三晋出版社2011年版,第356页。
③ 乾隆十五年(1750)《新修玉皇殿碑记》,现存高平市北城办大冯庄村玉皇庙。
④ 嘉庆五年(1800)《炎帝庙捐资碑》,现存高平市三甲镇徘徊北村炎帝庙。

已经是:

> 今去姜瓖之乱二百余年矣,百族孳生,流溢四境,而机轴仅六百有余,达不逮胜国之末,盖逐末者多,蚕桑之利微矣。①

高平地区丝织业生产在清代发生很大变化,作为贡品的潞绸数目不断下调,旧有的政府支付工食银,控制机户生产的"绸贡生产"模式瓦解,此时丝绸的生产性质已经由以前应付官方赋役的被动生产而转型到主动地适应市场需要的商品生产,机户和蚕桑业者都成为追逐经济利益的市场主体,与官方贸易对"潞绸"的规格、颜色均有严格规定不同,民间贸易中的潞绸品种更多,如罗底、八角缎、手帕等,其中乌绫帕是高平地区的重要丝织产品之一。

乌绫帕是高平名产,这是一种妇人包头的丝织物。这种帕子其实就是对素绢经过染色再加工的产品,明代文献多有记载高平产绢,产帕的记载,如顾炎武《肇域志》记述:

> 绫,太原、平阳、潞安三府及汾、泽二州俱出。绸,出潞安府,泽州间有之。帕,出平阳府,潞安府、泽州俱有,惟蒲州府及高平米山出者尤佳。②

从这个记载可知,至少明代,高平出产的民用类丝织物"乌绫帕"已经是知名产品。在清代,皇家贡赋所需的"潞绸"生产逐渐衰微,民用丝织品逐渐成为主流,早在雍正时期的泽州府志就有明确记载:"帕:织成素绢,以橡殻皂之。谓之乌绫帕,用以抹额。"③ 这种帕染色所用的颜料,来自泽州地区出产一种橡树,其果实可以做皂色染料,染

---

① 同治《高平县志》卷4《食货志》,第16页b—17页a。
② (明)顾炎武:《肇域志》,上海古籍出版社2004年版,第882页。
③ 雍正《泽州府志》卷12《物产》,第3页b。

色后的素绢就是所谓的乌绫帕。

四　清代的畜产品生产

牲畜作为一种重要的生产资料，同时也是制革、制毡等行业的原料提供者，也是本地重要的商品。本地所需的牲口可以分为耕田所用的耕牛、驾车的骡、运输货物的骆驼以及驿站、军队所用的马匹。

马匹等牲畜民间应用不多，多应用于官方，尤其是军方，如地方驻扎的绿营军队及驿站。泽潞两府地处山西省南北官道之上，明清两朝在官道沿线设置一大批铺递，如长子县的"漳泽驿"，合计拥有"马骡四十八匹头"①；屯留县"蒙城、霍山二驿"合计拥有"原额马骡四十匹，除拨协八匹外，该养马骡三十二匹头"②；凤台县境内"太行驿马骡二十五匹头，马夫一十一名……星轺驿马骡三十匹头，马夫一十五名"③。

除驿站外，官府还责令民间设立骡行等组织，承担官私差役。如陵川县"县僻无驿传，原额设厂骡十四头，顺治十四年裁"④。除了驿站马匹，各地驻扎绿营兵也有一些战马，不过数量有限，如境内"马十八匹，各官自备马八匹，兵丁马十匹"⑤。

用于祭祀的牲畜也是官方消费的一个大类，这主要是孔庙等地每年的三牲，这些祭祀用牲畜摊派自民间，规模也比较可观。

总体上看，官方消费的牲畜额度在市场上占比不大。市场需求量较大的是牛和驴子属于民用牲畜，以及用来食用、剪毛的羊。

作耕地所需的畜力是市面上交易牲口的主力，某些时候它们也可以做运输或者乘骑。本地耕地用畜力以牛为主，兼有驴骡。就有限的材料看，这一地区的牲畜拥有量不是特别大，民间拥有的牲口并不足以满足生产需要，市场缺口较大。

---

①　乾隆《长子县志》卷8《兵防·附武职驿递》，第3页b。
②　光绪《屯留县志》卷2《驿传》，第26页b。
③　乾隆《凤台县志》卷3《田赋》，第26页b。
④　乾隆《陵川县志》卷11《杂税》，第14页a。
⑤　雍正《泽州府志》卷19《兵制》，第2页a。

骆驼在本地也有一定规模的饲养，由于其适合长途货物运输，主要用作商业货物驮运，在需要翻山之时，也有使用骡子者。泽潞一带商业发达，行旅繁忙，为商人提供货物运输，为行人提供乘骑服务的驼行很多，本区有相当一批牲畜是充当运输用牲畜的，如陵川县"有业驮运货物者，赴豫者较多"①。

某些有实力的商人家族也有自家的驼队，比如高平汤王头村对村外石路进行修理，参与捐资的字号里中有："和盛驼店、恒兴驼店、德顺驼店、泰和驼店、成顺驼店、锡盛驼店、合兴驼店、升泰驼店、协盛驼店、协盛驼店、永议骡行"②等十余家驼店和骡行。这些驼店所需的牲畜，大部分购自市场。

需求的旺盛使得在本地不少县份的集镇上，都有专门的牲畜交易市场，其交易规模还相当大。这在官府设立的专门负责牲畜交易的牙行就能看出来。泽潞地区的陵川县，是个牲畜交易重地，县城及县境内的附城镇、平城镇、礼义镇三个镇都是较大的牲畜交易中心。在清末的记载中，礼义镇更是有"六畜税局"以管理税收。泽州县的徐庄镇最迟在乾隆年间也形成了牲畜市场，在捐资碑中就有"六畜行"出现。高平的米山镇是丝织业生产中心，也是重要的牲畜交易的场所，尤其以米山镇九月的大会规模最大："会：……以九月米山镇为极盛，羊马自千余里至焉。"③野川镇，在清末有负责对牲畜交易征收厘金的"厘金局"，河西镇，据记载也是一个较为著名的牲畜市场。

市场上供应的牲口，除了骆驼等大牲畜本地无法繁育，须从外地贩卖过来，马、牛、羊等常见牲畜有相当部分是本地所产，如潞安府的牲畜品种有"牛、马、骡、驴、羊……"④泽州府常见的"毛之属"有

---

① 民国《陵川县志》卷3《生业略》，第13页a。
② 同治四年（1865）《创修北坡重修南坡兼修土地祠看楼碑记》，现存高平市南城办汤王头村南阁。
③ 同治《高平县志》卷1《地理志》，第41页a。
④ 乾隆《潞安府志》卷8《物产》，第17页a。

"牛、马、骡、驴、犬、羊、豕"① 等。

泽潞地区由于低山丘陵比较多，山间的植被适宜于畜牧业，加之海拔较高，气候凉爽，宜于牲畜避暑，因此本区在很早就出现了较为发达的畜牧业。至明代以来，本地畜牧业已经有了相当大规模，有人以畜牧为业，并因此致富，而与之对应，社会上出现专业以为人放牧为生的群体。如潞安府的牧羊业相当兴盛，明嘉靖间壶关知县牛恒著《牧羊记》记载："壶地多山，饶蒭牧利。山翁有号万羊者，其人与万户侯等。"为其牧羊的长工累世从事牧羊业，"不识他事，自吾祖以来，老于牧矣，业尚专攻，艺缘世精，故主翁弗吾弃也"②。在潞安府，拥有畜群较多的主人一般通过雇用长工协助放牧，这种人叫作"牧头"，牧头又管辖若干"伙工"，民间穷人多选择为人放牧谋生，如沁水县秦村北毛生仁早亡，其子"无力读书，以牧羊为业"③。端氏人盖贵"为人牧羊"④。畜牧业的旺盛，使得民间还形成专门的节日，人们在农历六月初六犒赏牧羊者，同时这一天也是祭祀畜牧之神的节日，如"六月六日……乡民争献牲于三崚庙，又各享祀畜牧之神"⑤，"旧俗牧羊家于是日屠羊赛神，颁胙亲戚，贫无羊者蒸面似羊形代之"⑥。

清代以来，某些县份仍保持着一定程度的发展，如长子县，在乾隆时期的记载中，境内"其地硗确，而收其民俭而好畜"⑦，其中，泽州府高平县的畜牧业值得一提，尤其牧羊业更是一枝独秀。牧羊业的详情，由于官方史料记载不详，大量民间禁止牧羊的村规等资料就可以作为参考。我们在上文已经有过论述，里社在基层一个重要职能就是维护正常的经济生产秩序，而里社由于各种现实原因，更偏爱于保护农桑。

---

① 雍正《泽州府志》卷12《物产》，第3页a。
② 乾隆《潞安府志》卷33《艺文续》，第35页b。
③ 光绪《沁水县志》卷8《人物》，第86页a。
④ 光绪《沁水县志》卷8《人物》，第110页a。
⑤ 乾隆《长子县志》卷3《风俗·附岁时记》，第14页b。
⑥ 乾隆《长子县志》卷3《风俗·附岁时记》，第15页a。
⑦ 乾隆《长子县志》卷3《风俗·附岁时记》，第11页a。

牧羊业是蚕桑业直接的冲击。牧羊成本低，劳动强度也低，而羊皮、羊毛、羊肉的收益远远高于其他行业。早期泽州地区牧羊者少，清代中后期，有牧羊活动记载的村庄渐渐增多。本区的牧羊业以散养为主，大体上是以家庭为单位，进行养殖，养殖规模少则数只，多则数十只为一群，这种养殖以野外放牧为主。由于冬天植被枯萎，羊群食物匮乏，种植冬小麦的麦田便成为最佳牧羊场所。春夏之际，鲜嫩的桑叶更是羊群难得的美食，程度严重时，羊群可能会啃光桑树，导致来年桑株不再发芽，进而使得蚕儿乏食，影响蚕桑业发展。这种放牧方式对于农业、蚕桑业危害极大，民间屡屡出示严禁，而屡禁不止。

现在见到材料中，高平县北诗镇丹水村存乾隆元年（1736）《丹水三社永禁樵牧碑记》应该是现存最早的禁羊碑，碑文规定丹水三社内"此山松树有关风脉，永断樵牧。如有牛羊、斧斤伤坏者，经官愿罚者议"①。石末乡石末村在稍晚的乾隆八年（1743）也出现类似禁约，北诗镇上沙壁村在乾隆十九年（1754）也出现类似的资料。嘉庆、道光年间，牧羊业已经颇有规模，为此民间屡屡兴讼，就留下的判词来看，这时的羊群已经相当可观。早在嘉庆八年（1803），米山镇三王村一带已经是：

大田多稼，人每损人而利己……而牛羊尤甚。今夫尔羊来思，三百维群，其为害岂浅鲜哉？②

至嘉庆二十五年（1820），神农镇东郝庄村记载的情况已经更加严峻：

大粮山之左寺名定林，近有无知牧竖，纵其牛羊，千百成群，朝夕迭至，大树则啮及半面，小树则拔其全株。③

---

① 乾隆元年（1736）《丹水三社永禁樵牧碑记》，现存高平市北诗镇丹水村二仙庙。
② 嘉庆八年（1803）《奉正堂葛太爷禁秋羊桑树株碑记》，现存高平米山镇三王村玉皇庙。
③ 道光二十四年（1844）《常乐村玉皇庙永禁桑羊碑》，现存高平市河西镇常乐村玉皇庙。

第二章 泽潞地区的商品生产

为了打击牧羊业，里社会在村规中有明确的警告，对于违规者根据情节不同，作从罚油、罚钱到罚戏不等的处罚，最严重者可以送官治罪。除了事先的警示，对外村私自入境的羊只，里社可以予以没收，违反者缴纳赎金领回羊群。如乾隆时期，石末乡石末村规定"牧放牛羊者，罚银三两"①，对于拒不缴纳罚金的，则变卖没收羊只抵偿赔金，同时鼓励社民举证，对于提供证据者，给予奖励。典型如北诗镇上沙壁村定慧庵所立乾隆十九年（1754）《阖社公议禁秋条例》：

> 阖社公议，禁秋告众为定，今将永禁条例勒石碑记：
> 一、羊只无论春夏秋冬，永不得入境，犯者罚银贰两，拉来羊三日不赎便卖；
> ……
> 一、如有人拿住凭证者，照罚头分银壹半。②

另外对于羊群的处罚也有详细规定，如北诗镇东南庄村二仙庙所存嘉庆元年（1796）《重议禁羊桑碑石》：

> 一、羊入禁场，每群止许拉贰只，多者不收。同日人再拉此群内羊者，亦不收。
> 一、拉来之羊，每只罚钱贰佰文，□五日内□，逾限倍罚，再逾更倍，羊死免罚。
> 一、罚羊之钱，每只给拉羊人钱伍拾文，住持□□钱贰拾文，十余敬神。
> 一、逾限倍罚者，喂羊钱亦按限倍赏，以□用养。
> 一、羊过叁限不赎，必羊价不够罚数，社中难以人喂，任凭售卖。

---

① 乾隆八年（1743）《紫峰山禁约碑记》，现存高平市石末乡石末村碧霞宫。
② 乾隆十九年（1754）《阖社公议禁秋条例》，现存高平市北诗镇上沙壁村定慧庵。

一、羊在道路不得妄拉，违者不收。

一、盗桑树及桑条者，入社从重议罚。所罚之项，以一半给捉送人，一半留以敬神。

一、牧羊盗桑人强梁不受罚者，禀官究治。①

但是，在蚕桑业受到冲击较大的地区，比如某些地区有大群牧羊，或者牧羊业占据民生之业比重较大，涉及人数也多，此时再一味地禁止就行不通了，里社也会采取变通之法，在保证蚕桑业正常进行的前提下，会允许牧羊业一定程度的存在。这种变通措施通常是专门划出一定区域，叫作"禁场"，"禁场"里面是本村的桑树集中地区，这些地区无论冬夏，都不准许羊群进入，若有违抗，可以由社民举报，交里社处理。如野川镇杜寨村保存的乾隆四十年（1775）《永远禁松山碑序》是规定了禁止牧羊的区域，具体范围为：

其山四至：东至石岩，西至分水岭，南至龙泉寺地界，北至山根，四至内不许擅自砍伐、牧放牛羊，凡社内人等，理宜恪遵，如有不遵自犯者，定行重罚。②

有些村落则是规定一年内的特定时间之内允许牧羊，如北诗镇郝庄村玉皇庙乾隆十二年（1747）《郝庄大社永禁碑记》"每岁霜降开羊、未开羊入地者，罚银五钱"③。这种所谓的"开羊"制度的通常做法是，在春夏之际，树木葱茏之时，以蚕桑为重，保护桑树；在秋冬霜降以后，树木凋零，蚕桑业无法进行的时候，开禁若干时间，在此期限内准许村民牧羊，如米山镇三王村玉皇庙道光二十二年（1842）所立《三王村永禁桑羊碑记》记载：

---

① 嘉庆元年（1796）《重议禁羊桑碑石》，碑存高平市北诗镇东南庄村二仙庙。
② 乾隆四十年（1775）《永远禁松山碑序》，现存高平市野川镇杜寨村古佛庙。
③ 乾隆十二年（1747）《郝庄大社永禁碑记》残碑，现存高平市北诗镇郝庄村玉皇庙。

我村旧禁桑羊有成规矣。其禁羊规条中，有霜降后开禁四十日……兹议永为禁止，四季之中俱不许入界牧放，则羊之有碍于桑庶可免矣。虽然，为桑之害者正多端也。继自今，凡窃取枝叶、盗伐根株及一切牧牲之家毁人桑树者，悉行严禁。同乡之人，俱宜各自谨慎，协力防闲。则羊不入界而无碍于桑矣，桑可饲蚕而未尝不便于农矣。①

义庄村也有类似规定，该村道光十四年（1834）所立的《大社永禁桑羊碑记》记载村规如下：

一议、永远栽桑禁羊，所有历年一应花费尽属社中。

一议、凡养群羊者，无论本村外村，于惊蛰以前、立冬以后入境牧放，不许擅入他人地内，损坏桑株等物。违者，无论巡夫平人，拉羊每一只罚钱二百文。

一议、群羊于立冬以前惊蛰以后，断不许入境牧放，违者即无损桑株田苗等物，亦拉羊每一只罚钱二百文。

一议、村中耍（育）羊之家，以一二只为止，无论春夏秋冬，不许牧放他人地内损坏桑株、田苗等物，违者议罚。

一议、巡夫以及社中人等，捉来犯规之徒，或拉来牛羊等畜，鸣钟三次，维社首理合同到。如有红白大事，或在染病，或系远出，不到可恕；倘静坐闲游故推不到者，一经查出，从重议罚。②

此外，每年里社还会安排执事人等"禁夏""禁秋"，这种人叫作"巡夫"，也有叫作"巡秋人"者，一般都是有偿雇用的。借此对于违规牧羊、损害蚕桑业的群体进行监控，倘发现有违反上述规定者，基层

---

① 道光二十二年（1842）《三王村永禁桑羊碑记》，现存高平市米山镇三王村关帝庙。
② 道光十四年（1834）《大社永禁桑羊碑记》，现存高平市寺庄镇义庄村关帝庙。

视情节轻重处以"罚灯油"或"罚钱"的处罚，所罚灯油等归入大社庙内供神之用；情节严重者，则交县衙门处理。米山镇三王村保留的《奉正堂葛太爷禁秋羊桑树株碑记》就属于这种冲突的产物。

民间牧羊与蚕桑业的矛盾日渐加深，渐成社会危害，甚至引发基层政府的重视，并出示严禁，如高平县在同治年间境内已经是：

> 米山诸镇职蚕者多，然惰民恒不种而盗取之，且牧羊，或践食无余檗，非县尹绳以重法莫或已也①。

时任县令龙汝霖为整顿县内风气，发布戒令二十条，其中一条即为"禁桑羊，恐羊食桑禾也"②。

除了以上记载，其他村落保留的记载也颇多，我们择其关键列举如下：

马村镇东周村仙师庙保存有《奉官永禁碑》，规定"奉官明示准禁坟树、桑柴树木、牛羊永远碑记"③。

口则村由于"山瘠薄田，获利无几，庶民困穷，实不可言"，于咸丰六年（1856），约集各社维首、当年执事首人同乡约等刊立《禁约碑》一块，规定："因是集众公议，重立社规，禁止牛羊伤损树木……"④

西坡村因为桑树"固原隰之所宜，而蚕事之所攸赖者也"，为此于咸丰七年（1857）订立社规"勿许牧羊者犯境，庶桑日以茂，蚕日以多，而老者有衣帛之资，幼者得养生之助"⑤。常乐村是蚕桑重地，"自国初以来，耕以为食，蚕以为衣。八口之家，含哺鼓腹，甚足乐也"。后来由于社规废弛，蚕桑业逐步衰落，为此于道光年间发布禁令：

> 凡害桑之物，亦在所当禁。故凡或村中、或临村，若有成群养

---

① 同治《高平县志》卷4《食货志·物产》，第17页b。
② 同治《高平县志》卷1《地理志》，第43页b。
③ 道光十三年（1833）《奉官永禁碑》，现存高平市马村镇东周村仙师庙。
④ 咸丰三年（1853）《禁约碑》，现存高平市神农镇口则村观音堂。
⑤ 咸丰七年（1857）《西坡村种桑养蚕碑记》，现存高平市陈区镇西坡村玉皇庙。

羊之家，永不许入境放牧。即间有养羊一、二只者，亦不许入他人地内放牧。①

北诗镇丹水三社早在乾隆元年（1736）就制定社规永禁樵牧，② 在北诗午村，村民郭满清"以纵牧入禁"，被北诗午村社首车根生等抓获，最终以郭满清"遵法赎羊"了结纠纷。为此道光二十七年（1847）知县游大琛因"严禁纵羊残桑以厚民生事"，发布《游大琛严禁纵羊残桑事告示碑》，告示再次强调：

> 农桑为衣食之本，民间养蚕植桑首禁纵羊入地，诚恐咬龁桑枝，养蚕无措，故明立禁约，各村皆然。为了保护蚕桑业，规定凡有豢养羊只之家，务须约束放羊之人只在旷野放牧，毋得阑入村中禁地。如有任意纵放致羊入禁伤害桑株并践食麦苗者，许该社首乡地人等查明，指名禀案，以凭究治，决不宽贷。③

咸丰十年（1860），六庄七社公议认为"盖闻从古以来，厚风俗者，农桑为先；伤田产者，羊害为甚"。为了维风气而正人心，六庄七社公议条规数条，规定"境内禁场，不许牧羊，犯者议罚"④。

李家河村为禁牧羊，勒石刻碑：

> 村中永禁桑麦荏地，而马牛羊勿践踏，秋事未毕，禁止。不许入地所放也。或有人视之，拉至庙内公议定罚。决不容情，倘有人违抗不遵□□者，送官究处。⑤

---

① 道光二十四年（1844）《常乐村玉皇庙永禁桑羊碑》，现存高平市河西镇常乐村玉皇庙。
② 乾隆元年（1736）《丹水三社永禁樵牧碑记》，现存高平市北诗镇丹水二仙庙。
③ 道光二十七年（1847）《游大琛严禁纵羊残桑事告示碑》，现存高平市北诗镇北诗午村玉皇庙。
④ 咸丰十年（1860）《六庄七社公议碑》，现存高平市北诗镇中坪村二仙庙。
⑤ 清《白衣堂永禁牧羊碑记》，现存高平市建宁乡李家河村白衣堂，具体年代不详。

县境西部的原村乡下马游村：

> 禁止人等投盗六畜损伤，如违者，送庙议罚。所禁之事，另有条规。合社人等手舞足蹈，趋而为善。①

道光二十年（1840），模凹村《重整五峰山条规永禁碑》为保护五峰山树木植被，规定：

> 五峰之顶与所施地界……禁牛羊六畜之类，亦不许人前后松坡践踏牧放。如有背为妄行者，倘社人窥见，罚钱若干，与社均分。若违不遵社规者，禀官究治……禁止牛羊六畜之类，永不许人前后松山以及周围社基，如违者罚钱五百文。②

乾隆八年（1743），石末乡石末村因为"有村农野竖""纵牛羊于维乔之下，岁月渐深，视为固然"，制定村规五条，明确规定"牧放牛羊者罚银三两"③。

县东南方向的北诗镇是蚕桑业重地，开矿、牧羊业的发展对蚕桑业造成严重损害，双方冲突愈发激烈，嘉庆五年（1800），境内的龙尾村向时任县令张大人禀请示禁，刻碑以为公告：

> 赌博为诸恶之首，桑株乃养蚕之需……今闻得龙尾村有等不法之徒……纵羊入地残毁桑株……种种不法殊堪痛恨……合行给示严禁。为此示仰该里乡保地甲人等知悉。自示之后，倘有前项不法之徒……纵羊损桑，挖劚铁矿，许尔等立即赴案密禀，以凭严重究。④

---

① 道光二十三年（1843）《禁止开窑盗树碑记》，现存高平市原村乡下马游村玉皇庙。
② 刘泽民总主编：《三晋石刻大全·晋城市高平县卷（上）》，三晋出版社2011年版，第593页。
③ 乾隆八年（1743）《紫峰山禁约碑记》，现存高平市石末乡石末村碧霞宫。
④ 嘉庆五年（1800）《龙尾村东岳庙遵官示禁告示》，现存高平市北诗镇龙尾村东岳庙。

嘉庆二十一年（1816），东部北诗镇拥万村为了重兴社规，复整风俗，制定社规十五条，涉及蚕桑、开矿、禁羊等方面，明确规定：

> 一、农桑乃生民之本，惰农者当惩，盗桑者必罚。一、牛马等畜不许践踏田苗，违者议罚。一、挖矿凿窑有伤风脉，西北至交界，东南至河永远禁止，违者议罚。一、羊群大损桑枝，不许入境，违者议罚。①

同治五年（1866），高平市石末乡晁山村八大社十九庄公立禁约八条，以正人心而厚风俗，"奉官明示，栽桑桑树，永禁偷取窃伐，并群羊入境，伤损桑麦田禾"②。

寨上村为保护植被，合社公议：

> 禁止□□□大小人等，不许践踏其所，即六畜口不得闯入其境。至禁之后，倘□无□之辈以强而行者，合□公□重重有发（罚）；如不遵规矩者，以凭送究治。

在三条规定中，明确要求"牛羊六畜入口者，罚油五斤，拿获者亦照前例"③。

民间对于牧羊业的打压一直持续到民国年间，但似乎效果不大，羊群屡禁不止。就现存的资料看，清代牧羊的地区呈现逐步扩大趋势，就统计来看，仅仅高平一地，境内 12 个镇全部存在有羊群活动的记录，其中靠近晋城北境的北诗镇有 7 例记载，神农镇和寺庄镇各有 4 例记载，南境的河西镇有 4 例记载，其余各镇记载多寡不一，可见当时民间牧羊业已经是遍布全县的活动了。周边各县由于资料保留不多，无法估

---

① 嘉庆二十一年（1816）《重整社规碑》，现存高平市北诗镇拥万村仁圣宫。
② 同治五年（1866）《兴龙山八大社十九庄公立禁约》，现存高平市石末乡晁山村白龙庙。
③ 道光十九年（1839）《寨上村安贞寨保护树木碑记》，现存高平市原村乡寨上村安贞寨。

算其牧羊业的规模,但是从保留的畜税看,规模也不会太小。

五 清代的铁冶及采矿业

清代泽潞地区手工业最典型的行业当是采煤、冶铁。矿禁不断松动使得民间对于煤铁的开采规模不断扩大,就方志所记,清代境内出产煤炭的县份,较之明代并无明显增多,但是村镇一级的记载,却大量出现。如高平的米山镇等地有规模较大的煤炭产出,泽州大阳镇、高平周纂镇等都是著名铁冶重地,所造钢针、铁锅及钉子名扬海内外。采煤冶铁业的生产规模,由于缺乏官方数据,我们无从估算,不过借助大量的民间文献,可以窥知一二。清代以来,基层里社干预经济的力度不断加大,由于开山挖矿会破坏地表,损毁植被,这对于同样在山地丘陵生长的桑树威胁很大,加之传统挖窑技术简陋,往往导致地层下陷,水脉流失,对周边居民房屋、坟茔造成潜在威胁,因此挖窑采煤往往受到里社打压,目前民间保留的大量禁约碑中,有相当一部分是属于禁止开矿挖煤的禁约,它们与禁羊、禁赌碑一样,都是基层维护经济秩序的努力。

(一)采煤业

由于市场的刺激,清代以来,民间私开煤窑铁矿的情况屡见不鲜,早在清初,就有村落私采煤矿,清中期以来,这种风气愈发强烈,屡禁不止。甚至兴讼官府,即便是铁冶重地如泽州大阳镇、阳城的白巷里等地,也无法幸免。

阳城县境内以石炭"代薪爨,价贱而用多,近城产者无烟臭,出于山南臭甚,深山之炊仍藉樵采"①。煤已经成为大众常见的燃料了。阳城县的白巷里因为煤炭开采业发达,附近的郭峪、润城等地发展成人口密集的大镇。但是采矿的过度发展也引起民间的纠纷,乾隆年间,白巷里下属的郭峪村因为卫、张二姓开矿兴讼,记录这次诉讼的《封窑

---

① 同治《阳城县志》卷5《物产》,第1页b。

碑记》,详尽记录了前后持续十年的曲折诉讼。乾隆十九年(1754),阳城知县杨大人受理此案,"勘讯明确,均有不合,本应详情封禁,姑念利出天地自然,不忍遽毁,因而劝谕各行、各窑",乾隆二十九年(1764)"因攻凿年久,有碍居民庐舍",生员范肇修、贡生陈观化等再次向知县胡大人提起诉讼,并以调处封窑结案。不久"卫姓窑头郭如昆、赵七复在旧窑左近另凿新窑,张姓又令王兴仍然开窑取炭",此时受理案件的胡知县已经荣升,最终由泽州府知府王大人主持,以"卫姓亦俯首无辞,情愿封窑,并出具切实甘结"结案。就诉讼中留下的档案看,乾隆年间仅郭峪村一地,就有至少三所煤窑:

> 郭谷镇堡城西门外胡家堆,有卫姓未行井窑一座,离堡城十步;往西北有卫姓旧窑口一座,与卫姓新窑口南北两山相离十余步,中隔山水小河一道,离堡城三十步。①

最终这一持续十年的纠纷,在"阁镇士民陈观化、王云骧、张遵道等七十余人"见证下,以被告主动封窑停产,立碑存证而告终。

阳城县析城镇,有一名曰杨柏村的小村:

> 居民鲜少,石广山多,田稀于寡,人皆开山耘石而食力,采樵负薪而为炊,并无煤炭之窑厂,物力维艰,诚苦不胜言之地也。

同治初年因有河南商人开设铁炉,引起诉讼:

> 河南行商在附近之处开设犁炉,且用木炭,并非寻常,居民惟希蝇头之利,不顾心腹之患,山穷水尽,不但无梁檩之材,更且悉烧烟之忧。

---

① 乾隆二十九年(1764)《封窑碑记》,现存阳城县北留镇郭峪村大庙。

为此村内值年社首原太合等会同耆老，鸣官起诉，时任县令征大老爷判决"永远不许打窑烧木"。并允准民间纠举：

> 公举耆老木铎息讼解纷，禁赌戒匪，以淳风化。不许越社兴词，先鸣金后理讲。所有一应条规现存合同，不遵社规，按以合同办理。①

在铁冶重地高平，煤炭开采规模也不断扩大。清初本地煤炭已经扬名于外，顺治年间方志记载"邑原无奇货，独煤炭甲于天下"②。其中县东南的米山镇是煤炭开采最活跃的地区之一，这里地处大粮山脚下，矿产丰富，周边村子在清代都是煤产区，早在清初，这里煤炭产量就很大，并以质量优良闻名。最迟在顺治年间就有记载，仅米山镇下属的"第四都朱庄东里"就有四个村庄被列入记载："南朱庄、贺岗、上村，北朱庄出煤炭，甲于一邑。"③ 由于传统挖窑技术的简陋，往往导致地层下陷，水脉流失，对周边居民房屋、坟茔造成潜在威胁，因此挖窑采煤往往受到里社打压，民间往往因此屡屡兴讼，目前民间保留的大量禁止开挖煤窑的禁约有相当数量集中在这一区域。如康熙十一年（1672）米山镇下属村落米西村发起诉讼，时任高平县正堂白良玉应民间请求，发布告示，即《高平县正堂白良玉永禁凿窑碑记》，原文摘引如下：

> 高平县正堂白为永禁凿窑保全龙脉事，照得大粮山为米山镇来龙正脉，合（盍）镇生齿所系，千家坟墓攸关、亘古以来，从无行窑取煤之事，因被奸民张国龙、张德威凿山开窑，有伤龙脉。本县亲履其地，立行填塞，仍勒石，永远禁止。为此，示仰大粮山附

---

① 同治五年（1866）《邑侯征大老爷禁止烧木打窑碑记》，现存阳城县河北镇杨柏村大庙。
② 顺治《高平县志》卷1《舆地志·物产》，第19页a。
③ 顺治《高平县志》卷2《建置志·里甲》，第23页b。

第二章　泽潞地区的商品生产

近地方，今后务凛遵禁示。凡自七佛顶下至粮山一带，前后左右，勿得开窑取煤，永行严禁。如违，重究不贷。为此勒石。

计开禁约四至：东至王家庄土桥河外，南至本镇南河，西至南庄石桥口，北至七佛顶。

康熙十一年二月初二日勒石①

另一典型案例是三王村，该村采煤活动兴起似乎略晚，目前见到最早的记载在道光初年，由于民间私开煤窑，导致地层陷落，影响生活而兴讼，这一官司从道光年间持续到光绪年间。

道光三年（1823）五六月之间，大社因为禁山与开窑的矛盾而兴讼，经官府派人核查后判定：

近神庙并村脉坟墓近处，一概不得横挖窑眼。毋论神庙、村居、坟墓，均出百步之外方许兴设。

最终以"将矿窑填塞，所有软煤黑土窑，着往东移挪□的，靳琨祖茔百步之外方许兴设"②结案。

同治五年（1866）冲突再起，大社被迫再次立碑重申：

我村势处山僻，庙宇、坟墓、庐舍之下仅有煤矿。合社严禁已历多年，四面界碑之内［屡］属禁场，不许开掘窑□。近有射利之徒，村边庙侧私掘矿洞，报社议处，罚戏三朝，以示警戒。③

但是经济利益的刺激，使得这一禁约并没有起到应有的作用，同治立碑仅仅过去了十几年，再次有"不驯之辈强恶违犯"，以至于发生

---

① 康熙十一年（1672）《高平市正堂白良玉永禁凿窑碑记》，现存高平市米山镇定林寺。
② 道光三年（1823）《三王村告示碑》，现存高平市米山镇三王村关帝庙。
③ 同治五年（1866）《三王村永禁山场赌博剧柴碑记》，现存高平市米山镇三王村关帝庙。

"有碍庙宇者,有损坟墓者,有穿屋角而陷坑厕者"的严重后果,民间"不越年来禀控三次,并示惩禁"。最终于光绪七年(1881)规定:

> 于四面界碑,更严禁场,凡近庙宇坟墓庐舍百步以里,永不准开挖窑眼,以示后世之人。①

这次禁矿效果如何,由于村内再没有留下相关资料,已不得而知,但是就村内历史上屡禁屡犯的先例看,大约效果不会特别乐观。

县西南马村镇是冶铁重镇,也是重要煤炭产区。境内的唐安里在明代就有采煤活动,至清代这一活动仍然得到保持,乾隆三十六年(1771):

> 唐安里武生张纯信纠众掏挖废煤窑。次年二月至窑底,工人秦之英甫入,觉火气熏蒸,急出,须发已烧毁。有陈贾祉不信,复入,见火自内出,烟火加腾,直上冲天,移时方熄。众将贾祉救出,肌肉皆焦,数日而死。②

县南部河西镇的采煤活动也比较频繁,目前至少发现两则记载,如河西镇岭坡村保留一份韩姓知县发布的堂谕,村内的南北大社、大成文社联手于道光十一年(1831)刊立《永禁兴窑记》,规定:

> 仙岭周围交界以内,永禁挖窑采矿,恐于庙宇奎楼有碍,故将四至开明,以昭恪守。东至水河为界,西至白土沟路口为界,南至黄家沟官路为界,北至水河为界。四至之界,相距岭庙皆约一里有余。地脉纲维,山河巩固,庶有以护庙宇而妥神灵,亦有以顾奎楼

---

① 光绪七年(1881)《三王村禁约碑》,现存高平市米山镇三王村玉皇庙。
② 乾隆《高平县志》卷16《祥异》,第10页a、b。

而昌文教，且界内之坟垄皆得保全而无害。自禁之后，倘有前项不法之徒仍蹈故辙者，送官究治。彼时具禀请示，当堂批准，如禀勒石，以垂久远。①

此外河西镇宰李村，也有一方禁止开窑残碑，碑石由村内的三社维首联手竖立，内容为"……孔以南永不许开凿窑眼，违者送官"②。这方碑刻刊立时间不详，疑似清代刊刻。

在县境西部及北方山区，采煤活动也比较频繁，徘徊里有煤窑一座，至少在乾隆末年就已开挖出来，因为技术问题，内部发生燃烧，并持续至咸丰初年：

> 咸丰三年四月，徘徊北村旧有火窑，今四十余年不灭。是年，于其左凿一穴……凿者已而上，竟无恙。③

县境西部的原村乡下马游村，因为所谓"地宝出世"引发民间不安，最终村内三班维首于道光二十三年（1843）刊刻禁碑一方，规定：

> 地宝前背后背永远不许在百步之内穿煤矿［土］窑，设立禁碑四统为记。贴□之日矿窑同止，止窑添宝……自禁止后，如有不遵者，送官究治。④

同样位于县城西部的野川镇开矿冶铁风气也很盛，境内的东沟村则由于开窑产生纠纷，民间从乾隆年间发起诉讼，持续到民国时期：

---

① 道光十一年（1831）《永禁兴窑记》，现存高平市河西镇岭坡村二仙庙。
② 刘泽民总主编：《三晋石刻大全·晋城市高平县卷（上）》，三晋出版社2011年版，第800页。
③ 同治《高平县志》卷4《食货》，第24页a。
④ 道光二十三年（1843）《禁止开窑盗树碑记》，现存高平市原村乡下马游村玉皇庙。

> 我东沟村，东有墓头岭为一村之屏障，不特风水攸关，且相近坟茔极多。讵有损人利己之徒，不讲公德，专营私利，竟于左右开窑挖矿，不惟有坏风脉，抑且有碍先灵……乾隆三十三年及四十三年，复经县慈先后禁止，二次立碑。迄今百有余年，无敢犯者。奈日久生玩，迨至民国十二年，有村人陈冬生等违禁挖窑，经本会等报告到县……民国二十年竟有陈冬孩复行开窑，敝会将待报告。伊等自觉理亏，邀中恳恕。于是经乡间邻长公开妥议，自兹以往永远禁止，并拟定办法，特立界限：东至百步，西至百步，南至一百步，北至黑土坡，四至以内不许开窑挖矿。如违者，即按村禁约处罚，以保村分而护风脉。①

不过，这种来自基层里社的阻挠是相对无力的，很多情况下，这种纠纷往往以煤窑的临时关闭而告终，但是不久后会再次开挖窑矿，以致出现部分村落长期兴讼的情况，如上文提到的三王村及东沟村案例，每次禁令的有效期不过数十年，甚至短至十余年，历史上有据可考的禁令至少三四次，然而民间面对禁令屡禁屡犯，这样的案例大约并非少数。面对这种情况部分地区也会进行妥协，要么是划定区域，在约定的区域内有限制地进行开采。要么认可煤炭开采的合法性，通过向煤窑派收费用分享一些收益，如神农镇石墼村："矸窑共收钱一百八十五千四百七十四文，工共收钱二百九十六千四百七十四文。"② 又如高平北郊区的石门村，已经是地处县城统治的核心地带，并非天高皇帝远的偏僻山区，但是面对这一开矿热潮，也只能是一方面发布严禁"永远禁止：村中庙宇、房屋百步以里，永不许挖、打煤窑，违者送官究治"③。但同时又在各种公共工程中对村内煤窑收取费用，"入煤窑上□钱四十九

---

① 民国二十一年（1932）《祖先会禁碑》，现存高平市野川镇东沟村关帝庙（春秋阁）。
② 道光二十一年（1841）《补修关帝庙创建北岭玉皇殿乐楼西墙碑记》，现存高平市神农镇石墼村关帝庙。
③ 光绪元年（1875）《石门村玉皇庙社谕》，现存高平市北城办石门村玉皇庙。

千一百八十七文",① 变相认可开窑活动。

整体上,清代的煤炭开采是在夹缝中生长,呈缓慢上升的态势。

(二) 冶铁业

清代以后,冶铁业继续发展,朝廷管理措施也有一定改进,除了收税,根据需要,在清初政府每年还会有所谓的"平铁""好铁"等名目向民间摊派,所谓"平铁",据雍正三年(1725)官府的规定,"额解平铁二千一百斤,每斤价脚共银二分二厘五毫,赴司请领。"至雍正五年(1727),又因为"平铁为数甚多,不便独令平定州一属采买,仍应各府州通行均匀承办……"雍正六年(1728)政策再次更改,因"本处产铁比他处较高,请将平、潞、泽、辽、沁、蒲、解、绛、吉、隰共十处所办平铁俱在长治公办",② 最后于潞安府统一解送。官府每一斤补贴脚价若干。雍正十三年(1735)将添解平铁停解。乾隆三年(1738)奉文,将额解平铁自乾隆四年即己未年(1739)停办。

所谓"好铁",据雍正十一年(1733)相关文件看,

> 将原办锡二百八十四斤零,每锡一斤改办好铁二斤,共改解好铁五百六十九斤零。每好铁一斤部定价银四分五厘、脚价银二厘五毫……

这一规定于乾隆三年(1738)奉文"将改办好铁自己未年停解,其价脚仍归锡斤,原额办理。应解价银,按年于起解绢纸之便,搭解交部"③。

乾隆年间政策转变后,相应负担由冶铁的"炉户"负责,由铁行统一承办,这种政策的具体内容,据凤台县相关记载如下:

---

① 同治九年(1870)《重修补修庙宇序》,现存高平市北城办石门村玉皇庙。
② 乾隆《高平县志》卷9《贡篚》,第19页b—20页a。
③ 乾隆《高平县志》卷9《贡篚》,第20页b。

山右好铁一项，部定每加价银四分五厘，脚银二厘五毫。昔年县主采买，民无累赔。①

政策的调整，在一定程度上缓和了冶铁生产的境况，对冶铁生产起到了一定的促进作用，相当多地区的冶铁已经相当成规模。清代以后，冶铁重地潞安府城内手工业继续发展。较之明代，方志所载的城区十八巷中部分街巷名称已经消失，与此相对，清代又出现一批新的手工业命名的街道，就光绪朝《长治县志》所附城内街坊图开列街道名字来看，石头街、炉坊巷、甜水巷、纸房巷、铁匙巷等街巷，均不见于明代记载，应该是清代新出现的行业。据今人所编地名志记载，炉坊巷"位于南大街东侧……旧时为小炉匠聚集场所，故名"②。铁匙巷"位于东大街，旧时因巷内打制铁匙（锅铲）颇有名气而得名"。锡坊巷、小锡坊巷"均因明清时为锡器手工业聚集场所而得名"③。

除了铁冶城市及市镇，一批以铁冶为生的聚落也开始出现，铁冶业最为发达的高平、凤台及阳城等地，甚至发展出连片的铁货生产区域。

高平铁冶发达，清代有记载的村落明显增多。除了方志记载外，开矿引发诸多民间纠纷，也被民间记载下来，这可以作为佐证。

高平北部的北诗镇、陈区镇及建宁镇地处山区，多煤铁，境内村落有很多筑炉，冶铁为生，乾隆二十四年（1759），县北三甲镇西栗庄村（西里庄）因为有村民"开窑取矿有碍村民房屋……今吴振山等复于近村违禁开窑挖矿，以致程绍义控案"，高平县正堂黄大人饬令填塞，并给示勒碑，规定：

嗣后凡在于近村处所违禁开窑取矿，希图渔利，致使该村基地

---

① 乔志强：《山西制铁史》，山西人民出版社1978年版，第77页。
② 长治市城区志编委会编：《长治市城区志》，陕西人民出版社1999年版，第36页。
③ 长治市城区志编委会编：《长治市城区志》，陕西人民出版社1999年版，第39页。

空虚、房屋开裂,许尔等立即赴县禀报,以凭法究,决不宽贷。①

至嘉庆五年(1800)《正堂张太爷准免贴平铁行碑》记载,这一地区的"铁条钉行"和"炉户"曾因铁行转嫁炉税,在县衙兴讼,嘉庆年间,仅仅陈区镇的"铁条钉行"就"不下数百余户,伏白公堂"②。以此可见周边从事铁条加工及制钉者起码有数百家规模。本次纠纷中留下名字的铁条钉行工匠、作坊信息至少有"姬成志、吉顺号、秦世柏、郭义聚"及炉户"祥太号"等。③

北诗镇境内是蚕桑业重地,采矿对蚕桑业造成严重损害,双方冲突愈发激烈,嘉庆五年(1800),境内的龙尾村向时任县令张大人禀请示禁,并誊录回知县判决,刻碑以为公告:

……开挖铁矿,风脉攸关,均干例禁。今闻得龙尾村有等不法之徒……开挖铁矿损碍风脉,种种不法殊堪痛恨。

为此地方官应基层缙绅禀请给示严禁,

自示之后,倘有前项不法之徒仍敢……挖劚铁矿,许尔等立即赴案密禀,以凭严重究。④

嘉庆二十一年(1816),北诗镇拥万村维首重整社规,规定:

挖矿凿窑有伤风脉,西北至交界,东南至河永远禁止,违者议罚。⑤

---

① 乾隆二十四年(1759)《严禁开矿碑记》,现存高平市三甲镇西栗庄村玉皇庙。
② 王树新主编:《高平金石志》,中华书局2004年版,第685页。
③ 嘉庆五年(1800)《正堂张太爷准免贴平铁行碑》,现存高平市陈区镇王村开化寺。
④ 嘉庆五年(1800)《龙尾村东岳庙之遵官示禁告示》,现存高平市北诗镇龙尾村东岳庙。
⑤ 嘉庆二十一年(1816)《重整社规》,现存高平市北诗镇拥万村仁寿宫。

道光十三年（1833）建宁乡苟家村，因为村内"有不知轻重之人，［妄］许人家穿窑取矿，只徒一己得利，不识断坏山脉一村有［关］"，为了保护风水，刊立禁碑，规定如下：

> 永禁落脉之地：砂水之上不得穿窑取□。如有强人不遵社规，送官究治。①

高平西南部也是较重要的铁冶及铁器加工中心，这一带的马村镇下属的东周、大周等村是高平境内著名制针、贩针中心。这一区域保留的禁约资料也很多，同治八年（1869）马村镇东宅村刊立一块时任高平县正堂龙知县发布的禁碑，规定：

> 永禁东宅村之脉山，四至以内不准打窑、起石、挖矿东至沙河之心（沙河距二车路百步之遥）；西至山脚之下；南至东宅本村（本村距山下车路一里之遥）北至山脚之下。②

光绪十一年（1885），河西镇岭坡村"遵仁明韩大老爷堂谕"，南、北大社、大成文社联手刊立禁窑碑，规定：

> 二仙岭周围交界以内，永禁挖窑采矿，恐于庙宇奎楼有碍，故将四至开明，以昭恪守。东至水河为界，西至白土沟路口为界，南至黄家沟官路为界，北至水河为界。四至之界，相距岭庙皆约一里有余。③

这一地区的冶铁业发展到清末，已经颇成规模，据光绪《高平县

---

① 道光十三年（1833）《禁碑》，现存高平市建宁乡苟家村降王宫。
② 同治八年（1869）《玄坛庙禁碑》，现存高平市马村镇东宅村玄坛庙。
③ 道光十一年（1831）《永禁兴窑记》，现存高平市河西镇岭坡村二仙庙。

第二章 泽潞地区的商品生产

志》记载，境内：

> （铁冶炉）凤台、阳城业此者多，近则高平亦较增矣；针之为物，缝纫必资，邑惟西南与凤台接壤处多业此者。①

在高平县周边县份，冶铁业发展也很旺盛。陵川县与高平毗邻，境内西部的礼义镇有金牛山"在邑西三十里礼义镇……其山出铁矿、煤炭"②。礼义镇与高平东北出产铁货的几个镇距离极近，高平所产铁器，大约有一部分就在礼义镇销售。除此之外，礼义镇也有自身的冶铁生产，在目前能看到的字号捐资中，晚清至民国有一批铁炉记载，可见这里也是附近的铁货加工及分销中心。

泽州凤台县位于高平县南。凤台县西北一带与高平南境接壤，都是铁货加工重地。本区的大阳镇从明代就以钢针生产而知名，周边村落赖制针为业，凤台县大阳镇最迟在乾隆末，已经是"凤邑西北，分技逞长，攻此者数千家"③的旺盛局面了，参与立碑的"业针人"村落有"上村、中村、河东、南庄、下村、张庄、湾里、大阳"等近十个村庄。

除了制针，本区还有为制针、制钉提供半成品的拔丝业。凤台县西北境的贾泉村道光二十一年（1841）《造条税则与行规碑记》记载：

> 吾凤台县西乡由矿成铁，由铁成条，造条者业经纳税。其间或改油丝，或造白线……是以吾村白线条手艺由来古矣。④

嘉庆九年（1804），因为税局忽然增税，引起抗议，导致"彼时进城之人约有数百"⑤。附近的马村及周边村落则以改条为业：

---

① 光绪《续高平县志》卷3《物产》，第14页b。
② 民国《陵川县志》卷1《疆域山川略》，第18页b。
③ 樊秋宝主编：《泽州碑刻大全（二）》，中华书局2013年版，第662页。
④ 樊秋宝主编：《泽州碑刻大全（一）》，中华书局2013年版，第135页。
⑤ 樊秋宝主编：《泽州碑刻大全（一）》，中华书局2013年版，第135页。

>吾里素以改条为业……今特会条牙经纪,立太上元君会。①

凤台县的犁川镇也是冶铁重地,最迟清初就有较发达的冶铁业,康熙五十年(1711)记载,彼时镇上已经是"数十年来,烟火鳞次,生齿日繁,而且颇得陶冶之利"②。凤台县的徐庄镇也是重要的铁冶重镇。嘉庆三年(1798)追溯徐庄镇发展历程:

>徐庄镇……当日招商立市,约远近卖条者会峕一处,以便纳税,兼尽地主之宜(谊)……是商贾辐辏,客主□猜者,迄今百有余年。③

从嘉庆三年(1798)上溯一百余年,大约在1700年,即康熙三十九年前后,可见,起码康熙时期,徐庄已经成为周边的铁货交易中心。

这些铁冶区的不同村落,有不同的分工,各自有自己优势的产品。有从事铁矿炼铁的"铁炉",还有进行半成品加工的"改条业""拔丝业"等,成品深加工有"制针""制钉"及"铸锅"等行业。这些不同环节也形成完善的生产链条。

此外,沁水县铁冶生产也有一定规模。县内的柳沟村有一座老君庙,是铁冶行业供奉行业神太上老君的所在。碑文记载:

>沁邑柳沟村旧建老君庙一区,东炉行设立章程,每年二月择日至此,宰猪敬神,清算公项,合行于庙相传终日,则知一年公费多寡之不同,是诚吾所百世不易之常经也。

同治年间由于建筑残损,且为了完善庙宇,兴工建设。工程"兴

---

① 樊秋宝主编:《泽州碑刻大全(一)》,中华书局2013年版,第144页。
② 樊秋宝主编:《泽州碑刻大全(一)》,中华书局2013年版,第472页。
③ 薛林平等:《东沟古镇》,中国建筑工业出版社2010年版,第165页。

于同治十三年春二月,告成光绪元年冬十月"。

碑文记载了本次布施钱财的"商行之仁人"与"本社之信士",名单如下:"遇顺炒号、六顺合、信成兴、六合窑、世信成、永兴东、绛州梁旺、诚兴永、万顺合、同兴永、顺兴合、怡顺永。"① 可见这个村落至少有十二家从事铁冶的字号,甚至还有来自外地的绛州客人,其规模已经较为可观了。

铁冶的发展,也引起一系列社会矛盾。一方面,冶铁业的发达引起官府觊觎,并有额外征税的企图,对于制针业,乾隆年间的"前任余老爷,有少增针税之议,经前任刘大老爷急谕中止"。拔丝业则在嘉庆九年(1804),"税局忽然增税,蒙葛慈剖断,言有例不减,无例不添,彼时进城之人约有数百"。这一举动引发了铁行群众的不满和抗议,最终迫使官府打消了增税的念头。

另一矛盾是发达的铁冶生产,导致了严重的环境问题,最突出的是矿渣堆积,污染。据光绪《高平县志》记载,境内:

> 铁冶炉颇有利,然铁渣堆积如山,塞河壅道,炉废时,其地遂终为不毛,而河冲余渣,复漫灭邻田,每至赋无所出。②

凤台县某些村落,如尧头村,也曾经因为炉渣废弃物堆积而引起诉讼,咸丰九年(1859)《炉户堆放炉渣处结条规碑》就记载了冶铁村落尧头社与村内"三合益炉厂、泰和仁炉厂、永兴号炉厂、泰兴益炉厂"等炉户的诉讼。③

另一个影响,则是开矿容易造成地层下陷,水脉流失,因此即便是传统的铁冶重地,也经常会发生地方里社的抗议及严禁,我们列举的这一大批禁约碑就是这种冲突的明证。但这种禁约碑效果有限,越来越多

---

① 光绪元年(1875)《沁水柳沟老君庙碑记》,现存沁水县中村镇柳沟村老君庙。
② 光绪《续高平县志》卷3《物产》,第14页b。
③ 樊秋宝主编:《泽州碑刻大全(三)》,中华书局2013年版,第663页。

的禁约碑说明了地方上对于采矿、铁冶业的干预已经无能为力,这种屡禁不止的开矿行为是基层在人地矛盾、谋生压力等因素的加剧以及商品经济的日益活跃的背景下的一个趋势,在泽潞民间,开矿已经是一股不可挡的风气了。

(三) 其他采矿业

硫黄是另外一种重要矿物,其主要产出地在阳城:

> 硫黄产于白桑诸山……阳城西南诸山,土瘠地狭,居盯无田可耕,时以私刨硫黄为业,官虽严刑峻法,总不得穷源塞窦。①

此外凤台县部分地区也有出产:"凤台之沁河、土河、追山等村山亦产黄,与豫之河内济源接壤。"② 与煤炭这种偏重民用的矿物不同,硫黄是一种军事色彩很重的矿产。它是制造黑火药的主要配料之一,官府严禁民间私采,偶有开采,也需要有司发布公文,由地方官府按照需要临时开采生产,足额即行封禁,因此其生产带有很明显的官方管制色彩:

> 硫黄配以焰硝,作烽燧烟火,为军中要物,立禁森严,各省采买先持本衙门咨文投院行司,司檄到府,差员照验号批方行县开采。现置串口,文武官监视,买秤既足,封闭峒口,交给差官,沿途关隘搜查不许夹带……平时则于产磺地方,山主窑头互相稽查,不许煎卖,每月具结。窖户不许私烧串口,毁旧禁新,搜括既尽,其有偷刨者尽置诸法。③

开采所得硫黄矿石,通过加热升华的方式提纯:

---

① 雍正《泽州府志》卷51《杂志》,第64页 a、b。
② 雍正《泽州府志》卷51《杂志》,第64页 b。
③ 雍正《泽州府志》卷51《杂志》,第65页 a。

> 掘洞极深出矿，状如生铜，融黄之瓮，高二尺，径一尺，以一瓮埋土中，以一瓮实矿块其中，反复其上，围石炭煅之一昼夜，融液乃成，佳者着耳瑟瑟有声。①

这种提纯硫黄的技术，以阳城县最先进，所用器皿俗称"阳城罐"，也叫"串口"，以阳城出产者最合用：

> 土人谓瓮曰串口，形可二尺，径一尺，唯阳城造者土坚，它瓮则衅裂。再凤台之沁河、土河、追山等村山亦产黄，与豫之河内济源接壤，深山大泽，犯者时有，必得阳城串口，乃可烧煅。其产陵川者皆于臭煤、石液中取出，色青不佳，不及阳城者堪用。②

这种开采模式，不是以市场为导向的商品生产，而是一种按照官府需求，按计划开采的生产模式，即便如此，其生产规模也颇为可观，动辄数十万斤。由于开采量大，为了便于管理，乾隆十年（1745）"以县东南地产硫黄，开采者众，设东冶司巡检一人以资弹压。二十二年移府同知驻东冶"③。周边县份为了防止硫黄走私，也纷纷设立哨卡：

> 陵川山僻，向无墩燎，太守新度形势，以此路达潞安、高平等处，商贩往来，恐有奸徒私贩硝磺等情，详立塘汛于县南六十里夺火镇。④

除了硫黄，本地还有部分铅矿、矾矿出产，矾与硫黄伴生，相对容易开采，而铅矿由于产量小，工本大，利润不足，开采者逐渐消失：

---

① 同治《阳城县志》卷5《物产》，第2页a。
② 雍正《泽州府志》卷51《杂志》，第64页b。
③ 同治《阳城县志》卷7《职官》，第11页b。
④ 乾隆《陵川县志》卷8《城池》，第8页a。

黑矾，采烧于黄洞左近，至黑铅、白铅，山南原有矿穴利微工倍，遂无采者。①

山之所出硫黄、石炭及铅与铁，硫黄输用于官，其在人者，不能什一。闻诸山产铅，亦曾试采，因其出不丰，不敷工本，久已封禁矿，穴民亦莫敢有私采者矣。②

锡矿，历史上也有一定规模的开采，锡，"交城、平陆、阳城俱出"③；沁水县"锡矿在县西，乡民多盗取，县官常封禁之，万历间遣使开采锡矿，即其旧地，凿之数月，迄无所得，乃罢"④。

此外，阳城县还有黑石（大约是火石），丹粉（可能是朱砂），在明代成化《山西通志》中记载：黑石"阳城县出"⑤，"火石：出近城山中，石如漆黑，火芒甚巨，陕豫商人多贩之"⑥。丹粉是一种颜料，"阳城县有窖"⑦。

六 清代的其他手工业生产

造纸业也是本区的重要手工业。泽潞地区蚕桑业兴盛，桑叶可供养蚕，桑皮则可以做纸。这种纸张的质量很高，被称为桑皮纸。本区主要的桑皮纸产地是泽州府的高平县，丹河沿岸一批村庄就以出产桑皮纸而知名。最迟在清初，甚至远至明代，这个地区已经形成专业性的造纸区，顺治《高平方志》记载：

永禄里：在县西北二十里，其庄三：东庄、许庄、永禄村，居

---

① 同治《阳城县志》卷5《物产》，第2页a。
② 同治《阳城县志》卷5《物产》，第5页b。
③ 成化《山西通志》卷6《土产》，第4页a。
④ 康熙《沁水县志》卷4《版籍》，第39页a。
⑤ 成化《山西通志》卷6《土产》，第4页b。
⑥ 同治《阳城县志》卷5《物产》，第1页b。
⑦ 成化《山西通志》卷6《土产》，第4页b。

第二章 泽潞地区的商品生产

民造纸为业。①

周边村落的扶市村"地狭田稀，其人多椎鲁，其俗尚粗疏，至又习理蔡侯之业者甚众"②，上扶村有仓颉庙，是周边从事造纸业的群体供奉行业神的所在：

> 邑之永禄里善造构皮纸，行于四方，居民世食其利，遂建仓颉庙以祀之，俗号朗公庙。③

该村雍正五年（1727）《朗翁庙碑》记载"仓颉正殿九楹，东高禖祠七楹，西蚕姑殿七楹，南厅九楹，舞楼七楹"。各位神明各有执掌：

> 高禖深保育之恩，蚕姑掌经纶之绩。兼之关帝之德足协天，蔡翁之纸堪裕国，牛王之麻征力田。皆泽被生民，恩垂不朽。④

同治时期，本区造纸业已经达到相当的规模，桑皮纸的生产区继续扩大："黄儿沟、许庄诸村临丹水而业者百数十家。"⑤ 本地所产桑皮纸相当著名，除了大量外销，每年还作为贡纸提供给朝廷使用。

阳城所产纸张则为构树皮纸和桑皮纸，构树皮纸原材料是一种叫作构树的树木的外皮，构树也叫楮树，产地主要在孔寨、轩河：

> （构树等）采皮做纸，封银固结不破，孔寨为操作之区，外省争购之……至构皮造纸，橡殻染皂……皆岩居者取以为资焉。⑥ 桑

---

① 顺治《高平县志》卷2《建置志》，第22页a。
② 同治十年（1871）《济公会碑记》，现存高平市北城办扶市村仓颉庙。
③ 同治《高平县志》卷8《艺文志四》，第45页b。
④ 雍正五年（1727）《朗翁庙碑》，现存高平市北城办扶市村仓颉庙。
⑤ 同治《高平县志》卷4《食货志》，第17页b。
⑥ 同治《阳城县志》卷5《物产》，第2页b。

则叶饲蚕而皮作纸……构皮纸造自轩河，桑皮纸制于孔寨。①

孔寨村濒临温泉，冬天对造纸益处极大，"孔寨……在其中山下涌有温泉，人家造纸，霜雪时裸入水中淘洗桑苎不苦其寒"②。这里纸张产量颇大，多数行销外地，可以作为银锭的包装专用纸。清末统计，县内所产"土纸可销二十万刀，一刀值钱二三十文"③，折合营业额4000—6000串文（2000—3000两白银）。

此外，凤台县造纸也有一定规模，所产为麻纸：

> 白水源出县西北二十里伊侯山下……俗呼曰桑皮河，两岸村人造纸为生，用沤桑苎以此得名。④

陵川县也有部分造纸者："西南乡吕家河有造纸者，因不及高平之质利，销数甚稀。"⑤

陶瓷业也是本区一个较为重要的行业。早在明代，本区陶瓷业就有一定规模，成化年间，山西省内出产瓷器的府县有："平定、霍、隰、吉、蒲、朔、浑源、潞、泽诸州……武乡、长子、壶关、阳城"⑥，泽潞的泽潞诸州及武乡、长子、壶关、阳城等县都是瓷器产区。本地所生产的产品有粗瓷、缸、砂锅等，另外还有部分建材，如砖瓦等。不过本区所产陶器大都较为粗糙，大部分属于平民使用者，销路也有限。如壶关县"赤崖山出粗磁器"⑦，"程村近流业磁，烧缸、盆、粗碗之类……

---

① （清）杨念先等：《阳城县乡土志（骈散体两种）·阳城县金石记》，三晋出版社2009年版，第74页。
② 同治《阳城县志》卷3《方舆·山川》，第64页b。
③ （清）杨念先等：《阳城县乡土志（骈散体两种）·阳城县金石记》，三晋出版社2009年版，第93页。
④ 乾隆《凤台县志》卷2《山川》，第29页a。
⑤ 民国《陵川县志》卷3《生业略》，第68页。
⑥ 成化《山西通志》卷6《土产》，第5页a。
⑦ 道光《壶关县志》卷2《物产》，第23页b。

乃贫民至苦生计，今地产渐微"①。阳城县出产"黑瓷、土范各器，炭火煅成，名繁利用，炼药贵阳城罐者即此。远人挑贩络绎不绝"②。截至清末已经是"瓷之品类甚多"③ 其外销量"瓷货可行五七十窑，每窑值钱三十余串"④，营业额1500—2100串文。尤其值得一提的是，本区出产一种"硫黄罐"，是生产硫黄的上好工具。雍正《泽州府志》记载，这种器具：

土人谓瓮曰串口，形可二尺，径一尺，唯阳城造者土坚，它瓮则纹裂。在凤台，土河、沁河、追山等村亦产磺，与豫之济源接壤，深山大泽，犯者时有，必得阳城串口乃可。⑤

此外，陵川县"有业造炊爨器及农具者……有业粗瓷窑者，惟远不及阳城"⑥。长子县有"磁窑"，为"烧粗器者"。⑦

火石是古代取火的器具，也是本地著名特产，阳城重要市镇周村镇就有专门加工这种火石的作坊——"长兴火石厂"，所产产品销往四方。

本区酿酒业也比较发达，因为主产区位于潞安府一带，得名"潞酒。"所产酒以高粱为主要原料酿造，属于白酒的一种。这种酒，在北方高粱酒中属于佳品，与山西汾酒等齐名。潞安府与汾州等地并列，成为北方著名的高粱酒产地。

今各地皆有烧酒，而以高粱所酿为最正。北方之沛酒、潞酒、

---

① 道光《壶关县志》卷2《物产》，第24页a。
② 同治《阳城县志》卷5《物产》，第1页b。
③ （清）杨念先等：《阳城县乡土志（骈散体两种）·阳城县金石记》，三晋出版社2009年版，第92页。
④ （清）杨念先等：《阳城县乡土志（骈散体两种）·阳城县金石记》，三晋出版社2009年版，第93页。
⑤ 雍正《泽州府志》卷51《杂志》，第64页b。
⑥ 民国《陵川县志》卷3《生业略》，第14页a。
⑦ 乾隆《长子县志》卷4《物产》，第4页a。

汾酒皆高粱所为，而水味不同，酒力亦因之各判。①

除了直接卖白酒外，这种酒，有时候也可能里面会加入草药，泡制成药酒，如涪陵县"仿山西法，以药制潞酒，出境倍香"②，成品颜色红艳，用小瓶包装，又称为"小瓶潞酒"。

编织业也占据一定的地位。部分低洼地带或者沿河地区，多有芦苇等，某些村庄会利用这些植被织席或做草帽，以为生计。如高平县县西二十里有"小野川村，杨村，居民种苇织席为业"③。阳城县历史上有龙须席，是利用一种野草编制的席子，曾长期作为贡品，此外，"苇荻皆可织席"④。乾隆时期的《潞安府志》货属有"苇席、荻帘"等。除了利用芦苇，境内某些地区也利用高粱等作物的秸秆制造"箔"充当建材，如潞安府一带。

---

① 民国《威县志》卷3《舆地志（下）》，第36页a。
② 民国《涪陵县续修涪州志》卷7《风土志·物产》，第12页a。
③ 顺治《高平县志》卷2《建置志》，第23页a。
④ 同治《阳城县志》卷5《赋役·物产》，第2页b。

第三章 泽潞商人的经营行业

明代是包括泽潞商在内的晋商群体兴起的重要时机，在明代方志及清代方志追溯的记载中，可以看到，社会风气在明中后期有明显转变，奢靡之风兴起的背后，是商业崛起的历史现实。如长治是潞安府（潞州）治所，也是明代藩王就藩之地，城市规模在境内最大，所收税额在全境也最高，是全境经济最繁华的所在。境内的风气在明代"永、宣、成、宏之时，士敦行务实，农商亦俭素朴野，罔敢凌肆自恣，迨其后渐致华靡。俗尚巫觋，凡联姻、缔交、营葬，不无少变于前"①。明清易代之后，社会风气大为转变：

> 自明季闯贼煽乱，衣冠之祸深而豪民之气横，乡保揖让于绅衿，伍佰侵凌于阀阅，奴仆玩弄于主翁，纲常法纪扫地无余，贫儿陡成富室，贱隶远冒华宗，衣裳车马，饰都雅之容，甲第田园，肆并兼之策，甚且入黉官，登仕版，致令书香束手，铜臭扬眉，一二巨族方家，方且与之缔朱陈，结秦晋，初犹赧若，渐且泰然，人见半两五铢神通足恃，故日夜惟利是营，而不知礼义廉耻为何物。②

---

① 乾隆《潞安府志》卷8《风俗志》，第2页b—3页a。
② 乾隆《潞安府志》卷8《风俗志》，第6页b。

泽州府的经济也颇为发达，城周九里有余，地处河南入山西的必经之路。明代时，"岁贡赋徭二十余万，以故宦者称为信美"①。至万历时期，泽州城的商业已经是"贾于郡者，屋相比"，俨然已经是泽潞商业重镇了。尤其泽州南城一带最迟在明万历时期已经是繁华的商业区，市场繁荣，人口密集，是各地物资交流的重地。

泽州府所属的高平县在明代"其民俭朴而敦本，有唐晋遗风，嘉、隆以前，人犹不知缘饰"，明中后期商业逐渐旺盛，社会上对商人的社会定位也发生巨变，商人在以前"虽有泽车华服，不敢与士君子齿"②。同治前后境内的经商风气已然成为普遍现象，"逐末而忘本，不惮千里以逐什一之利"③。民间风气轻文士而重商贾，"今俗贱士而贵商，文学之士反不得齐于商贾，民质之开敏者，挟赀财以奔走四方"④。

沁水县在明代前期，风气简朴：

> 宏、正以前，俗俭朴，衣必以布，冠必以毡，履必以麻，率自捆织，器具陶匏，间有磁漆，饮馔皆时产而无珍异，盖宛然唐氏遗风焉。⑤

至晚明清初，风气大变：

> 迩年仕宦颇多而贾游四方者尤比比也，间以褕华美相矜诩，民间亦效慕焉，先民俭朴之风其损耗多矣。⑥

清初民间"本业民勤耕稼，务蚕桑，男多商贾，女多纺织，士勤诵

---

① 樊秋宝主编：《泽州碑刻大全（四）》，中华书局2013年版，第276页。
② 同治《高平县志》卷2《建置》，第10页b。
③ 同治《高平县志》卷1《地理》，第41页b。
④ 同治《高平县志》卷2《建置》，第10页b。
⑤ 康熙《沁水县志》卷3《风俗志》，第1页a。
⑥ 康熙《沁水县志》卷3《风俗志》，第1页b。

读，贫者游四方设皋比为生计"①。其民风已经是"沁俗亦大非旧，近且益甚穷，民多弃本业，轻去其乡"②。截至道咸年间，境内经商者达到惊人的比例，约半数从事商业，"（光绪）前数十年，大半服贾于山左，风俗渐近奢靡"③。鼎盛时期，从事商业的家庭可能达到50%左右的比例。

这种奢靡风气背后是商品经济兴起的史实，商业的活跃才导致市面上出现大量奢侈品。这类商品除少数由本地生产之外，大多需要由商人从外地运来。从事长途贩运的商人以调剂余缺赚取差价为特征，这类商人在沟通本地与外界物资流通中起着至关重要的作用。另一类开设有固定的铺面的商人则从事批发或零售的业务。这些坐商有些就在本地集镇上开设字号，也有在外省开设铺面以谋生。这批人将本地所产煤、铁、丝绸等货物运往外地销售，或者收购本地紧缺的粮食、棉花、棉布等外地货物回家乡谋利。除了粮食、棉布、铁货等大宗产品外，各种日用杂货及生产资料也是泽潞商人经营的重要产品，比较重要的有盐、茶等维持人们日常生活所需的消费品。这类商品或由于本地产量不足，无法自给，或由于无法自己生产而需要求助于市场。本章就这些商品的销售情况做一简单分析。

第一节　外地输入商品

一　粮食

泽潞地区山多地少，粮产不足，基本上属于较严重的缺粮区。如上文所研究，多数地区人均土地面积不足3亩，极端情况甚至在1亩左右，考虑到泽潞的山地丘陵特点，其粮食产量不会太高，民国时期的粮食产量统计显示，每亩产量不过百余斤，部分豆类杂粮则仅仅数

---

① 康熙《沁水县志》卷3《风俗志》，第2页a。
② 康熙《沁水县志》卷3《风俗志》，第3页b、4页a。
③ 光绪《沁水县志》卷10《祥异》，第5页a。

十斤。我们以人均日消耗粮食1升,年消耗粮食3.6石为标准,则至少4亩的土地产出方能勉强养活一口人,以五口之家的标准,户均土地达到20亩方能维持基本生存。就现有数据资料看,能达到这一标准的家庭仅占到村落住户半数左右,换言之,有近半数的村民都处于粮食不足的困境,考虑到还有部分无地游民不在统计之内,这一比例或许会更高。城镇由于不以农业生产为主要经济活动,对商品粮食的依赖更高,如康熙年间的大阳镇,已经是"吾乡地狭人稠,籴米而食者十之八",境内接近80%的居民需要依靠向市场购买粮食为生。可以说,泽潞一带需要自市场购买粮食的人群,要占据境内人口相当大的比重。

  本区粮食缺口有多大?史无明载。不过我们可以根据一些参数进行简单的估算。按照成人日食一升的标准,每年食用3.6石的比例计算,泽潞二府在人口巅峰期的嘉道时期,泽州府男妇899698口,则全年合计需要消耗31489万斤;潞安府全府男妇940514口,需食用32900万斤。

  本区的粮食自给水平又如何呢?明清时期,泽潞地区气候比现在要低,高产的玉米、红薯等作物尚没有传入或没有大规模推广,加上本区的气候等因素限制,粮食生产条件一般,多处地区一年可能只有一熟。我们以民国时期统计的粮食产量看,小麦亩产多数稳定在百斤左右,粟米产品普遍在一百一二十斤往上,高粱产量略高,但各县产量出入颇大,最高者可超过170斤,低者不足80斤,豆类产量更是低至数十斤,几乎可以忽略。① 以播种最广的粟为衡量标准,以各县民国产量的平均数计算,嘉庆二十五年(1820)前后泽州府土地2万7959顷31亩,最多生产粮食28000万斤,亏空粮食3500万斤(合30多万石)。潞安府

---

  ① 泽潞地区粮食生产条件较好的县,有高平县、长治县等,我们所选粮食产量也以这几个县为代表。数据来源参见[日]山冈师团编,山西省史志研究院编译《山西大观》,山西古籍出版社1998年版,长治县,第249—250页;晋城县,第332页;高平县第342—343页。

土地3万7989顷69亩，最高生产粮食38000万斤，仅仅富余5000万斤，相当于只有14万口人（大约一个县的人口）粮食实现富余。由此可见，本区仅仅有部分县份粮食能实现自给有余，其他生产条件恶劣的县份，民众的粮食供应压力想必不小。

外地贩运过来的粮食数目，没有明确记载，不过就某些零星记载可以大体看出一些端倪。阳城县在清末有一则记载，仅仅阳城一县"约通年粮粟之籴粜一万余石则有奇"①。假设各县都以这一交易规模为标准估算，则泽潞两府诸县份每年所需外地粮食保守估计十余万石，这一数据仅是满足口粮所需，考虑到供深加工的粮食，则粮食缺额更大。

本区的粮食供应，主要仰赖太行山以东的冀、鲁、豫等地。保守估计，可能从明代开始，泽潞就比较依赖外来粮食的输入，晋豫交界的清化镇逐步形成晋豫粮食中转的一个重镇。清代以来，不仅是泽潞地区粮食不足，陵川县"土瘠食艰，河南田肥地阔，往来贸易，时通有无"②。泽州府等地"太行片石带土无多，麦、菽、瓜、壶半仰给河内"③，更北的沁州一带居民口粮也"仰给于潞、泽、河南之粮粟"，甚至省会太原府及周边府县也依赖泽潞地区转运过来的粮食。这些粮食，来自清化，而清化的粮食，来自本省及直隶、山东，甚至江淮。其最便捷的运输路线就是借助附近的卫河水道，从山东入运河，转运周边省份的粮食。卫河上游，河水较浅，但是能够满足小吨位船只通行，"卫河水浅，商贾行舟仅一二百石，至小滩三水合流，舟始通行无碍"④。经过直隶粮食汇集地"小滩镇"的下游河段：

> 水流平衍，利于行舟，上通道口，水程六百八十里，下达天

---

① （清）杨念先等：《阳城县乡土志（骈散体两种）·阳城县金石记》，三晋出版社2009年版，第93页。
② 乾隆《陵川县志》卷27《艺文三》，第52页b。
③ 雍正《泽州府志》卷12《物产志》，第1页a。
④ 康熙《河南通志》卷41《艺文七》，第21页b。

津,水程九百六十里,舟楫往来均以临清为中枢……每年帆船上下,约计不下三千只,行船期达九阅月。①

成为粮食贩运的重要航线。来自外省的"东南各省米艘,由江淮溯河而北,聚集豫省之河南、怀庆二府,由怀庆之清化镇进太行山口运入山西"。或"从临清入卫河,运至河南之道口镇交卸……"②泽潞商人沿着这条路线,贩运粮食,源源不断地将外地粮食运回泽潞。从目前能够见到的材料看,本地商人除就近在清化运粮外,也到其他地区经营粮食业务,其经营形式是在产粮地设立"粮行""粮栈"收购粮食,这些粮食除了供当地消费外,估计也有可能要贩回本地消费的。

从现有材料看,河南、直隶一带和湖北部分地区都是泽潞商的业务区。如山西人"侯方伯者,名世卿,字国辅,号贞轩",因为"山西岁比不登,适中州稔,公议括贩者赢畜数百,请发泽潞金十万给贩者易粟中州,民乃得食"③。又如宁晋县的高平商人开设有"裕庆粮店、顺义粮店、魁兴粮店、大有粮店"④,湖北樊城经营的"正茂粮行、恒大粮行"⑤,在界塚经营的"公义粮行"⑥,在宛南经营的"义盛粮行"等,⑦除了高平商人,还有晋城商人在周口的"王兴粮记"⑧等。除此之外,肯定还有相当大数目的粮食业商号,不过由于业务不明,无法确认罢了。

运输到本地的粮食,大多在城区及集镇上出售,并在某些地区形成粮食交易中心。几乎各府县都设有"斗行"管理粮食贸易,并且代收

---

① 民国《临清县志》卷1《疆域志·河渠》,第22页b。
② 光绪《蒲县志》卷6《政略》,第13页a。
③ 康熙《武强县志》卷6《列传》,第32页b—33页a。
④ 清《关帝庙无名捐资碑》,现存高平三甲镇响水坡村关帝庙。该碑没有落款,经与村内其他材料的信息比对,刊刻时间大致在同治前后。
⑤ 嘉庆五年(1800)《重修炎帝庙记》,现存高平市三甲镇徘徊北村炎帝庙。
⑥ 嘉庆五年(1800)《重修炎帝庙记》,现存高平市三甲镇徘徊北村炎帝庙
⑦ 嘉庆五年(1800)《重修炎帝庙记》,现存高平市三甲镇徘徊北村炎帝庙。
⑧ 刘泽民总主编:《三晋石刻大全·晋城市城区卷》,三晋出版社2012年版,第302页。

"斗捐",来自粮食贸易的税收是地方财政的重要组成部分。贩运回来的大宗粮食,一般都囤在府城,或者县城等政治中心地,有"粮行"负责分销,如泽州府城关就有一批"麦行""面行"。如嘉庆七年(1802),泽州府西关的怀庆会馆捐资维修,参与捐资者有高平籍面粉商人"东盛号、东兴号、东新盛、天成号、中和号、振泰号"①等数家。又如城西的苗匠村南阁在道光间重修,村民李永安、李履豫募化泽州城关,收到"西当行、麦行……各捐钱肆千文……永春麦店(等)……各捐钱壹千文……"②其中"本城关"应该是泽州西关,募捐字号里至少有麦行(麦店)两家。

境内的各市镇,是粮食分销的基层市场,供周边村落零星采购之需。在泽潞地区几乎所有的镇上,都有粮食交易,规模较大者设有"斗行"或米市之类的专业市场,交易规模较小者则设有各种粮店。如阳城的郭峪镇,早在康熙年间,镇上就有十三家牙行,其中之一就是粮食行。泽州的徐庄镇以铁条业为主,但也有为镇民提供衣食所需的粮行。粮行,是在镇子成立初期就存在的行业,"系由西岭头村请来助集"③。镇上的粮行似乎以大米为主营货物,负责牙行的是外村的常、赵两姓牙人。铁冶重镇内有七个专业市场,其中有专门的粮食集,其地理位置在镇西,有所谓"西镇斗行"或"西集斗行",同治年间的牙人是"金福余",己亥年的牙人是"金培基",东镇似乎也有粮食市场,牙人是"王舒"④。

周村镇嘉庆年间有"复兴粮行",面粉店铺众多,大概是面粉交易的重地,如嘉庆二十年(1815)镇上已经有玉兴面店、(玉)顺面店等店铺⑤,道光年间,面店更是大幅猛增,有"丰盛面店、新兴面店、玉

---

① 刘泽民总主编:《三晋石刻大全·晋城市城区卷》,三晋出版社2012年版,第238页。
② 刘泽民总主编:《三晋石刻大全·晋城市城区卷》,三晋出版社2012年版,第302页。
③ 薛林平等:《东沟古镇》,中国建筑工业出版社2010年版,第163页。
④ 薛林平等:《大阳古镇》,中国建筑工业出版社2012年版,第253页。
⑤ 薛林平等:《周村古镇》,中国建筑工业出版社2014年版,第250页。

隆面店、魁盛面店、义聚面店、□合面店、双合面店"等 8 家①，高平县的河西镇河西村有"双盛粮店"等。

除了外地贩运回来的粮食之外，本地民间粮食贸易也颇为活跃。民间的富户或者里社多会有余粮囤积，在需要货币的时候进行变卖，所出售谷物多以本地产谷子和高粱为主，销售量亦比较巨大，通常能够达到几十石的水准，多者甚至能达到百余石。如中坪村雍正十一年（1733）一次性出售谷物 52.31 石，获银 49.84 两，新庄村在道光五年（1825）卖蕉籽（高粱）107.7 石，合钱 185662 文，每石 1723.88 文，陈区镇水沟村重修六如庵更是"积谷二百余石，于咸丰七年（1857）间卖谷置办砖瓦木石之费"，南城办庄子村补修关帝庙"积谷三十八石，□合钱七十六千文"，永录许庄"自咸丰十年至同治元年……共卖谷一百二十石零二斗七升"，道光八年（1828）芦家村"谷担 162 石"卖钱若干文……这些民间基层市场的交易虽然较为零星，但是整体合计起来，也是一个不可忽视的市场。

二 棉花、布匹

泽潞地区及周边基本不产棉花，偶尔个别县份略有出产，数量不多，质量也低劣，加之泽潞一带相当一批县份并不善于织布，境内所用布匹多依赖外来。如阳城县，棉花"邑产不多，织纺盛于西南，皆资外贩，比户亟宜多种以广机杼之源"②。这一状态直到清末也没有改观，清末记载仍是"棉花来自外境，烟叶贩自襄城"③。长治县"不产木棉，织亦少，间有亦粗恶"④。

从现有资料看，棉、布主要输入区是邻省的直隶、河南等生产棉花和布匹的州县，可能还有山东、湖北部分地区。

---

① 薛林平等：《周村古镇》，中国建筑工业出版社 2014 年版，第 253 页。
② 同治《阳城县志》卷 5《物产》，第 1 页 a。
③ （清）杨念先等：《阳城县乡土志（骈散体两种）·阳城县金石记》，三晋出版社 2009 年版，第 93 页。
④ 乾隆《长治县志》卷 8《风俗》，第 15 页 a。

第三章 泽潞商人的经营行业

河南自明代以来，逐步成为重要的棉产区，与之相伴，相当多地区的棉纺织业也开始发展起来。如内黄等地最迟乾隆时期，已经成为泽潞重要采购区，"独木棉最多，出贩于山西泽潞诸州县……"① 豫北的林县"妇女皆以纺织为主业，所制棉布质坚耐久，名曰家机布，除备服用外，运销潞泽等处"②。以洛阳为中心的豫西所产土布，也是直接销往泽潞一带的优质产品，如孟津县是河南产棉重地，境内有"秦陇巨商终年坐贩"，晋商"余庆堂布号"采办的布匹，就来自该地："孟津系河南府管，所出之布长三丈四五，宽一尺一，此处之布泽州、祁县、太谷所办甚多。"③ 河南许昌的五女镇纺织业兴盛，"染工四百人，终岁操作供给秦晋布客之所需要"。所出产的丈六布，又叫红绿布，"每匹一丈六尺，染红绿杂色，行销秦晋两省极多"。在晋商字号留下的各种《办布规程》中有专门记载，这些布匹被发往晋中或西北，部分在泽州转销，可能有一批专供泽州一带销用。资料里多处提到"泽布平"，当是泽潞地区棉布交易专用的度量衡。太谷锦泰蔚布庄采购棉布的区域遍及华北，远及湖广、四川，该抄本中提到，转运路线中有一家泽州府的"恒义店"④，该店曾经在泽州城捐资中出现，应该是同一家，该字号同时也是"锦泰蔚布庄"在泽州一带的分销商和打尖的行栈。

直隶也是泽潞地区重要的棉布采购区。广平府一带盛产棉花，纺织业盛行："永年之临铭关、邯郸之苏、曹二镇花店尤多，山西山东商贩来此购运……"境内所产布匹"有粗布、细布、紫花布，一物异名而贩于山西潞安等处及北口外者尤多"⑤。南宫县在清末也开始成为泽潞一带重要的棉布批发地，该地生产棉线、棉布：

> 因产棉故，纺织遂为家庭间之普通工艺，无贫无富，妇女皆习

---

① 乾隆《内黄县志》卷5《风土志》，第7页a。
② 民国《林县志》卷10《风土志》，第16页b—17页a。
③ 刘建民主编：《晋商史料集成（第68册）》，商务印书馆2018年版，第130页。
④ 刘建民主编：《晋商史料集成（第68册）》，商务印书馆2018年版，第184页。
⑤ 光绪《重修广平府志》卷18《物产》，第29页a、b。

之。线分白线，红花线数种。二三十年前其输出西自顺德以达泽潞，东自鲁南以达徐州，销售既多，获利自厚。①

以该书出版时间民国二十五年（1936）倒推三十年，则该地在清末与泽潞地区已经有较密切联系。

除了以上直接的记载，还有相当多地区的方志记载有晋商从事布匹、棉花贩运的信息，与泽潞地区保存的捐资字号所在地互相参照，吻合者颇多。

如河南省滑县"所有输出物产，不过棉花一种，可以为布匹之用，间亦运销秦晋两省"。境内的焦虎镇即有来自陵川的商业字号"永生花店、杨元成花店、召同义花店"②等字号，估计就是泽潞商人所开设，或者是进行棉花交易的生意伙伴。湖北省枣阳县："邑人唯植木棉，以纺织为业，每岁秦晋巨商携重资至境购买棉花白布，因资之以为利。"③高平县企甲院村，早在嘉庆年间就和枣阳发生经济联系，来自枣阳的字号有数十家，其中或许就有经营棉布生意者。

除了以上有双重证据者可以互证者外，还有大量的零散记载，如德义庄在直隶蠡县的洪善堡有"□隆布店"④，北城上扶村在蠡县有"裕隆布店、仁兴花店、永义布店、裕成布店、祥成布店、德和布店"等⑤，响水坡村民在直隶宁晋、威县等地有"德庆花店、万隆花店、仙源花行、广庆花店"等，⑥以及更多不明行业的字号，想必其中也有相当一批从事棉花、棉布业务者。

从外地贩回的棉布除了部分转销别处，剩余部分按市场需要在本地

---

① 民国《南宫县志》卷3《疆域志·物产篇·货物》，第17页b—18页a。
② 同治十一年（1872）《重修板圣阁碑记》，现存陵川县六泉乡大王村德明观。
③ 咸丰《重修枣阳县志》卷2《物产》，第28页a。
④ 光绪十一年（1885）《三大士庙碑记》，现存高平市寺庄镇德义村白衣大士庙。
⑤ 宣统三年（1911）《补修仓颉庙玉皇庙关帝庙之碑记》，现存高平市北城办上扶村仓颉庙。
⑥ 清《关帝庙无名捐资碑》，现存高平三甲镇响水坡村关帝庙。该碑没有落款，经与村内其他材料的信息比对，刊刻时间大致在同治前后。

第三章　泽潞商人的经营行业

进行染色加工出售。在本地商人中，有一批布行、布店等字号，专营棉布业务，并形成若干本区的棉布交易集散中心。

泽州府，作为地方的行政中心，州城内有"永□□布店""□□帽铺"等布匹及成衣字号①和"□顺花记"②等棉花字号，高平县城关也有"漆缎布店"以及为之服务的染坊。除了治所，各个主要市镇也形成一批花、布销售中心，它们或者设立字号零卖，或者开设行栈批发。陵川县礼义镇就是一个重要的布匹销售中心，并且有布业为主的商人会馆，镇内可以看出行当的字号有"长兴布店"③。阳城的郭峪镇，最迟在康熙年间就是棉花、布匹的分销中心。康熙三十五年（1696）该镇的十六家牙行中就有花布行一家。④泽州的大阳镇在清代中后期，镇内起码有六家布店，即"乾兴布店、云盛布店、海兴布店、悦来布店、大兴布店、全兴布店"⑤。

除了这些层级较高的市场中心，在某些比较发达的村落，可能也有经营棉布的人士。凤台县地处商道沿线，境内的北石店是一个重要商业聚落，道光元年（1821）该地捐资中记载有"全盛布庄"一家，⑥高平县的故关村，有一批经营布业的商人，嘉庆十八年（1813）所立的敬神名单："赵龙章喜布五匹……赵魁章纱灯一对，蓝布一匹，申承先纱灯一对，棉布二匹，申致祥施银五两，申逭施银二两……"⑦高平本不出产布匹，这些动辄捐赠数匹棉布的个体，大概率就是本村贩运布匹的商人。

贩回本地的布匹的数量，我们有两个资料可以参考。乾隆年间洛阳泽潞会馆的两次捐资中，有"董鉴新、刘玉盛、丁长发、成顺兴、张

---

① 刘泽民总主编：《三晋石刻大全·晋城市城区卷》，三晋出版社2012年版，第221页。
② 刘泽民总主编：《三晋石刻大全·晋城市城区卷》，三晋出版社2012年版，第289页。
③ 道光十一年（1831）《会馆扩修上樑题记》，现存陵川县礼义镇礼义会馆。
④ 刘泽民总主编：《三晋石刻大全·晋城市阳城县卷》，三晋出版社2012年版，第180页。
⑤ 山西省政协《晋商史料全览》编辑委员会、晋城市政协《晋商史料全览·晋城卷》编辑委员会：《晋商史料全览·晋城卷》，山西人民出版社2006年版，第613页。
⑥ 刘泽民总主编：《三晋石刻大全·晋城市城区卷》，三晋出版社2012年版，第271页。
⑦ 嘉庆十八年（1813）《神命整理祀事志》，现存高平市神农镇庄里村炎帝陵。

泰盛、邢永丰、赵发兴、李重盛、泽泰号、贺兴成、贾寿常、张万顺、任新诚、国顺号、广盛号、东发祥、祁望成、赵兰盛、通兴号、李永盛、刘玉盛、张泰盛、成顺兴、成复盛、赵兰兴、贾永成"等布商38家，共捐银6100余两，此外还有扪布坊53家，共捐银36224两5钱。所谓"扪布坊"应是对布匹进行加工整理的作坊。按照会馆记载的千分之一的抽厘率，仅仅布商捐资就折合营业额600余万，十余年内年均营业额至少40万，布匹市价不过数两，仅洛阳一地经营布匹就折合约10万匹。另一个佐证，是阳城县清末的记载："花则运自外境，约行六七万斤；布则来自远方，约行千余万匹。"①

贩回本地的布匹，部分被零售给周边民众，还有一部分被进一步深加工，或染色，或为成衣出售。这类字号被称为成衣行。周村镇在嘉庆二十年（1815）就有起码四家成衣行，分别是"光□衣店、丕兴衣店、隆盛衣店、东沟复盛衣店"②，而道光十年（1830）则有"□□衣店、新泰衣店、常兴衣店、节兴衣店、先裕衣店、大生衣店、景兴衣店、玉兴衣店"③等至少八家成衣行。

三 食盐

食盐也是泽潞商人经营的重要商品。明初行开中法，山西商人获益颇丰。作为晋商的重要组成部分的泽潞商人，也在这一政策红利中分得一杯羹。据《雍正长芦盐法志》记载："明初，分商之纲领者五，曰浙直之纲，曰宣大之纲，曰泽潞之纲，曰平阳之纲，曰蒲州之纲。商纲之名始于此。"④ 全国商纲有五，山西占据了四纲。其中的"平阳纲"、"蒲州纲"是盐湖周边的平阳府籍贯及蒲州府籍贯的商人，他们都属于晋南地区的商人，"泽潞之纲"则是泽州府与潞安府籍贯的商人，能够

---

① 杨念先等：《阳城县乡土志（骈散体两种）·阳城县金石记》，三晋出版社2009年版，第93页。
② 薛林平等：《周村古镇》，中国建筑工业出版社2014年版，第250页。
③ 薛林平等：《周村古镇》，中国建筑工业出版社2014年版，第253页。
④ （清）黄掌纶：《雍正长芦盐法志》卷2《沿革》，上海古籍出版社1995年版，第9页。

第三章 泽潞商人的经营行业

独立成"纲",可见明代泽潞盐商的实力已经比较雄厚。在万历《泽州志》也有记载:"(泽州)逐末者多,富商大贾,或蹛财役贫,冶铸煮盐,家累巨万而不置立锥之地。"① 从这则资料看,泽州府的商人经营的两大产业,即盐和铁。就"蹛财役贫,冶铸煮盐"的描述看,泽州商人似乎并不仅仅是参与贩运转销食盐,还提供资本,参与了食盐生产环节。

除了官方的记载,在大量民间的商人墓志等信息中,也有不少泽潞商人从事食盐生意的记载。泽州府的渠头村记载,明嘉靖年间,村民李藁"作商淮扬,富甲诸郡",疑似是叶琪盐法改革后,在两淮地区经营食盐的商人。村民李承先,生于康熙十三年(1674),卒于乾隆二年(1737),"迨承祧公殁,遂弃书经理盐篋,来豫充间,勤勤恳恳,以克绍萌人之绪"②。这是有确切资料可证的盐商。

泽州府高平县唐安村商人冯春,字应元,号环溪,卒于万历二十七年(1599),据《冯春墓志》记载:"公饶心计、权子母、征贵贱,仍遭鬻盐、铁于瀛、沧之间。不数载,资渐裕。"③ 从墓志看,这位应该是在长芦一带经营食盐、铁生意的商人。

清初泽州府商人关卫周,生活于康熙四十二年(1703)至乾隆三十六年(1771),"治家崇节俭,尤邃《九章》、《五曹》、《算学》,量入为出,家计稍饶裕……后以长芦盐篋被讹误,产中落"④,这也是一位经营食盐的商人。

泽潞盐商里尤其著名的是泽州府一位叫作"王泰来"的盐商。他活跃于清初,是一位极具传说色彩的人物。⑤ 除了这些直接的记载,大量的捐款字号中,也出现不少外地盐店的记载,这些字号里,想必有一

---

① (明)傅淑训重修,(明)郑际明续修:《泽州志》,北岳文艺出版社2009年版,第542页。
② 樊秋宝主编:《泽州碑刻大全(三)》,中华书局2013年版,第596页。
③ 王树新主编:《高平金石志》,中华书局2004年版,第437页。
④ 樊秋宝主编:《泽州碑刻大全(二)》,中华书局2013年版,第623页。
⑤ 相关史料参见山西省晋商文化基金会编《泽州巨商王泰来》,三晋出版社2019年版。

部分是本地商人所开设。

除了活跃在外地的商人，本地市场也由盐商掌握。传统社会中，国家对于食盐实行官府专营。民间所用食盐，要划定盐区，按照人口派给盐引，泽潞等地属于河东盐销售区，所食用食盐为河东池盐。按规定，本区各县所配给食盐额度如下：

> 泽州府属五县原额盐引并添引符盐引：凤台县：额销盐引一万一千三百六十一引，添引符盐引二百八十四引，高平县：额销盐引九千一百七引，添引符盐引二百二十七引，阳城县：额销盐引五千三十九引，添引符盐引一百二十六引，陵川县：额销盐引四千六百六十一引，添引符盐引一百一十六引，沁水县：额销盐引二千一百引，添引符盐引五十二引。
>
> 额引共三万二千二百六十八引，添引符盐引共八百五引，二共盐引三万三千七十三道，共课银二百七十五锭零，每锭五十两，本商自赴运城上纳。①

盐商运回本区的食盐，由盐行分销给各盐号销售。一般在郡城、县城都有盐行存在，在各市镇上，盐店都是必备的店面，某些杂货店或许也代售食盐，某些商业较为发达的村落，甚至会有村落的盐店。

泽州府作为府城，是盐行聚集区，西关起码有"敬和盐店""庆余盐店"两家盐店。高平县尤其典型，就有关资料看，该县的食盐生意似乎是由一家盐商总店负责，村镇一级的基层市场则设立分店进行销售。泽州西火镇东庄村乾隆三十七年（1772）重修三教堂，保存的一份捐资中记录了高平县的食盐销售体系：高平盐号有"惇裕号银乙两，野川店银五钱，原村店银五钱，徘徊店银五钱，建宁店银五钱，寺庄店

---

① 雍正《泽州府志》卷22《盐法》，第40页 a、b。

银五钱，米山店银五钱，陈区店银五钱，河西店银五钱"①。这里的"惇裕号"大约是负责高平境内食盐销售的总代理商，总店应该是在高平县城，因此实力雄厚，捐资也最多，境内的寺庄镇、苏庄镇、建宁镇等集镇上设立分号，并由地名命名该字号为"某某店"，值得注意的是，这里的徘徊村等，仅仅是一个村落，但是也会有盐店出现，大约是该村商业较为发达的缘故。

除此之外，陵川县的礼义镇有"谨信盐店"②，在潞安府长治县，盐行和当行是最重要的商业行当，开设一个新的集市，甚至需要首先配置盐行和当行，其对集市的兴废有着较大的决定作用。如荫城镇康熙四十六年（1707）《复集碑》即记载，该集由"阖镇绅衿十三班乡约并盐、当、京商各色牙行庶民人等仝立石"。

四 茶叶③

茶叶也是境内比较重要的商品。在日常生活中，茶叶成为招待客人的礼节性饮品。因此茶叶大约也是本地商人参与的一个领域。泽潞地区饮茶的风气由来已久，就现在所看到的确切记载，起码13世纪初的金朝就有饮茶的习俗。现存高平市陈区镇王村开化寺的《开化寺金泰和三年题记》记载，金泰和三年（1203）腊月初六日："邑令任致远讼督税访妙□师，烹茶导话，颇快尘襟。癸亥腊月六日。"④ 不过这一时期的饮茶风气或者仅仅是社会上层的雅事，民间或许还未有普及。对于这一阶段泽潞地区的茶叶贸易者史无明载，有可能有泽潞地区的商贾参与。据研究，早在明代初期，茶叶已成为晋商经营的重要商品。他们每年都要到南方茶区地采办茶叶，然后转运到山西和西北各地，茶商进行长途贩运须向官府领取许可证性质的引票，官府也利用晋商采办茶叶，

---

① 刘泽民总主编：《三晋石刻大全·长治市长治县卷》，三晋出版社2012年版，第150页。
② 光绪四年（1878）《花梁题记》，现存陵川县礼义镇礼义会馆。
③ 相关研究参见张林峰《明清泽潞商人与晋东南茶路及茶叶消费》，《农业考古》2017年第5期。略有改动。
④ 泰和三年（1203）《开化寺金泰和三年题记》，现存高平市陈区镇王村开化寺。

朝廷"自弘治十八年为始，招谕山（西）、陕（西）等处富实商人，收买官茶五六十万斤"。弘治以来的晋商，当以兴起最早的晋南商帮为主，或许也有稍后兴起的泽潞帮。泽潞商成为规模，在万历前后，从时间上恰好吻合，或许茶也是一项重要经营货物。可以确定的是最迟在万历年间，泽潞商就已经开始涉足茶叶贸易。得益于隆庆和议以后，九边安定，繁盛的蒙汉互市，对生活必需品的织物、铁器、茶叶等大宗货物形成巨大需求，处于交通枢纽的泽潞商，无疑要在这一贸易中分得一杯羹。

晋商主导的茶路，不同时期路线有所不同，但无论起点是福建武夷山，是湖南安化，还是湖北羊楼洞，泽潞地区都是茶路主干线上的必经之地。随着茶叶的大批北运，茶叶成为民间不可或缺的消费品，并在日常生活中逐渐扮演了重要的角色。泽潞商通过参与茶叶分销，参与到茶叶贸易链条，合情合理。

现存的泽潞商经营茶叶的史料证据，大多分布在商路沿线的村落内。高平的米山镇是县境内的商业重地，位于县城东官道之上。早在明代万历年间，米山镇已经是"晋之名邑，惟高平为称首……市肆盈溢，人物繁盛。中之文人墨氏，相继登第者难以悉数，盖钟山岳之灵居多焉……"①

由于定林寺年久失修，在"邑承差张廷俊"的发起下，"镇之好善乐施予者倪明德、张庭富、宋思成"等人组织了一次较大规模的修整。碑末附的捐资者名单，经过整理，布施者合计44例（组团捐资者也按一份计算），其中捐丝绸者8例，共18人，捐粮食者20例，共41人，捐铁钉者2例，共2人，捐茶叶者1—2例，计1—2人（由于碑文剥蚀，有一名疑似布施茶叶者，存疑），此外捐食盐1人、砖瓦者3人。从捐资方式来看，这批人当是以商人为主，他们所捐赠的钱物，大体上可以看作他们所经营的行业。丝织品、铁器的捐赠者很可能是铁器、丝织品生产者和销售商，盐、茶的捐赠者则可能是贩运商，或者零售商，而不太可能是专门采购茶叶作为布施。值得注意的是，这里面"张希贵西□二

---

① 万历四十六年（1618）《重修定林寺记》，现存高平市米山镇定林寺。

包、闫自选茶一包",很显然,这不是普通人家所能有的财力,可以比较确定地说,这两位捐助善士,应该是米山镇上从事茶叶贸易的商人,或者商人的家族成员。这是明代泽潞商已经参与茶叶贸易的铁证。

入清以后,泽潞商仍然有经营茶叶者。泽州府是从河南翻越太行山区进入山西的第一站,在钟家庄保留的乾隆十年(1745)《重修玄帝宫碑记》记载了一份捐资名单,其中:"梁有印、张玉银、张少锡、崔永宁以上谷一斗;张洪春、张有聚、张门崔氏、张有安以上□□□;张怀文茶一[斤];□□春银一钱,□□明钱一百文。"① 这里面提到的张怀文,布施了大量茶叶,可能是该村从事茶叶分销生意的商人。

高平的围城村,地处高平北官道沿线,在外经商的村民很多。茶商从泽州府入境北上,围城村是必经之地,该村三官庙曾于道光年间补修,在留下的捐资名单上可以看到,村民李永全募化字号中有:"松茂茶店、云兴京店、义聚茶店"② 三家,起码有两家商号是专门经营茶叶生意的商号,经营规模估计不小,此外,还有数十家业务不详的商号,其中把茶叶作为兼营业务的杂货铺或者副食店,估计为数也不少。

泽潞地区建筑业相当兴盛,出于对工匠师傅的尊敬,在兴工期间不仅饭食标准要高,酒、茶等高档饮品也不可缺少。在工匠的货币酬劳中,"茶资"也是不可缺少的一部分。工匠的饭食倘若不由主人家提供,则须通过折价,以"茶水钱"的形式支付。由于建筑工程动辄数月,多者持续数年,工匠们对茶叶的消费在泽潞地区的茶叶消费中占据了很重要的比例。

如泽州府康熙四十二年(1703)《壬午年使银碑记》:"壬午年闰六月廿六日,创口金妆□像、三官,妆画檐头……开光、神物、画匠茶礼,□用银壹两贰钱肆分。"③ 高平大周村道光十六年(1836)维修寺

---

① 刘泽民总主编:《三晋石刻大全·晋城市城区卷》,三晋出版社2012年版,第189页。
② 道光十三年(1833)《补修碑记》,现存高平市北城办围城村三官庙。
③ 刘泽民总主编:《三晋石刻大全·晋城市城区卷》,三晋出版社2012年版,第148页。

庙，留下的《重修资圣寺记》记载招待工匠的开销为："犒劳匠人并烟、酒、煤钱六千九百四十六文……屡年监工茶酒钱三千六百三十五千文……共出钱一千二百三十八千六百九十一千文。"① 高平县杜寨村光绪十六年（1890）对村内炎帝庙进行维修，留下的《炎帝庙修东南耳房花费》记载开支包括："买布钱九十八文，买绳钱一百二十八文，买□茶叶钱七十四文……"② 阳城县道光十二年（1832）一次工程，消费如下："石并匠工使钱一千五百六十文；茶水杂用使钱五百六十二文……以上共使钱七十千零八百三十一文。"③ 潞安府长治县也有类似记载："出一应火食、茶水共使钱壹拾零贰千五百六十三文。"④

泽潞地区一些重要村落、商业市镇，往往有大量店铺和饭馆酒楼，为来往商旅提供食宿业务，茶水消费是这些店铺的一项重要收入。高平南郊的汤王头村，有"东饭店""西饭店"，城东郊东官道沿线的赵庄村有许多疑似饭店的"通意斋、中和楼、协盛楼、通聚斋、三多楼、元顺馆"等字号，⑤ 陵川岭常村有"德盛酒店、成兴茶铺、怀仁堂、怀元堂、宝信楼、天合酒店、八顺楼、长春酒店、兴盛京店、泰顺烟店、林盛烟店"⑥等捐资商号近50个，其中可以分辨出行当的商号有饭店、酒店3家，茶铺1家。"成兴茶铺"应该是专营茶叶生意的字号，此外，从肉类、烟、酒、京货、茶叶等字号来看，该地应该是一处副食品消费较为旺盛的地域，茶叶销售想来规模不小。

在泽潞地区，民间会在某些交通路口设置的"茶房"等公益设施。这类设施或者由地方政府设立，或者由民间善信捐资设立，其作用是专

---

① 道光十六年（1836）《重修资圣寺记》，现存高平市马村镇大周村资圣寺。
② 光绪十六年（1890）《炎帝庙修东南耳房花费开后舞楼平房碑》，现存高平市野川镇杜寨村炎帝庙。
③ 刘泽民总主编：《三晋石刻大全·晋城市阳城县卷》，三晋出版社2012年版，第398页。
④ 刘泽民总主编：《三晋石刻大全·长治市长治县卷》，三晋出版社2012年版，第235页。
⑤ 嘉庆二十一年（1816）《重修二仙庙碑记》，现存高平市东郊赵庄村二仙庙。
⑥ 咸丰八年（1858）《重修碑记》，现存陵川县城关镇岭常村龙王庙。

门为来往行旅提供免费茶水及歇脚之用。如长治县原家庄就有类似的茶棚，据记载：

> 此茶棚攸（由）来久矣，适当大路之口，路东仅有房屋三楹，是设茶之所，其水井、坑厕、槽厂、粪池，对植槐树二株，是休息之地，北半留义冢一小截，俱系社中公置。①

这一茶棚便是位于交通大道的路口，由基层自治的里社出资设立，除了有专门煮茶的三间房屋外，还附设有其他便民设施，如水井、卫生设施、纳凉休息之处等，是一处综合性的公益设施。

第二节 本地输出产品

本地多山，矿藏资源丰富，煤铁及各种矿物是重要的输出品。泽州府早在雍正年间的"货属"记载中，已经是"其输市中州者惟铁与煤，日不绝于途"②。潞安府的情况则是"其奔走什一者，独铁与绸耳"③。从以上记载可见，本地输出产品以煤、铁及丝绸为大宗。兹分别论述如下：

一 铁货

铁货是泽潞地区外销的主要产品之一，境内山地绵延，矿藏丰富，本区内多数县份都有铁器生产，阳城县"近县二十余里山皆出矿，设炉镕造，冶人甚伙，又有铸为器者，外贩不绝"④。长治"荫城铁货，行之数省"⑤，所产著名产品有铁锅、铁钉、钢针以及犁铧等。潞安府

---

① 刘泽民总主编：《三晋石刻大全·长治市长治县卷》，三晋出版社2012年版，第190页。
② 雍正《泽州府志》卷12《物产》，第3页b。
③ 乾隆《潞安府志》卷8《物产志》，第18页a。
④ 同治《阳城县志》卷5《物产》，第1页b。
⑤ 光绪《长治县志》《序》，第3页a。

所售的铁器主要以铁钉、铁锅为主,销往外地的铁货多数从潞安府批发,分销外地。潞安府西关一带,大约是铁货交易中心之一,铁货交易量很大,其具体交易量虽然史无明言,但是从某些记载可见一斑。太平天国运动期间,北伐军曾经逼近潞安府,当时城内有"时西关行店有铁钉三万余篓,连夜运入城,扬言系火药,贼闻之,遂不敢攻城"①,这仅仅是铁钉一项,其他铁货尚未计算在内,足见当时铁货业的旺盛。

这批外销的铁货,有相当一部分恐怕就产自潞安府,如城内的"锣锅巷、锅房巷、刀子巷及铁匙巷"即是专门生产各类铁器的街道。

本区的铁货除了部分供本地市场消费外,多行销华北诸省及西北,远及江南,甚至转运至国外。就有限的文献记载来看,其部分转销城市及外销路线大致如下:

河南与山西隔太行而毗邻,自然是山西铁货的重要销售区。史书记载,煤炭、铁是泽潞输往河南的重要货物,"其输市中州者惟铁与煤,日不绝于途"②。咸同年间,德国人李希霍芬说"成千上万的人和牲畜年复一年地把凤台这个重要煤铁产区的产品运往清化"③。

进入河南的通道,最便捷的就是从晋城翻山而东南行,经过碗子城到达清化镇。清化镇是山西东南部与河南省交界的一个重要商镇,也是泽潞一带所产铁货向东运销的重镇。起码明代,这里就有泽潞铁货商活动的足迹。有史料记载,明代的清化镇已经是"山西之冶器集焉",贩运自泽潞诸府的铁货翻越太行山,汇聚清化,并分销及河南其他府县。④ 如许昌所售铁器"自河内清化镇来"⑤。泽潞二府北部的县份,所

---

① 光绪《长治县志》卷8《大事记》,第43页b—44页a。
② 雍正《泽州府志》卷12《物产》,第3页b。
③ 彭泽益主编:《中国近代手工业史资料(第二卷)》,中华书局1962年版,第142—143页。
④ 许檀、吴志远:《明清时期豫北的商业重镇清化——以碑刻资料为中心的考察》,《史学月刊》2014年第6期。
⑤ 民国《鄢陵县志》卷5《地理(二)·物产》,第52页a。

产铁货则由壶关一带越太行而进入豫北及直隶南部,如林县一带"铁器自壶关县来"①。

> 燃料以煤为大宗……日用器物,木器之属,皆由本地匠工自造,铁器,铸铁如锅釜之类,皆自山西来。②

山东是泽潞铁货另外一个重要销售区。从泽州府等地运往清化的铁货,靠驼队运出山西后,就近可以借助卫河水运,径直运往山东,并利用运河等转销各地,或转销至京津,或沿运河南下江淮,或在本省发售。运河沿线形成一批铁货分销中心,如在临清市面上有山西商人销售的"西路铁锅",大约即出自泽潞一带,聊城"铁货自山西贩来",在山东的山陕会馆中,有铁货行,所售铁锅等产品大概率属于泽潞产品,潍县所售铁器,为"山西客商贩来,销售岁约五百金",莱阳县"山西之铁锅,周村之铜货,博山、淄川之煤炭、瓷器于焉转输"。③

直隶地区,京津是山西铁货的重要市场。最迟在明后期,潞安府商人已经将商业拓展到了北京,并建立潞安会馆。现存的会馆中,有资料可考的创于明朝的会馆中,潞安府会馆就是少数中的唯一。现存清乾隆十一年(1746)的《重修炉神庵老君殿碑记》记载:

> 都城崇文门,有炉神庵,存前明张姓碑版。吾山右之贾于京者,多业铜、铁、锡、炭诸货。其伏魔殿、佛殿前后,修举于潞商。④

这批潞商里,又以铁货商势力最雄厚。

外销直隶的铁器,部分从清化分销,部分从获鹿县转运,如南皮

---

① 乾隆《林县志》卷5《风土志》,第11页a。
② 民国《林县志》卷10《风土志》,第8页a。
③ 民国《莱阳县志》卷2《实业志(六)·商业》,第60页a。
④ 王汝丰点校:《北京会馆碑刻文录》,北京燕山出版社2017年版,第25页。

县,"山西之铁产自平定、盂县者可运致于获鹿县,产自泽潞者可运致于清化镇"①。此外,还有相当部分来自北部的壶关等县份,经过太行山就近进入直隶,如高邑"铁货……由山西天津、石庄等处贩运。生熟铁货销于本县及邻近各县"②。其铁器业从业者"计四家,均系晋人,一切生熟铁器自山西贩运"③,并由本地转销他处:

> 货栈业……过运货物山货、铁货、杂粮、棉花、皮、油、香油、草帽辫等,多系北运保定、北平及天津等处交卸。④

邯郸县"铁货概自晋省长治县(旧潞安府治)运来,业此者多晋人,每赴集会贩卖,铺数难查"⑤。运入直隶的铁货,也尽可能利用境内的水道转销,如汇集邯郸的"山西之铁货……均由滏河船运直抵天津"⑥,天津有一条铁货街,所出售铁货大概由此而来。天津附近的沧州市场上,也有山西铁货,"铁器来自潞汾,农具为多"⑦。甚至接近东北的地区,也有泽潞铁货的影子,直隶乐亭"邑地近边关,经商者多出口贸易……列肆称贾,惟设质库,鬻铁器者,间有晋人"⑧。柏乡县"铁器购自山西"⑨"营是业者(铁器业)计四家,均系晋人,一切生熟铁器,自山西贩运"⑩。

西向的销售地主要是陕、甘一带,史载陕西省"铁来自晋、豫"⑪,其货运路线之一就是经过翼城转运至临汾、浮山等地,或南下进入渭河

---

① 民国《南皮县志》卷11《文献志(五)》,第35页a、b。
② 民国《高邑县志》卷2《实业志》,第25页a。
③ 民国《邯郸县志》卷13《实业志·商业》,第9页b。
④ 民国《邯郸县志》卷13《实业志·商业》,第9页b。
⑤ 民国《馆陶县志》卷2《政治志·实业》,第46页a。
⑥ 民国《邯郸县志》卷3《地理志·河流》,第5页a。
⑦ 乾隆《沧州志》卷4《风俗》,第22页b。
⑧ 光绪《乐亭县志》卷2《地理志》,第12页b。
⑨ 民国《柏乡县志》卷5《风俗·民生》,第169页b。
⑩ 民国《邯郸县志》卷13《实业志·商业》,第9页b。
⑪ 民国《澄城县附志》卷4《物产》,第12页a。

流域，或渡过黄河西入陕北一带。如阳城是著名的铁冶重地，以铁犁为主要产品，"犁面以木炭是资，硫黄则开采是禁"，是周边各省重要的农器来源。所产铁货经翼城，临汾等地，销往陕甘，并在往西的商路上形成若干集散分销中心。如翼城县铁货来自阳城等地，犁铧"东则运之周村镇，西则行诸翼城关……犁面则远商驻买，于本境每年二十万有奇"。这批"泽潞之铁，又转销河东及陕、甘二省"①。浮山县"铁货、生铁接收泽潞客运，成货向潞批发，钢则在临汾购买"②。并继续南下入陕西，澄县境内"铁货、铁器及铁由山西运入朝邑，由朝转入境内"③。咸阳及周边铁货"由山西泽州、潞安等府，水运至河口，由河口陆运至鄠，每年共销六七万斤，铧由山西河津樊村镇水运至咸阳，由咸阳至鄠，每年共销十万叶……铁锅由山西运来，每年约销五百口"。或径直进入陕北延安一带"货……由东渡西者，则有生熟铁货、绸布、估衣、杂货之属"④。

本区的铁货外销量，没有具体的统计数字，不过从某些资料中，可见一斑。撰写于清末的《阳城县乡土志》记载，阳城县清末销售量"铁货行三百万而有奇，以昔年较之铁货仅及其七之三，火石不及其十之二"。境内所产犁铧"远商驻买于本境，每年二十万有奇"⑤。这个销量已经是处于萧条期数据，较之鼎盛时期，不及半数，按照这一记载估算，鼎盛时期阳城的铁货年销量要达到七百万左右，这是个相当惊人的额度。

二　煤炭

本区煤炭资源丰富，如高平县"原无奇货，丝绸粗有，独煤炭甲于天下"⑥。阳城"石炭户代薪爨，价贱而用多，近城产者无烟臭，出于山南

---

① 民国《翼城县志》卷2《疆域》，第10页a。
② 民国《浮山县志》卷14《商务》，第1页b。
③ 民国《澄城县附志》卷4《物产》，第16页b。
④ 民国《宜川县志》卷14《财政志》，第16页a。
⑤ （清）杨念先等：《阳城县乡土志（骈散体两种）·阳城县金石记》，三晋出版社2009年版，第93页。
⑥ 顺治《高平县志》卷1《舆地志·物产》，第19页a。

臭甚"①。煤炭在本地主要充当燃料使用。泽潞地区发达的冶铁业，很早就开始利用煤炭作为燃料。随着煤炭开采量的增大，质优价廉的煤使得民间也习惯购买煤炭取暖做饭，煤炭成为重要的商品，在多地方志被归入"货属"记载中。泽州府最少在雍正年间就是"其输市中州者惟铁与煤，日不绝于途"②。潞安府的情况则是"其奔走什一者，独铁与绸耳"③。

　　山西煤炭销售的具体情况，在一些文学作品中，也有很精彩的描述。在多位学者著作中，都引用过明人杜纲所撰的《娱目醒新编》中的一个故事，该书卷三"解己囊惠周合邑，受人托信著远方"中记载了一个山西煤炭商人的故事。故事情节大致如下：山西商人"房之孝"携带十数船煤炭外出销售，被大风阻挡在东昌府（聊城），因父亲病重，被迫将煤炭托付给路人周某，周氏将煤运往北京销售，恰逢京城煤炭缺乏，价格大涨，按时价合计净赚十万有余。④

　　这个故事提到几个信息，相当重要。故事的主人公山西商人"房之孝"，籍贯为"上谷县"，查询资料，明代山西并没有一个叫作上谷县的县城，或是作者虚构，抑或一个别称，待考。⑤故事发生的时间是景泰初年，正值土木堡事变发生不久，小说中借话本人之口，说道一句京师口语——"烧不尽山西之煤"，可见明代中期，煤炭已经是京城市面上的重要商品，北京的煤炭供应已经相当大程度依赖山西，煤炭交易量很大，如房氏携带的煤炭就多达十几船，价值银二万八千两，这是相当可观的。这批煤的产地，大概率是来自泽潞地区。证据是，山西商人"房之孝"携带的十数船煤炭被大风阻挡在运河沿线的东昌府（治所在聊城），这条路线的水路，只可能是从泽州府出发，翻越太行山，将煤炭运到豫西清化镇，然后就近转入卫河水道，向东北方向以船运往运河，经临清南下抵达聊城。

---

① 同治《阳城县志》卷5《物产》，第1页b。
② 雍正《泽州府志》卷12《物产》，第3页b。
③ 乾隆《潞安府志》卷8《物产志》，第18页a。
④ 田秋平：《天下潞商》，三晋出版社2009年版，第28页。
⑤ 张正明教授在其《晋商兴衰史》中认为"上古"是太谷县，参见该书第41页。

除了文学化的描述，各种方志等资料中，也有不少相关记载。如阳城县境内以石炭"代薪爨，价贱而用多"①。煤已经成为大众常见的燃料了。民间留下的一些物价信息，可以更具体诠释"价贱而用多"的含义。康熙二十八年（1689）"炭四驼使银四分四厘"，可知炭单价仅为1.1分/驼。驼是一种重量计算单位，具体重量不详，估计是一头牲口所能负载的分量，至少上百斤。又，泽州巴公镇二村玉皇庙存乾隆二十一年（1756）《重修圣母大殿》记载，乾隆年间"买炭三千五百五十斤，使钱一千五百文"②，折合炭0.42文每斤，一千斤也不过422.5文，一个家庭每年所用烧炭开支不过数百文，这样一个价格，确实可以算得上"价贱"了，几乎任何一小康之家都可以承受，以至于清末的统计中，阳城一县的煤炭销量就达到"计合邑煤炭之销行二百万担则不等"③的惊人水平了。

煤炭消费的旺盛，使得一些城市出现煤炭交易的专业性市场，比如泽潞地区最繁华的城市——潞安府就有不少以某类商品命名的专业性的市场，典型如煤市、果子市、缸市等商业区，这种"煤市"无疑是专门零售、批发煤炭的大型市场，它在明代文献中没有记载，应该是清代随着潞安府煤炭商品化逐步形成的。

三 丝绸

丝绸是本地外销货物中，最重要的产品之一。明代潞绸生产量很大，仅仅潞安府一地，鼎盛时期"登机鸣杼者奚啻数千家……其机则九千余张"④。所产丝绸除了供应皇家消费，多余的产品销往国内外的庞大市场"贡篚互市外，舟车辐辏者，转输于省直，流衍于外夷，号利薮"⑤。

---

① 同治《阳城县志》卷5《物产》，第1页b。
② 乾隆二十一年（1756）《重修圣母大殿》，现存泽州县巴公镇二村玉皇庙。
③ （清）杨念先等：《阳城县乡土志（骈散体两种）·阳城县金石记》，三晋出版社2009年版，第93页。
④ 乾隆《潞安府志》卷8《物产》，第18页a。
⑤ 乾隆《潞安府志》卷8《物产》，第18页a。

在潞绸销售市场中，北部草原是一个重要市场。明代隆庆和议以后，长城沿线的宣府等地成为汉蒙互市的场所。产自山西的潞绸等很受草原欢迎，宣府就有经营潞绸的店铺。直到清代，潞绸仍在草原上占据一定的市场。在张家口的征税名单中，就有来自泽潞地区的"潞缎"，对潞绸的税则如下：

> 独石南北货税及北来盐税岁无定额，南税大号潞假（缎）匹三分，中号潞假（缎）匹二分，杂货驮二钱四分。①

独石口是长城沿线几个重要的收税口之一，能够针对潞绸有专门的税则，可见潞绸在草原地区的销售量还是比较可观的。

直隶地区大约也是潞绸的销售区之一。高平三甲镇的响水坡村，同治前后的一次捐资名单中，有来自直隶的"通兴缎店、天锦缎店、同茂缎店、容成缎店"等四家绸缎店。②寺庄镇在咸丰年间的一次捐资中，有来自直隶威县一带的小陈镇和百尺镇的"小陈镇：同茂缎店；百尺镇：□□缎店"③。

京城作为明、清时期的政治中心，是北方大型都会，也是潞绸的重要销售区。在清代中前期，泽潞地区每年向北京输送数百匹"贡绸"以供皇家消费。高平马村镇的康营村同治年间，本村来自京城的捐资商号中有"源缮缎店"，印染行"大有染坊、信元染坊、义信染坊"，还有丝带行"义兴涤局"。④高平城郊区的边家沟村，也是著名的丝织重地，该村的李家是清代经营潞绸的商贾大户，并有马队每月向京师的店铺运送成品。⑤这应该是在京城经营丝绸的泽潞商人。除此之外，潞绸

---

① 同治《赤城县续志》卷4《食货志》，第9页a。
② 清《关帝庙无名捐资碑》，现存高平市三甲镇响水坡村关帝庙。该碑没有落款，经与村内其他材料的信息比对，刊刻时间大致在同治前后。
③ 咸丰四年（1854）《重修关帝庙碑记》，现存高平市寺庄镇寺庄会馆。
④ 同治五年（1866）《计开重修舞楼各方捐助布施碑记》，现存高平市马村镇康营村东阁。
⑤ 晋城市建设局编：《山西晋城古村镇》，中国建筑工业出版社2010年版，第363页。

在皇室和贵族之间也有广泛应用，比如用于祭祀、用于制作衣料、用于赏赐等，清宫档案留下不少相关记载，如升平署是为皇家培养戏剧人才并提供戏剧演出的机构，在现存的档案中，就保留了不少宫中消费潞绸的档案资料。我们摘录部分整理如下：

表3-1　　　　　　　　　升平署档案中的潞绸信息

年份	日期	赏赐记录
嘉庆二十四年正月[①]	十二日	上赏郭清泰潞绸一件
	二十日	长宁，顺通，增禄，沈福官，刘云祥以上五名荆州缎袍褂二件，五丝缎褂料一件，泽绸一个，银一两……均分
	二十五日	韩德禄荆州缎褂料一件，雨儿，泽绸一个
	二十六日	上赏李德辉，翠仗每人泽绸袍料一件
	二十八日	上赏杨淳，班进朝，靳保三名每名泽绸一件；赏潞缎二个，李瑞芝，李德辉每名一件
嘉庆二十四年二月[②]	初二日	上赏李进禄宁绸袍料一件，雨儿泽绸一个
	初八日	上赏翠仗泽绸袍料一件
	十九日	上赏长宁，增禄，沈福官，刘云祥四名，每名泽绸一件
	二十三日	上赏长清泽绸一个
	二十四日	上赏班进朝茧绸一个，李瑞芝泽绸袍料一件
	二十五日	上赏李德辉五丝缎袍料一件；刘德泽绸一个
	二十七日	上赏杨淳泽绸袍料一件；彭福寿绵绸一件
	二十八日	上赏魏得禄泽绸一个，翠仗五丝袍料一件
嘉庆二十四年四月[③]	初三日	上赏大刘德，小刘德每名绸褂料一件，长清，翠仗每名泽绸一个
	二十五日	上赏靳保，雨儿每名泽绸一个
	二十七日	上赏长宁，增禄，沈福官，刘云祥四名，每名泽绸一个
	二十九日	上赏杨清玉宁绸褂料一件，翠仗泽绸一个

---

① 中国国家图书馆编纂：《中国国家图书馆藏清宫升平署档案集成（第1册）》，中华书局2011年版，第55、59、64、66页。
② 中国国家图书馆编纂：《中国国家图书馆藏清宫升平署档案集成（第1册）》，中华书局2011年版，第68、69、73、74、75页。
③ 中国国家图书馆编纂：《中国国家图书馆藏清宫升平署档案集成（第1册）》，中华书局2011年版，第79、85—87页。

续表

年份	日期	赏赐记录
嘉庆二十四年闰四月①	初一日	上赏韩德禄泽绸一个
	十三日	上赏李瑞芝线绉褂料一件，靳保泽绸褂料一件
	十五日	上赏增禄，沈福官，刘云祥四名，泽绸袍料一件，褂料一件，银一两，小荷包一个，三人均分
	二十二日	上赏增禄，沈福官，长宁，刘云祥，以上四名赏泽绸袍料一件，五丝袍料一件，五丝褂料一件，诸人捻阄均分
	二十五日	吴双禄、靳保，泽绸袍料各一件，韩德禄泽绸褂料一件
嘉庆二十四年十一月②	十七日	上赏翠仗泽绸袍料一件
	二十日	上赏魏得禄，杨淳每名泽绸袍料一件
	二十二日	上赏韩德禄潞缎一件
	二十五日	上赏增禄，顺通每名潞缎一件
嘉庆二十四年十二月③	初一日	上赏翠仗泽绸袍料一件彭禄寿线绸袍料一件
	初八日	上赏刘进喜线绸袍料一件；长清泽绸袍料一件
	十一日	上赏靳保潞缎一件
	十二日	上赏吴双禄潞缎一件
	十四日	上赏安福宁绸袍料一件；长清泽绸袍料一件
	十七日	上赏姚喜银一两，小荷包一个；靳保潞缎一件
	十八日	上赏翠仗泽绸一件
	二十三日	上赏长宁，顺通，增禄，沈福官，刘云祥，氆氇二个，泽绸一个，均分
道光三年九月④	十一日	赏王永寿泽绸袍料一件

---

① 中国国家图书馆编纂：《中国国家图书馆藏清宫升平署档案集成（第1册）》，中华书局2011年版，第88—93、96页。

② 中国国家图书馆编纂：《中国国家图书馆藏清宫升平署档案集成（第1册）》，中华书局2011年版，第149—151页。

③ 中国国家图书馆编纂：《中国国家图书馆藏清宫升平署档案集成（第1册）》，中华书局2011年版，第155—158页。

④ 中国国家图书馆编纂：《中国国家图书馆藏清宫升平署档案集成（第2册）》，中华书局2011年版，第635页。

续表

年份	日期	赏赐记录
道光三年十月①	初一日	恩赏如山泽绸袍料一件；陈进朝泽绸袍料一件
	初十日	赏安福泽绸袍料一件；李兴，江绸袍料一件
	二十日	赏李进禄，小延寿二名，每名泽绸一件
	二十四日	赏得魁泽绸袍料一件；长寿，鸣凤每名泽绸一件
道光三年十一月②	初一日	赏嘉祥泽绸袍料一件
道光三年十二月③	初一日	赏姚二泽绸一件
	初八日	赏小延寿泽绸一件
	十七日	赏纽彩泽绸袍料一件；长生银五钱；安福泽绸褂料一件
道光七年正月④	十七日	皇太后赏承应香莲帕众太监等纺绸二个，泽绸二个，毾氈二个……李兴泽绸一件，杨淳一两重银锞一个……
	十八日	赏杨淳，得昇，王成，得福，得儿五名，每名泽绸一件
道光七年八月⑤	初八日	路得喜，王成，贾得禄三名，每名酱色泽绸一件；杨淳，安福，李福，王麟祥四名，每名蓝色泽绸一件；李长喜，蓝泽绸一件
	初十日	王麟祥，杨淳，李兴，雨儿，梁明诚四名，每名潞锦一件；贾得禄，酱色泽绸一件
	十五日	赵荣……十六名，每名小泽绸一个；李进禄，马士成，班进朝，彭福寿四名每名泽绸一个；祁进禄……六名，每名潞锦一个
道光八年九月⑥	初一日	上赏雨儿，刘德，赵荣，安福每名蓝泽绸一个

---

① 中国国家图书馆编纂：《中国国家图书馆藏清宫升平署档案集成（第2册）》，中华书局2011年版，第641、651、658、660页。

② 中国国家图书馆编纂：《中国国家图书馆藏清宫升平署档案集成（第2册）》，中华书局2011年版，第662页。

③ 中国国家图书馆编纂：《中国国家图书馆藏清宫升平署档案集成（第2册）》，中华书局2011年版，第680、687、693页。

④ 中国国家图书馆编纂：《中国国家图书馆藏清宫升平署档案集成（第3册）》，中华书局2011年版，第1064—1065、1068页。

⑤ 中国国家图书馆编纂：《中国国家图书馆藏清宫升平署档案集成（第3册）》，中华书局2011年版，第1218—1220、1222—1223页。

⑥ 中国国家图书馆编纂：《中国国家图书馆藏清宫升平署档案集成（第3册）》，中华书局2011年版，第1226页。

续表

年份	日期	赏赐记录
道光八年十二月①	二十三日	赏王麟祥,梁明成,刘德,杨淳,萧龄五名,每名泽绸一件
道光九年正月②	初二日	李兴,刘德二名,每名泽绸一件
	十三日	赏承应蜈蚣岭众太监等茧绸二件,泽绸二件;刘得升泽绸一件
道光九年二月③	十五日	赏杨淳泽绸一件
道光十年三月④	初一日	赏姚喜,赵吉祥每名潞绸一件
道光十年四月⑤	初一日	马士成,王成……七名,每名潞绸一件
道光十年八月⑥	初十日	赏五丝缎袍料二件,泽绸袍料六件;潞绸二件;氆氇六个……赏(承应戏之人)李兴,曹进喜,安福,吉祥,马士成,孙福喜六名每名泽绸袍料一件;清玉李进禄每名潞绸一件
	十四日	李兴,梁明成,李三德,吉祥,每名赏泽绸一件
	十五日	刘进喜,张玉,白兴泰每名潞绸一件
道光十年九月⑦	初一日	赏祁进禄潞锦一件;安福,刘五儿,刘得昇,祁进禄,李三德五名,每名潞锦一件
道光十年十月⑧	初十日	赏氆氇四个,潞绸二个,五丝缎一个……
道光十年十二月⑨	二十三日	赏王永寿泽绸一件

---

① 中国国家图书馆编纂:《中国国家图书馆藏清宫升平署档案集成(第3册)》,中华书局2011年版,第1437页。

② 中国国家图书馆编纂:《中国国家图书馆藏清宫升平署档案集成(第3册)》,中华书局2011年版,第1476、1480页。

③ 中国国家图书馆编纂:《中国国家图书馆藏清宫升平署档案集成(第3册)》,中华书局2011年版,第1495页。

④ 中国国家图书馆编纂:《中国国家图书馆藏清宫升平署档案集成(第3册)》,中华书局2011年版,第1582页。

⑤ 中国国家图书馆编纂:《中国国家图书馆藏清宫升平署档案集成(第3册)》,中华书局2011年版,第1588页。

⑥ 中国国家图书馆编纂:《中国国家图书馆藏清宫升平署档案集成(第4册)》,中华书局2011年版,第1634—1635、1644、1646页。

⑦ 中国国家图书馆编纂:《中国国家图书馆藏清宫升平署档案集成(第4册)》,中华书局2011年版,第1649—1650页。

⑧ 中国国家图书馆编纂:《中国国家图书馆藏清宫升平署档案集成(第4册)》,中华书局2011年版,第1661页。

⑨ 中国国家图书馆编纂:《中国国家图书馆藏清宫升平署档案集成(第4册)》,中华书局2011年版,第1681页。

续表

年份	日期	赏赐记录
道光十一年正月①	初一日	李长喜泽绸一件
	十五日	尹昇泽绸一件
道光十一年三月②	初一日	祁进禄泽绸一个
道光十一年十月③	初九日	赏承应戏之人泽绸三个,潞绸三个,安福,杨淳等三名每名泽绸一个,祁进禄,李三德等三名每名潞绸一个……
	初十日	赏纺绸二件,潞绸三个……张玉,王永寿,白兴泰三名每名潞绸一个……
道光十一年十二月④	十五日	白兴泰,泽绸一件
道光十二年九月⑤	初一日	刘德,李三德,姚喜,柴进忠,祁进禄,每名泽绸一件;翠仗泽绸一件
	十五日	刘进喜,张玉,马士成,张住,每名泽绸一件
道光十二年闰九月⑥	初一日	赏李兴泽绸一件;李长喜泽绸一件;王麟祥,安福每名泽绸一件
	十五日	任喜禄泽绸一件;李三德泽绸一件
道光十二年十月⑦	十二日	赏承应戏之人潞绸四个;吉祥等四人每名潞绸一个
	十五日	刘五儿泽绸一件
道光十二年十二月⑧	二十日	赏刘进喜潞绸一件

---

① 中国国家图书馆编纂:《中国国家图书馆藏清宫升平署档案集成(第4册)》,中华书局2011年版,第1697、1703页。

② 中国国家图书馆编纂:《中国国家图书馆藏清宫升平署档案集成(第4册)》,中华书局2011年版,第1713页。

③ 中国国家图书馆编纂:《中国国家图书馆藏清宫升平署档案集成(第4册)》,中华书局2011年版,第1790、1792页。

④ 中国国家图书馆编纂:《中国国家图书馆藏清宫升平署档案集成(第4册)》,中华书局2011年版,第1810页。

⑤ 中国国家图书馆编纂:《中国国家图书馆藏清宫升平署档案集成(第4册)》,中华书局2011年版,第1864—1865、1868页。

⑥ 中国国家图书馆编纂:《中国国家图书馆藏清宫升平署档案集成(第4册)》,中华书局2011年版,第1871—1873、1876页。

⑦ 中国国家图书馆编纂:《中国国家图书馆藏清宫升平署档案集成(第4册)》,中华书局2011年版,第1888—1889、1896页。

⑧ 中国国家图书馆编纂:《中国国家图书馆藏清宫升平署档案集成(第4册)》,中华书局2011年版,第1921页。

续表

年份	日期	赏赐记录
道光十三年正月①	初一日	赏刘得昇潞绸一件
	十四日	赏张住泽绸一件
道光十四年二月②	十五日	张得安泽绸一件
道光十四年三月③	初一日	赏白兴泰羽绸袍料一件；张长保泽绸一件
道光十四年五月④	初二日	翠仗泽绸一件；王成，扇子一把，泽绸一件
道光十四年十月⑤	十一日	赏小卷五丝袍料五件，小卷江绸袍料五件，潞绸三件；贾得禄，张长保，张住三名每名潞绸一件
	十八日	赏贾得禄潞绸一件
	十九日	萧龄，杨清玉每名泽绸一件
	二十二日	萧龄，泽绸一件；王成，泽绸一件；贾得禄，荷包二个
道光十四年十一月⑥	二十五日	杨淳，大卷纱一匹；刘五儿，泽绸一件；小刘德，泽绸一件
道光十四年十二月⑦	十五日	马士成，王成，每名泽绸一件
	二十三日	孙喜，宫绸袍料一件；赵德，泽绸一件
道光十五年八月⑧	初十日	张得安泽绸一件；韩福禄泽绸一件
	十五日	白兴泰，陆顺喜，每名泽绸一件
道光十五年九月⑨	十五日	王麟祥泽绸一件

---

① 中国国家图书馆编纂：《中国国家图书馆藏清宫升平署档案集成（第4册）》，中华书局2011年版，第1958、1963页。

② 中国国家图书馆编纂：《中国国家图书馆藏清宫升平署档案集成（第5册）》，中华书局2011年版，第2074页。

③ 中国国家图书馆编纂：《中国国家图书馆藏清宫升平署档案集成（第5册）》，中华书局2011年版，第2083页。

④ 中国国家图书馆编纂：《中国国家图书馆藏清宫升平署档案集成（第5册）》，中华书局2011年版，第2107页。

⑤ 中国国家图书馆编纂：《中国国家图书馆藏清宫升平署档案集成（第5册）》，中华书局2011年版，第2169—2170、2183、2188、2197页。

⑥ 中国国家图书馆编纂：《中国国家图书馆藏清宫升平署档案集成（第5册）》，中华书局2011年版，第2206—2207页。

⑦ 中国国家图书馆编纂：《中国国家图书馆藏清宫升平署档案集成（第5册）》，中华书局2011年版，第2222、2226页。

⑧ 中国国家图书馆编纂：《中国国家图书馆藏清宫升平署档案集成（第5册）》，中华书局2011年版，第2269、2273、2280页。

⑨ 中国国家图书馆编纂：《中国国家图书馆藏清宫升平署档案集成（第5册）》，中华书局2011年版，第2287页。

续表

年份	日期	赏赐记录
道光十五年十月①	十一日	氆氇十二个，泽绸四个，纺绸二个……走场人等均分
道光十五年十二月②	初一日	赏王成业泽绸一件；安福泽绸一件；孙福喜泽绸一件；张住泽绸一件；张长保泽绸一件；雨儿泽绸一件；张春和泽绸一件
	十五日	马士成泽绸一件
	二十三日	王成泽绸一件；张住泽绸一件；张春和泽绸一件
	二十四日	长清泽绸一件
道光十九年正月③	初一日	姚长恭泽绸一件
	十八日	张明德，王成每名泽绸一件；白兴泰泽绸一件
道光十九年二月④	初四日	赏杨进昇，五丝褂料一件，翠仗，泽绸一件 贾得禄泽绸一件；王永寿泽绸一件
	十五日	贾得禄泽绸一件；平喜酱色泽绸一件；王成蓝泽绸一件
道光二十年九月⑤	初一日	刘进喜蓝泽绸一件；冯文玉酱色泽绸一件
	十五日	平喜，红五丝袍料一件，蓝泽绸一件
道光二十年十一月⑥	十五日	苏长庆泽绸一件
	二十九日	陆顺喜泽绸一件
道光二十年十二月⑦	初八日	长清泽绸一件；张玉彭缎一件
	十七日	刘五儿泽绸一件

---

① 中国国家图书馆编纂：《中国国家图书馆藏清宫升平署档案集成（第5册）》，中华书局2011年版，第2308页。
② 中国国家图书馆编纂：《中国国家图书馆藏清宫升平署档案集成（第5册）》，中华书局2011年版，第2325—2326、2337、2341—2343页。
③ 中国国家图书馆编纂：《中国国家图书馆藏清宫升平署档案集成（第6册）》，中华书局2011年版，第2637、2646页。
④ 中国国家图书馆编纂：《中国国家图书馆藏清宫升平署档案集成（第6册）》，中华书局2011年版，第2652—2653、2655、2657—2658页。
⑤ 中国国家图书馆编纂：《中国国家图书馆藏清宫升平署档案集成（第6册）》，中华书局2011年版，第2928、2932页。
⑥ 中国国家图书馆编纂：《中国国家图书馆藏清宫升平署档案集成（第6册）》，中华书局2011年版，第2963、2970页。
⑦ 中国国家图书馆编纂：《中国国家图书馆藏清宫升平署档案集成（第6册）》，中华书局2011年版，第2978、2985页。

续表

年份	日期	赏赐记录
道光二十一年正月①	初一日	早班赏张长保，贾得禄各泽绸一件
	初九日	赏马士成蓝泽绸一件；张明德、孙福喜各酱色泽绸一件
道光二十一年二月②	二十四日	肃慎堂排戏，赏张明德，陈进朝每名泽绸一件；贾得禄，韩福禄每名紫薇缎一件；祁进禄，陆顺喜每名泽绸一件
道光二十一年三月③	二十	杨进昇泽绸一件，李平安泽绸一件
道光二十一年闰三月④	初七日	贾得禄泽绸一件
	二十五日	赏贾得禄泽绸一件，一两重银锞一个
道光二十一年四月⑤	二十日	田进寿，泽绸一件
道光二十一年五月⑥	二十日	刘五儿，泽绸一件
道光二十一年六月⑦	二十三日	边得奎泽绸一件，五两重银锞一个
道光二十二年二月⑧	十五日	王成泽绸一件
道光二十二年三月⑨	二十五日	陈进朝，祁进禄各泽绸一件
道光二十二年四月⑩	初八日	平喜泽绸一件

---

① 中国国家图书馆编纂：《中国国家图书馆藏清宫升平署档案集成（第7册）》，中华书局2011年版，第3106、3109—3110页。

② 中国国家图书馆编纂：《中国国家图书馆藏清宫升平署档案集成（第7册）》，中华书局2011年版，第3122页。

③ 中国国家图书馆编纂：《中国国家图书馆藏清宫升平署档案集成（第7册）》，中华书局2011年版，第3131页。

④ 中国国家图书馆编纂：《中国国家图书馆藏清宫升平署档案集成（第7册）》，中华书局2011年版，第3137、3144页。

⑤ 中国国家图书馆编纂：《中国国家图书馆藏清宫升平署档案集成（第7册）》，中华书局2011年版，第3155页。

⑥ 中国国家图书馆编纂：《中国国家图书馆藏清宫升平署档案集成（第7册）》，中华书局2011年版，第3173页。

⑦ 中国国家图书馆编纂：《中国国家图书馆藏清宫升平署档案集成（第7册）》，中华书局2011年版，第3187页。

⑧ 中国国家图书馆编纂：《中国国家图书馆藏清宫升平署档案集成（第8册）》，中华书局2011年版，第3617页。

⑨ 中国国家图书馆编纂：《中国国家图书馆藏清宫升平署档案集成（第8册）》，中华书局2011年版，第3620页。

⑩ 中国国家图书馆编纂：《中国国家图书馆藏清宫升平署档案集成（第8册）》，中华书局2011年版，第3624页。

续表

年份	日期	赏赐记录
道光二十二年九月①	初七日	赏白兴泰,王成业每名泽绸一件
道光二十二年十月②	初五日	李平安,彭遇安,张春和,三名各泽绸一件
	二十日	李长喜泽绸一件
	二十六日	贾德禄蓝泽绸一件;赏姚长泰、李长喜,各泽绸一件
道光二十二年十一月③	二十三日	张春和泽绸一匹
道光二十四年十一月④	二十日	首领九名,每名泽绸各一件……
道光二十四年十二月⑤	二十四日	宋福顺蓝泽绸一件

从以上资料看,升平署日常赏赐小号的潞绸、泽绸等相当多,就颜色看,至少有蓝色、银红色、酱色等,基本与各种文献记载的信息相符。皇室除了针对特定戏剧演员进行打赏外,还会以团队为单位进行赏赐,演员团队们事后私下里再进行"均分",为了公平,演员们通常会选择将各种赏赐变卖,然后平均分钱,比如档案中曾记载了多处变卖人参等贵重物品的案例,其中自然也有记载潞绸在北京变卖的情况,其市场价为2.5两银一匹,⑥ 这当是潞绸在北京有较广泛消费的直接反映。

河南也是潞绸重要的市场之一。河南省开封府、河南府等地,是潞绸的主要销售区,洛阳有一所以泽潞绸布商为主体建立的泽潞会馆,乾

---

① 中国国家图书馆编纂:《中国国家图书馆藏清宫升平署档案集成(第8册)》,中华书局2011年版,第3642页。
② 中国国家图书馆编纂:《中国国家图书馆藏清宫升平署档案集成(第8册)》,中华书局2011年版,第3644—3645、3649—3650页。
③ 中国国家图书馆编纂:《中国国家图书馆藏清宫升平署档案集成(第8册)》,中华书局2011年版,第3660页。
④ 中国国家图书馆编纂:《中国国家图书馆藏清宫升平署档案集成(第9册)》,中华书局2011年版,第4227页。
⑤ 中国国家图书馆编纂:《中国国家图书馆藏清宫升平署档案集成(第9册)》,中华书局2011年版,第4231页。
⑥ 中国国家图书馆编纂:《中国国家图书馆藏清宫升平署档案集成(第26册)》,中华书局2011年版,第13293页。

隆二十四年（1759）《建修关帝庙潞泽众商布施碑记》记载的参与集资的商人中，绸布商有46家，分别是"祁永兴、尹益升、萧立盛、邬翰盛、崔永升、韩永和、侯公盛、王同泰、杜鸿盛捐、张永盛、成信成、孙文盛、魏万升、邢永丰、朱恒兴、李方兴、邢成兴、协盛号、魏益兴、刘万盛、刘仙盛、杜同盛"等，这次捐资中，绸商共捐银2.7万余两，① 许檀教授根据抽厘率，估计乾隆年间潞泽商人的年经营额为240余万两。我们假设泽潞绸商所经营的丝绸种类以本地所产潞绸为主，根据清宫档案记载，道咸时期北京市面上的潞绸价格为2.5两/匹，则仅仅泽潞会馆一地，所销潞绸可达90多万匹，年均销售量不低于6万匹，营业规模相当可观。当然，清代泽潞地区丝织业已不如明代旺盛，供应皇室消费的高端潞绸产能大大削弱，所出产丝织品也以民用的各种绫、帕居多，市面上未必有如此多的潞绸供应，这种折算，仅供参考。

开封的会馆捐资中有一个"泽潞会"，当是泽潞商人的一个自治组织，在泽潞地区也发现有一批来自开封的丝绸字号捐资，如高平城郊汤王头村在同治年间的捐资中，有"协裕永缎庄、盈泰缎店、东福隆缎店、永成公缎庄、永源长缎庄"几家绸缎铺，② 这些与泽潞商人群体关系莫大的绸缎铺子，经营的产品或许就有潞绸，显然这一地区是潞绸输出区之一。

潞绸在山东或许也有部分市场，可惜目前没有直接的资料可以做证。

潞绸除了在华北保持着一定的市场份额，在江淮地区也有部分市场，甚至有可能出口海外。浙江省在咸丰以来，对潞绸在内的货物征收捐税，潞绸的纳捐标准为"每匹三角六分，按匹起捐"③，此外，福建漳州一带，由于潞绸的广大影响，民间甚至有仿造潞绸的现象，即所谓的"假潞绸"。漳州一带临近厦门和泉州，无论是明代的月港还是清代的厦门港，都是重要的外贸口岸，潞绸想必在输出品中也要占据一定地位。

---

① 许檀：《清代中叶的洛阳商业——以山陕会馆碑刻资料为中心的考察》，《天津师范大学学报》（社会科学版）2003年第4期。

② 同治四年（1865）《创修北坡重修南垅兼修土地祠看楼碑记》，现存高平市南城办汤王头村南阁。

③ 民国《建德县志》卷8《食货志》，第17页a。

第三章 泽潞商人的经营行业

除了这些传统市场外，清代还开辟了西北市场。乾隆时期，平定新疆，为了笼络中亚及新疆部族，产自山西的泽绸、潞绸被当作一种高价商品输往新疆，用于赏赐各部落首领，并按照新疆民族的要求花色定制，用来贸易。每年摊派于本地的数额有数百匹不等，这一官方的举动无疑也带动了民间丝绸商人在新疆的经营。

新疆地区贸易所用的绸子，有个专用称呼"伊犁绸"，这是方志中的说法，其实这是乾隆以来供应新疆贸易的征派绸缎的统称，估计是最开始在伊犁贸易而得名。按同治版《高平县志》记载，高平承担的贡赋性质的丝织物有三种：除传统的潞绸外，还有供王公贵族享用的"王府绸"和送交内务府的"内务府绸"，这两类都没有定额，规格也没有定制，属于临时性的征派，但是每次的负担都不在少数。此外，就是供新疆贸易的"伊犁绸"，每次的数额在百匹左右："外则伊犁绸，输必百匹，匹长二丈一尺，阔二尺，今以乱止。内务府绸，王府绸则贡无定期，匹无定数，需则贡，否则已。贡必竭千金……"① 清代，内地与新疆的大规模的丝绸贸易，始自乾隆二十二年（1757），清政府平定准噶尔叛乱以后，当时新疆平定，战后重建、犒赏官兵等急需大量费用，同时为了安抚新疆的上层贵族，朝廷开始考虑以贸易的方式解决经费问题，并由陕甘总督署理一切。起初的丝绸征派只针对江南三织造和山东等丝织业较为繁盛之区，但是由于官府所给补偿过低，而且长途运送的成本过大，民间负担过重，逐渐出现偷工减料之举，乾隆帝谕旨屡屡批评派造丝绸重量不足，丝绸质量轻薄不堪使用，乃至通过掺水、掺粉增重等作弊现象：

> 谕："据明瑞等奏，从前各织造办解大缎，丝色鲜明，质厚体重，是以哈萨克等，俱乐于交易，今年苏州、杭州解到缎匹，较前货料平常，即如摹本大缎一项，乾隆三十年以前解到者，每匹重四十二三两不等，三十一年解到者，每匹仅重三十五六两，请敕交各

---

① 同治《高平县志》卷4《贡篚》，第16页b。

该织造,将新送缎匹减价,以便办理"等语,此项缎匹为新疆贸易所需,前此曾经传谕各该织造,令其慎选物料,加意造办,并令陕督杨应琚于缎匹解到时,逐一查验,如有浇薄不堪等弊,即严行驳回,着经手人员赔补,今据明瑞等奏,该织造办理此次缎匹照上年所运,每匹轻至六七两不等,而价值则仍照前次十三两之数,明系草率浮冒,以致物料减恶,何以惠远人而通贸易。①

山西创造出的双丝绸工艺,使得产品厚实耐用,高超的染色技术使得丝绸光彩夺目,大受王公贵戚喜爱,因此,从乾隆三十年(1765)开始,山西地区也开始被列入伊犁绸生产指定区域,每年提供200匹左右的丝绸以供贸易、赏赐之用,在某些年份曾经达到300余匹。

每年输往新疆的丝绸,都有一定的规定。每次交易前一年左右,按照新疆等地的花色、尺寸等要求,由甘肃地方官把相关信息等汇报,然后由内地按规格制定,而后运输到新疆。如乾隆四十年(1775):

> 据勒尔谨奏:"乾隆乙未年,新疆各处应需贸易绸缎,照例开明各项色样数目,请江宁、苏州、杭州三织造暨山东、山西巡抚,依期解送甘省,以便分运"等语,着传谕徐续、巴延三、基厚、舒文、寅着,即照勒尔谨单内所需各绸缎妥协制办,务使质地重厚,颜色鲜明,不得稍有粗率轻减,致兹挑驳干咎,并遴委妥员,如期解运,以资新疆贸易之用,所有勒尔谨原折清单,俱着钞。②

乾隆至嘉庆年间,部分伊犁绸摊派数目整理如下:

乾隆三十六年(1771),高平、凤台置办双丝泽绸120匹,花色如

---

① 纪大椿、郭平梁原辑,周轩等订补:《清实录(新疆资料辑录4)》,新疆大学出版社2017年版,第1888页。
② 纪大椿、郭平梁原辑,周轩等订补:《清实录(新疆资料辑录4)》,新疆大学出版社2017年版,第2020页。

下：宝兰（蓝）色绸 10 匹、元青色潞绸 5 匹[①]、石青色绸 5 匹、棕色绸 10 匹、灰色绸 10 匹、酱色绸 10 匹、古铜色绸 10 匹。

其中，据凤台县册报丝绸花色及价格如下：

> 宝兰（蓝）色绸十匹，价银四十一两四分四厘；元青色潞绸四（五）匹，价银二十一两一钱二分六厘，石青色绸五匹，价银二十八两八分九厘；棕色绸十匹，价银四十两七钱三分二厘，灰色绸十匹，价银四十两二钱三厘；酱色绸十匹，价银三十九两七钱八分六厘；古铜色绸十匹，价银三十九两四钱六分九厘。合计双丝绸六十匹，共用过价银二百四十三两二钱三分八厘；又杂费银二两三分五厘，绸价杂费共银二百四十五两二钱七分三厘。[②]

另据高平县册报，丝绸花色及价格如下：

> 宝兰（蓝）色绸十匹，价银四十一两四分四厘；元青色绸五匹，价银二十一两一钱二分六厘；石青色绸五匹，价银二十两八钱八分九厘；棕色绸十匹，价银四十两七钱二分二厘；灰色绸十匹，价银四十两二钱二厘；酱色绸十匹，价银三十九两七钱八分六厘，古铜色绸十匹；价银三十九两四钱六分九厘，绸价、杂费共银二百四十五两七分三厘。[③]

乾隆四十二年（1777），新疆各城丝绸贸易共需各色绸缎 11900

[①] 资料引文中，凤台县潞绸摊派份额中，元青色为四匹，参考下一段高平县档案记载，五匹元青色丝绸价格与凤台县四匹价格一致，另外凤台县六十匹份额中扣除其他花色，剩余花色也是五匹，故元青色正确数据当为五匹，引文中四匹或为档案整理中的讹误，特予以说明。

[②] 林永匡、王熹：《清代山西与新疆的丝绸贸易》，《山西大学学报》（哲学社会科学版）1987 年第 1 期。

[③] 林永匡、王熹：《清代山西与新疆的丝绸贸易》，《山西大学学报》（哲学社会科学版）1987 年第 1 期。

匹。其中，山西所办泽绸 100 匹，占百分之一的比例，花色包括石青色 20 匹、墨色 20 匹、元青色 10 匹、酱色 10 匹。

乾隆四十六年（1781），置办泽绸 100 匹，高平、凤台各占一半。

乾隆四十八年（1783），伊犁、塔尔巴哈台、乌什、叶尔羌、喀什噶尔等五处统计共需各色绸、缎、纱 5820 匹，山西泽绸有 200 匹，占 3.4%，其中塔尔巴哈台所需泽绸共 70 匹，喀喇沙尔所需泽绸共 30 匹，乌什所需泽绸共 50 匹，叶尔羌所需泽绸共 30 匹，喀什噶尔所需泽绸共 100 匹。

乾隆五十一年（1786）新疆各处所需丝绸份额如下：

> 查伊犁需办各色绸缎绢三千匹，塔尔巴哈台需办各色绸一百七十匹，乌什需办各色绸缎绫八百匹，叶尔羌暨所属和阗需办各色绸、缎、绫四百五十匹，喀什噶尔需办各色绸、缎、绫四百匹。以上五处统计共需各色绸、缎、绫、绢、纱四千八百二十匹，内江南省绸缎四千五百二十匹，山西省泽绸二百匹，山东省茧绸一百匹。①

山西省在本次摊派中需要提供 200 匹，占摊派总额的 4.4%。

乾隆五十二年（1787），江南等织造备办的南省绸、缎 5230 匹，山西凤台、高平二县共办泽绸 200 匹，占摊派总额约 3.8%。

乾隆五十三年（1788）新疆各处所需丝绸份额如下：

> 伊犁需办各色绸缎绢二千五百匹，塔尔巴哈台需办各色绸缎一百三十匹，乌什需办各色绸绫六百匹，叶尔羌暨所属和阗需办各色缎绫纱四百三十匹，喀什噶尔需办各色绸缎四百匹。以上五处统计共需各色绸、缎、绫、绢、纱四千六十匹，内江南省绸缎三千五百一十匹，山西省泽绸二百匹，山东省茧绸三百五十匹。②

---

① 林永匡、王熹：《乾嘉时期内地与新疆的丝绸贸易》，《新疆大学学报》（哲学社会科学版）1985 年第 4 期。
② 林永匡、王熹：《乾嘉时期内地与新疆的丝绸贸易》，《新疆大学学报》（哲学社会科学版）1985 年第 4 期。

山西负责提供 200 匹，占摊派总额约 5.7%。

乾隆五十九年（1794），山西泽州府凤台、高平等县，为该年新疆备办泽绸 230 匹，凤台、高平各半，作为赏赐之用。据凤台县册报：

> 塔尔巴哈台等处泽绸一百匹……绸价、杂费共用折实库平纹银三百六十六两八分五厘；又册报织办喀喇沙尔泽绸十五匹……绸价、杂费共用折实库平纹银五十四两九钱一分三厘；另据高平县册报：织办塔尔巴哈台等处泽绸一百匹……共用绸价、杂费折实库平纹银三百六十六两二钱九分七厘；又，册报织办喀喇沙尔泽绸十五匹……绸价、杂费用过折实库平纹银五十四两九钱四分六厘；总计凤台、高平二县共办塔尔巴哈台等处泽绸二百匹，用过折实库平纹银七百三十二两三钱八分二厘。又，共办喀喇沙尔泽绸三十匹，用过折实库平纹银一百零九两八钱五分九厘。以上泽绸二百三十匹，价银与杂费为银八百四十二两二钱四分一厘……①

嘉庆三年（1798），内地运往新疆伊犁等六处，进行贸易的绸缎为 3215 匹。其中"江南省绸缎二千七百六十五匹、山东省茧绸一百七十匹、山西省泽绸二百八十匹"②，具体数量及花色要求明细如下：

> 塔尔巴哈台泽绸七十匹，内元青十四、石青十四、库灰十匹、宝兰二十匹、酱色二十匹。喀喇沙尔泽绸三十匹，内石青五匹、宝兰五匹、玫瑰紫六匹、驼色二匹、元青一匹、京酱色六匹、黄色二匹、米唐姜二匹、木大红一匹。乌什泽绸五十匹，内宝兰十四、黑酱色十四、驼色十匹、泥金色五匹、石青色十匹、元青五匹。叶尔

---

① 林永匡、王熹：《清代山西与新疆的丝绸贸易》，《山西大学学报》（哲学社会科学版）1987 年第 1 期。
② 林永匡、王熹：《乾嘉时期内地与新疆的丝绸贸易》，《新疆大学学报》（哲学社会科学版）1985 年第 4 期。

> 羌暨……泽绸三十匹,内酱色六匹、宝兰六匹、驼色六匹、石青六匹、元青六匹。喀什噶尔泽绸一百匹,内天兰二十匹、天青二十匹、酱色二十匹、库灰二十匹、元青十匹、驼色十匹。①

在这些丝绸中,山西负责提供280匹泽绸,占摊派总量的10%。

嘉庆四年(1799),伊犁、塔尔巴哈台、喀喇沙尔、乌什、叶尔羌、喀什噶尔等六地所需丝绸数目如下:

> 共需各色绸缎三千四百九十五匹,内江南省绸缎三千零七十五匹,山东省茧绸一百三十匹,山西省泽绸二百九十匹……②

嘉庆五年(1800)从内地运往新疆伊犁等处的各种绸缎匹数增加为4195匹之多,山西省泽绸增加到330匹,占据总数的7.9%。

嘉庆十四年(1809)规定各地分摊丝绸数目中,合计泽绸630匹,是所有记载中规模最大的一次。其他地区供输送各色绸缎6700余匹,山西泽绸所占比例为9.4%。

以上,仅仅是目前能找到的有关伊犁绸贸易的记载,可见,山西对新疆的丝绸贸易数额相对固定,长期在一二百匹之间,少数年份超过300匹,所占比例也不大,最高年份达到10%,一般都在百分之几的比例,总体趋势是在逐渐增加,这是潞绸在市场上受到承认的表现。虽然泽绸数量较少,但以其高超的纺织技术和艳丽的色彩,瑰丽的花纹占据了高端市场,伊犁绸尺寸较大,每匹规格为:"长二丈一尺,阔二尺",而传统的潞绸尺寸都比较小,高平制造的贡绸分为大、小两类,大潞绸"长六十八尺,阔二尺四寸,重六十一两","小潞绸四百匹,长六托,

---

① 林永匡、王熹:《清代山西与新疆的丝绸贸易》,《山西大学学报》(哲学社会科学版)1987年第1期。
② 林永匡、王熹:《乾嘉时期内地与新疆的丝绸贸易》,《新疆大学学报》(哲学社会科学版)1985年第4期。

阔一尺七寸"。① 伊犁绸比小潞绸幅宽多出三寸，在制造上难度提高了不少。这些难得的丝绸，大多作为贵重之物赏赐贵族之用，而非一般性的丝绸简单地仅仅用于贸易，可见泽绸在众多丝绸品种中是有不可或缺的地位。乾隆以后到同治之前，还有陆陆续续的派造任务，只是具体数额暂不详而已。

开始的边境贸易主要由政府垄断贸易，尤其是药材、绸等项目，以维持高价从中牟利，随着商路大开，官府的作用逐渐减弱，民间的商业也在边境发展起来。山陕商人便是其中的重要力量，丝绸毫无疑问是其中重要的一项贸易货物。

四 其他杂货

民间日用品，各种调味品及副食等杂货也是市场上的重要商品。本地出产各类陶瓷器是一类比较重要的货物。清代的潞安府城内有专门的果子市、缸市，显然是周边陶器及果品交易中心。

陶瓷业也是本区一个较为重要的行业。最少在明代成化年间，泽潞诸州的长子、壶关、阳城等县已经是瓷器产区。本地所生产的产品有粗瓷、缸、砂锅等，不过产品大都较为粗糙，多属于民用产品。产地如壶关县赤崖山、程村，阳城县、陵川县、长子县等。其中阳城县所产黑瓷"土范各器，炭火煅成，名系利用炼药贵阳城罐者即此，远人挑贩，络绎不绝"②。在清末境内"瓷货可行五七十窑，每窑值钱三十余串"③。

阳城县特产还有黑石（大约是火石），在明代成化时期已有记载，清代成为重要货物："石如漆黑，火芒甚巨，陕豫商人多贩之。"④ 在清末的记载中，"火石行二十万而不足……以昔年较之……火石不及其十之二"。以这样的比例倒推，高峰期火石销售额可能达到百万之巨。

---

① 同治《高平县志》卷4《食货》，第16页a、b。
② 同治《阳城县志》卷5《物产》，第1页b。
③ （清）杨念先等：《阳城县乡土志（骈散体两种）·阳城县金石记》，三晋出版社2009年版，第93页。
④ 同治《阳城县志》卷5《物产》，第1页b。

清代的潞安府出产白酒，阳城县每年从潞安府一带贩运酒水十万，相当可观。在某些集镇出现专门的烟店、烟坊，为境内民众提供烟草类消费品，除了丝绸，作为原材料的蚕丝也是本区外销的重要商品：清末阳城县一县"挽手黄丝皆系外商驻买，黄丝约二万余斤，挽手六七千有奇"，颜料等特产也是重要商品，"生漆蓝靛尽由本境销行，蓝靛约一万余斤，生漆一二千不等"。在某些集镇出现专门的烟店、烟坊，为境内民众提供烟草及酒水类消费品，如阳城"烟叶贩自襄城，可销三五万；白酒来于潞府，约行二万余"。本地所产药材也远销外地："药材则外客运卖于禹州，约行十数万不等。"①

第三节　泽潞商从事的其他行业

除了直接从事货物贩运、分销的商人，泽潞地区为商业进行服务的行业也值得一提，其中最重要的行当有三，一是为商品提供运输服务的脚行；二是为商品交换提供中介等服务的牙行；三是为商业发展提供融资业务的金融业，包括典当、钱店等。

一　脚行商人②

长途贩运的行商，离不开运输业的支持。泽潞地区位于河南、山西交界处，是商路必经之地，从目前留下的各类"规程"看，泽潞地区是茶商、布商等进入华北平原的必经之路。兹以茶商贩运茶叶的茶路为例，这条路从黄河北的温县、孟津一带西进，在拦车镇缴纳厘金税金，翻越太行进入山西的这段路程，基本上是每个商帮必走的固定路线。位于泽潞地区的地点有土门、西阳（屯留县）、沁州、虒亭（襄垣县）、

---

① （清）杨念先等：《阳城县乡土志（骈散体两种）·阳城县金石记》，三晋出版社2009年版，第93页。
② 参见张林峰《明清泽潞商人与晋东南茶路及茶叶消费》，《农业考古》2017年第5期。略有修改。

交川沟、鲍店镇（长子县）、普头（襄垣县）、长平驿（高平县）、乔村驿（高平县）、泽州府、拦车镇（泽州县晋庙铺镇）。这些歇宿地点，比较重要的有拦车镇，这是茶商从河南进入山西第一站，也是向官府缴纳厘金税收的地点，接下来就是泽州府的府治所在——凤台县，往北继续走，就是泽州府的商业重地高平县。自高平继续北上，则是潞安府、晋中诸府县，最后抵达省会太原。

由于泽州、高平地处商旅自豫入晋第一站，和出晋入豫的最后一站的重要地位，同时还是太行山脉向华北平原两种地形的交界地，各类货物要在此地重新打包，并完成货运工具的转换，以便翻山转运，或弃陆登舟，故而，境内服务于商业的搬运服务业相当发达，这类服务被统称为"脚行"。根据运输手段的不同，这类服务可以分为几类：一类是肩挑手扛类的人力搬运工，即挑夫；另一类是利用工具进行运输，根据搬运工具命名，又有车行、船行、驼行和骡行等种类。根据运输距离划分，市场上提供的运输服务又有两种，一种是在村落之间短途的搬运，通常情况下，运输距离仅数千米或者十余千米，这是民间各类临时性搬运所选择的方式，运载工具以各类畜力车辆为主；另一种属于专门服务于商业的长途运输，距离往往超出县境，乃至跨省、跨国。这类脚行多以负重力强，耐长途跋涉的骆驼为主要运输工具，在山区则以适合翻山的骡子为主，平原地区，流行各类畜力车辆，在涉及河流的地方，往往还有船只。

泽潞地区，尤其泽州府地处山西交通要地，是晋商南下入豫，或者外地商人北上入晋的必经之地，更是河南进入山西第一站，位置显要。自明至清，晋商在外出贸易的过程中，逐渐形成了较为固定的商路。

（一）船行

泽潞商帮外出经商，免不了渡江过河，商人们"为贩夫贾儿者，豫糊口之计……群相呼引之迹，郑、卫、吴、越间，熙熙来攘攘往，计子母而角征逐，栉风沐雨，梯山渡浸"①。他们外出经商所走水道大体有如下几条：从太行山出清化镇，沿卫河（御河）向东北入直隶、山东境内，入运河后或北上京津，或南下江浙，这是一条粮食、铁货等大宗货物的重要输送通道。过黄河，入淮河，运河入江淮一带，或者沿洛阳南下，进入汉江流域，入长江，这是茶路和棉布商较多的路线。

为了满足本地或外地商旅的运输要求，泽潞地区的居民有经营船帮的。泽州周村镇早在明代，本区商人足迹已经遍及黄淮，甚至江浙，在捐资商号中就有"众船户捐银十千文"②，陵川县则有所谓的"钉船帮"，高平县北诗镇平头村民国初年的募化商号中，有一家来自老河口的"广发船行捐钱一千文"③。这些的"船户"之类，与泽潞商人存在千丝万缕关系。尤其老河口是汉江上的商业重地，此地距离襄阳不远。在此地经营船行，想必是以经营汉江水运为主要业务。晋商贩茶所行走的路线之一，便是自汉口沿着汉江溯流而上，并在襄樊等地弃舟转为陆运，茶叶恐怕是他们揽载的重要货物之一。

（二）驮行

驮行，是利用各类牲口托运货物的行业。根据驮兽又分为骆驼行、骡行等。这类字号都设置在商路沿线的商品产地或者分销中心，某些大的商业市镇也有设置。

泽州府是进出山西的第一站，也是一个重要商业集散地。泽郡南关是南下商贾必经之地，商旅繁忙，"泽郡南关……乃往来车马驼骡之通衢也"。城内残存的乾隆四十三年（1778）捐资商号中，就有"义和驼店"一家。泽州名镇周村镇，咸丰年间有一家"义合公驼店"，④ 由于

---

① 薛林平等：《周村古镇》，中国建筑工业出版社 2014 年版，第 230 页。
② 道光三十年（1850）《重修大王庙碑记》，现存泽州县周村镇大王庙。
③ 民国二年（1913）《补修东大庙暨重修前舞楼碑记》，现存高平市北诗镇平头村玉皇庙。
④ 薛林平等：《周村古镇》，中国建筑工业出版社 2014 年版，第 261 页。

骆驼众多，城内容易造成拥堵，同治年间专门规定条规，要求骆驼于城外行走，不得进入城内。① 另外，为了给数量广大的牲口提供钉掌业务，周村镇内出现有一种专门经营钉掌业务的小铁炉，叫作"蹄炉"，俗称"钉蹄的"，是给马、驴、牛等牲畜钉蹄的作坊，专门为往来商队的骡马提供钉掌业务。同治元年（1862）捐资碑中就有"张蹄炉""卫蹄炉"等字号，② 这些数目众多的蹄炉也侧面反映了周村运输业的兴旺。

除了周村，徐庄的东沟集镇上也有大量蹄炉存在，生意兴隆。

高平是北上必经之地，县城西南郊有一个叫作汤王头的小村庄，这个村子是南官道商旅进出高平县城歇脚、打尖之处，也是雇用脚力，运货启程的地方，商旅在此地休整者很多。同治四年（1865）对村外石路进行修理，大批路过此地的商旅纷纷捐款赞助，留下的捐资名单中有"和盛驼店、恒兴驼店、德顺驼店、泰和驼店、成顺驼店、锡盛驼店、合兴驼店、升泰驼店、协盛驼店、永议骡行"③ 等大批"脚行"，一个村庄，居然有专营骆驼、骡马运输的行店十余家之多，足见其规模。

城东郊的赵庄村是出城北上、东进的两条官道的路口，该村二仙庙保存的嘉庆二十一年（1816）《重修二仙庙碑记》④ 捐资碑有"驼厂、永隆、合兴、永升、协盛、顺成、兴盛、永兴共捐银四两……骡行捐银一两五钱"，这个驼厂，应该是提供骆驼托运服务的大型店铺，与其一起捐资的"永隆、合兴、永升、协盛、顺成、兴盛、永兴"七家字号，恐怕也有很大可能是从事运输业的，另外还有一家骡行，是提供骡子运输的行业性机构。

县城北境的商业重镇寺庄，同样处于北官道上，该地有本村杨家开

---

① 薛林平等：《周村古镇》，中国建筑工业出版社2014年版，第264页。
② 薛林平等：《周村古镇》，中国建筑工业出版社2014年版，第263页。
③ 同治四年（1865）《创修北坡重修南垤兼修土地祠看楼碑记》，现存高平市南城办汤王头村南阁。
④ 嘉庆二十一年（1816）《重修二仙庙碑记》，现存高平市南城办南赵庄二仙庙。

的骆驼（又叫骡马店），① 而县城南官道上的河西镇，也有河南人开的"骡马店"。

陵川县利用毗邻河南的地理优势，有一批从事驮行的群体，专营晋豫之间的货物运输，"有业驮运货物者，赴豫者较多，有业造酒者均售于豫省"②。

这些脚行承运的大宗货物有茶叶、棉布等，商路涉及泽州至河南，泽州至晋中及泽州至甘陕等地的脚价记载。通过这些商书的分析，可以大致看出长途运输脚价的计费规则。

据《茶商遗要》三十七条"邢邰发泽州过山骡脚例底"记载进行统计，驮行等运输服务业对于茶商收取脚价是按照路程远近、承担货物价值、运载工具等因素综合计费。

经整理，以泽州为中心，发往各地的脚价银如下表：

表 3-2 　　　　　　　　邢邰至泽州脚价③

路程起止	茶叶种类	打包标准	重量	脚价	所用脚力
邢邰至泽州府	西箱	2 箱/担	120 斤/担	4.6 钱/担	过山骡
	东箱	3 箱/担	135 斤/担	4.5 钱/担	
	盒茶	10 串/担	120 斤/担	4.7 钱/担	
	花套茶	4 件/担	120 斤/担	4 钱/担	
	红茶	3 大箱/担	—	5.7 钱/担	
		4 小箱/担	—	—	

抄本第三十九条"泽州发祁县例底"记载运载泽州后转发至祁县的茶叶脚价整理如下：

---

① 山西省政协《晋商史料全览》编辑委员会、晋城市政协《晋商史料全览·晋城卷》编辑委员会编：《晋商史料全览·晋城卷》，山西人民出版社 2006 年版，第 375 页。
② 民国《陵川县志》卷 3《生业略》，第 13 页 a。
③ 史若民、牛白琳编：《平、祁、太经济社会史料与研究》，山西古籍出版社 2002 年版，第 511—512 页。

表3-3　　　　　　　　　　泽州至祁县脚价①

路程起止	茶叶种类	打包标准	重量	脚价	所用脚力
泽州至祁县	西箱	2箱/担	—	4两/担	骆驼
	东箱	2大箱/担	—	3两/担	
		4小箱/担	—	4两/担	
	盒茶	7串/担	—	3两/担	
	花套茶	4件/担	—	3700文/担	
	红茶	3大箱/担	—	4000文/担	
	天尖	约3.5件/担	170斤	3700文/担	

两表对比可知，茶商在翻越太行山前后，所用运载工具不同，先由骡子，进入山西则改用骆驼。根据脚力负重能力及地形因素，对茶叶包装也有所改换，每担所装载茶叶规格略有不同。又，据宝善堂记抄《茶叶规程》记载与《茶商遗要》所载进行对比，二者所记载脚价等基本一致，可见当时从河南沿着孟津、邗邰、拦车镇入山西泽州而后转运晋中的脚行基本有较为统一的收费标准。

二　牙商

明清以来，朝廷对市场的管理，仍旧是借助各类牙行来实现。一个新的交易场所的设立，普遍的例行手续就是"抬行招商"，即设置牙人、牙行，招募商贾进行贸易。牙人从政府领取牙贴，负责对辖区内的货物评定优劣，核准价格并撮合交易，甚至负责向商贾征税，并定期按照规定向管理部门上缴税收。通常情况下，牙人是以自然人充任，不过泽潞地区又有其独特性，社会组织如基层村社也可以作为牙贴的持有者，学者刘培峰将这种现象称为"牙用归公"。就现存材料看，本区的牙行似乎被里社所控制，而这一现状又被官府默认，允许"牙用"作为里社的收益以补贴基层开支。② 资料中可以见到的牙行，覆盖的行业

---

① 史若民、牛白琳编：《平、祁、太经济社会史料与研究》，山西古籍出版社2002年版，第512—513页。

② 刘培峰、潜伟、李延祥：《清前期山西泽州牙行的不同发展趋势及其影响》，《中国经济史研究》2013年第4期。

很多，兹据资料所载，罗列如下：

牙行需要向政府缴税，因此官方征收的牙税可以在一定程度上反映当地牙行的种类与规模。陵川县是记载较为详细的一个地区，据乾隆《陵川县志》记载，陵川县有麻行、花行、果菜行、估衣行等七个部门以及畜牙、盐牙等行业，合计至少九类牙行，分担境内各种税收：

> 本县及市镇各商牙行□分□自解陵川县，落地商牙畜税向系商收汇缴……各行商牙本县铺户、麻行、花行、屠行、染行、布行、果菜行、故衣行税银八十两，附城镇共四十五两，平城镇共六十二两，礼义镇共一十六两五钱，通共银二百三两五钱，以上落地商牙畜税银合共三百一十五两五钱。①

阳城县也拥有近二十类牙行，郭峪镇是阳城著名市镇，康熙三十三年（1694）朝廷刊立牙行摊派碑于该镇，所开列"行户"有：

> 杂货铺、荆草行、花布行、斗行、猪油行、木植行、丝茧行、曲麻行、油漆匠、铁匠行、钱行、屠行、菜□行、酒行、乌帕行、银匠行……②

康熙三十五年（1696）同碑再次开列各行摊派，名单如下：

> 斗行等银一两；乌帕行银六钱；张攒银八钱；张京银五钱；张有扬银三钱；王笃章银三钱；四镇银匠共银八钱；铁匠等银三钱；杂货行银五钱；油漆行银一钱；酒行等银五钱；猪油行银二钱；石匠银五钱。③

---

① 乾隆《陵川县志》卷11《赋役一》，第16页b—17页a。
② 刘泽民总主编：《三晋石刻大全·晋城市阳城县卷》，三晋出版社2012年版，第180页。
③ 刘泽民总主编：《三晋石刻大全·晋城市阳城县卷》，三晋出版社2012年版，第181页。

除了以上几个行当，还有经营粮食的"斗行"，主持牲畜交易的"六畜行"，买卖木材的"板行"等。这众多的牙行其中，以茧行、铁行、畜行等保留资料较多，经济实力也较大，兹分叙如下。

(一) 铁货行

铁货是本区重要手工业产品。管理铁货交易的牙行，资料中所见到的有"炉行""好铁行""条行""油丝行""针行""锯条行"等，分别负责生、熟铁、铁丝、改条、钢针、锯条等不同产品的生产与交易。

就相关记载来看，凡是冶铁业者销售产品，需要首先在行内备案，即"挂靠"，"车户未靠条行者，亦不许伊卖零条，不得与人带卖，查出议罚"①，备案后的本行从业者，要遵循行内的交易规则，并负担相应的义务。牙行对于本行业的秩序管理，主要有以下几个方面。

第一，度量衡的统一。铁货，尤其是初级产品的铁条、铁丝等产品，属于计件交易，一件称作"一把"，如油丝行规定"每把以六斤为则，每斤以十六两为准，不许私卖大称"②；条行则通过制定标准砝码统一度量衡：

所造法马（砝码）二，同重六斤拾三两，以照元把。一大六斤拾三两，二大拾贰两，三大拾壹两，四大拾两，五大九两。

牙行经纪及行业组织内各存一枚：

一存牙中，一存会中，各为定则，以凭不时查照。若与法马（砝码）不一，按例定罚。③

---

① 樊秋宝主编：《泽州碑刻大全（一）》，中华书局2013年版，第144页。
② 樊秋宝主编：《泽州碑刻大全（一）》，中华书局2013年版，第136页。
③ 樊秋宝主编：《泽州碑刻大全（一）》，中华书局2013年版，第144页。

第二，对雇工的限定。冶铁业出于解决就业问题及技术保密等因素考虑，一般实行"父子兄弟用工，更不传与外人"①，但是这样一种家内传承并不一定是最经济的办法，某些铁业者出于经济原因，往往"雇觅外村之人为伙者"，因此多被严禁：

> 雇觅外村之人为伙者，无论村人与油丝伙查获者，每犯一条罚钱一千文，查获之人与会中四六均分。②

第三，规范市场秩序。泽潞地区的铁冶生产，以家庭为单位，因此在市场上，铁货业者内部存在一定的竞争，为了优先推销自家产品，某些从业者绕开牙行，私下与客商接洽。如马村对于私自接洽客商者，行规规定：

> 各车户不许私自会客卖条，查出议罚……车户靠条行者，将改坏之条，许卖零条，不得成庄会客，查出议罚……③

还有一批从业者会违反行内规定的开市时间，提早入市销售，抢占时间先机。传统上"卖条赶集以日出之时起身"，一些人则会提早在五更赶集，为此行内规定：

> 不许五更赶集……五更赶集、雇觅外村之人为伙者，无论村人与油丝伙查获者，每犯一条罚钱一千文，查获之人与会中四六均分。④

第四，抽收牙用。牙行促成交易后，通过收取牙用，即佣金牟利。

---

① 樊秋宝主编：《泽州碑刻大全（一）》，中华书局2013年版，第135页。
② 樊秋宝主编：《泽州碑刻大全（一）》，中华书局2013年版，第136页。
③ 樊秋宝主编：《泽州碑刻大全（一）》，中华书局2013年版，第144页。
④ 樊秋宝主编：《泽州碑刻大全（一）》，中华书局2013年版，第136页。

各类铁货及半成品的交易需在牙行监督下进行，由牙行居中管理，协调买卖并负责议价，不许绕开牙行，私下进行交易。不少商人与手工业者为了逃避缴纳牙用的义务，往往会绕开牙行私自交易，为此牙行也会有针对性地进行管控，如条行规定"每绞秤条一把，除钱一文，此钱各存条店，入会公用"。

（二）茧行

泽潞地区蚕桑业旺盛，在一些蚕桑业较为盛行的村落会出现专门经营丝茧贸易的牙行，这些牙行专称叫作"茧行"，"茧行"一般归里社管理，本社所产蚕茧由里社负责交易事宜，所得收益充当里社经费。这一转变最早出现于何时，尚不好确定，但是现在可见的资料里，最迟在顺治、康熙年间这种趋势已经有所体现。

比如蚕桑重地高平的郭庄村，有一份顺治十二年（1655）的《郭庄村茧用入社碑记》：

> 兹村素有平衡蚕□一行，原为增饰神事之资……请村众聚庙，谓处□蚕茧牙用，尽悉唯唯……许□神二人、社首二人、总榷一人，每年轮流管理，或补葺庙宇，或增置器物。①

社首直接参与了蚕茧交易的过程。

同属高平的西坡村，在康熙年间甚至发生过一次牙行所有权转移的事件，在康熙六年（1667）《新建帝祠西北蚕姑子孙殿碑记》中记载："众人随将茧行另交别社，公用□两殿基址，皆□□行社之故也。"② 康熙九年（1670）《新塑蚕姑子孙殿神像续记》也有类似记载："夫帝祠西北两殿既建矣，茧行既另交别社矣。然神像未塑，殿宇未碾，其功不

---

① 王树新主编：《高平金石志》，中华书局2004年版，第556页。
② 康熙六年（1667）《新建帝祠西北蚕姑子孙殿碑记》，现存高平市陈区镇西坡村玉皇庙。

□□全哉。"① 以上材料可以看出，最迟清初，一些地区的茧行已经被里社控制，而且茧行可以在不同村落之间转让（其实质应该是牙贴的转让，即牙用收取权的转移），基本可以确定，清代在泽潞地区，社会机构（如里社）取代自然人成为牙贴的拥有者，很大程度上应该是符合史实的，而且，这一现象应该比较普遍。

由于茧行归里社掌控，市场秩序的维护及牙税的收取自然也归里社负责。通常情况下，里社责任包括以下几项：第一，为买卖双方提供交易的场所，这些场所一般设置在社庙之内；第二，保证度量衡的公正合理，提供"茧秤"；第三，控制本社蚕农的蚕茧销售渠道，禁止私下贸易，禁止在其他里社销售；第四，作为回报，里社要对交易者收取一定的佣金，叫作"茧用银"。各地的蚕茧交易规则大致相似，现存较完整的几则规约转载如下：

沁水县龙港镇国华村规定本村茧用收取标准为：

> 每年茧用，每斤二厘，经乡堡收明交付社老，作办公之项……茧用五月内即交，违者公罚乡堡。

所收茧用"俱以补修道路置办桥木为先务，有公便办，不得屯积"②。

阳城县河北镇下交村规定本村蚕茧交易"不得私自贸易，俱要到社过秤，茧□低则价有多寡，此随行情定之"。本村的茧用收取标准为"抽买家用钱贰文，以备庙中公费用"③。

阳城横河镇马炼村规定茧用收取标准为："茧入社者，买、卖两家每茧一斤，各出油资钱三文。"对于交易方式，要求"在社人等不许在

---

① 刘泽民总主编：《三晋石刻大全·晋城市高平县卷（上）》，三晋出版社2011年版，第251页。
② 刘泽民总主编：《三晋石刻大全·晋城市沁水县卷》，三晋出版社2012年版，第226—227页。
③ 刘泽民总主编：《三晋石刻大全·晋城市阳城县卷》，三晋出版社2012年版，第328页。

家卖茧,如私卖茧者照罚"①。

就以上资料来看,泽潞地区的茧行牙用抽收标准大致是每斤2—3文,或者每斤收银2厘,收取方式各地也并不统一,有些村落仅仅向买方收取,某些村落则是买卖双方一并收取,比例大致在每斤4—6文之间。

整体上看,里社控制了蚕茧交易的整个过程,从市场选址、度量衡的监督,牙税收取标准的确定,交易群体的掌控等各个环节无一不被里社牢牢把控,其交易规则,如牙税的抽取比例、收取对象等,在大体服从市场标准的前提下,不同的里社会有自己的自由规定。其收益,多数充当里社开支,部分情况下也会充当公益事业的基金,如修桥补路等。

三 典当商

较之晋中票号业,泽潞地区的金融行业并不算优势产业。不过本地发达的商业及手工业对于融资有旺盛的需求,部分资本雄厚的商业家族,也有涉足典当行业。府县一级的行政治所都有典当字号,在规模较大的集镇上,也有典当铺为周边商民提供融资服务,甚至某些商业较发达的村落,也有从事典当业者。此外,还有部分商人携资到外地开设典当字号,兹简要论述之。

据泽州府城西苗匠村道光二十六年(1846)《重修南阁碑记》记载,泽州城关有"西当行、东当行、泰兴典"②等若干家典当字号。商业重地高平县也有典当业,据永禄村关帝庙同治十二年(1873)重修关帝庙留下的捐资信息记载,高平县有"尚友(当)行"施钱二千文,高平城关有"南当行、悦来(当)行、东当行"各施钱一千文,南关"德益典"施钱五百文。③

---

① 张正明等编著:《明清山西碑刻资料选(续2)》,山西经济出版社2009年版,第25页。
② 刘泽民总主编:《三晋石刻大全·晋城市城区卷》,三晋出版社2012年版,第301—302页。
③ 同治十二年(1873)《重修关帝庙碑记》,现存高平市北城办永禄村关帝庙。

在境内的商业重镇,典当业也是重要的行当。如周村镇内兴起较早的,且实力较为显赫的行业就是典当行,早在乾隆年间镇上可识别的典当字号就有四席。同治五年(1866),仍有至少三家典当字号。①

此外,永禄村同治十二年(1873)捐资中还有大量来自普通村落的典当字号,如云泉"馨盛典",河西(镇)"恒成典",李门(村)"恒义典"、赵庄"义昌典"、下太"德丰典"、原村(镇)"德松典"、牛庄"□兴典"以及汤王头村"源德典"和杨村"诚一典",② 这些典当字号各捐资若干。

在山西以外的地区,泽潞商人也有开设典当生意的。高平县城南郊的汤王头村于道光八年(1828)对庙宇进行维修时,从开封募化字号四十余家,其中可以看出行当的,有21家典当字号,开列于下:

> 协庆典、齐实典、绪丰典、涌全典、元盛典、广聚典、启泰典、恒昌典、元吉典、四合典、大成典、长庆典、福兴典、隆兴典、仁裕典、全德典、恒足典、玉隆典、中和典、和顺典、陈隆典。③

负责募化的贾子通称募化对象为"在汴省同事",显然贾子通也是在开封从事典当业的商人,因此才能与募化字号互称"同事",这是泽潞商人在外地从事典当的直接证据,贾家大约是以经营典当业的商人家族。

在高平的石桥口村,也有外地典当字号记载:道光十年(1830)村内关帝庙补修,捐资字号中有来自武邑(可能是山西的武乡县,也可能是河南的武陟县,具体情况不详)的四家典当字号,分别是"全

---

① 薛林平等:《周村古镇》,中国建筑工业出版社2014年版,第242、266页。
② 同治十二年(1873)《重修关帝庙碑记》,现存高平市北城办永禄村关帝庙。
③ 道光八年(1828)《关帝庙维修碑记》,现存高平市南城办汤王头村关帝庙。

盛典"捐银七两,"达盛典""瑞兴典""广成典"各捐银三两,另有来自京都的"溶生典"捐银三两。①

高平的寺庄镇咸丰四年(1854)重修关帝庙,捐资字号中有"自外省上来"的典当字号"公益当、恒泰当、德丰泰、诚格当、永义当、锦盛当"等,各捐钱若干。②

---

① 道光十年(1830)《补修关帝阁记》,现存高平市米山镇石桥口村关帝庙。
② 咸丰四年(1854)《重修关帝庙碑记》,现存高平市寺庄镇关帝庙。

第四章　泽潞商人的商业联系区域

明代中期以来，境内的商业逐步崛起，从事商业活动的记载也逐渐增多。种种迹象显示，泽潞的商人群体作为一股强大的社会力量崛起时间不晚于万历年间，最直接的佐证就是大量以金龙四大王为代表的水神庙宇在这一时期被修建起来。正史中关于泽潞商人相关记载不多，偶尔在部分方志资料中会有一鳞半爪的记载。不过基于大量民间文献及其他商业遗迹，我们仍然能够一窥泽潞商人的辉煌。目前保存较丰富的遗存，有金龙四大王庙遗迹、商人墓志、明清会馆遗迹及大量商业村镇保存的商人捐资碑刻，借助以上资料，我们能勾勒出明代以来泽潞商人相对清晰的历史形象。

第一节　河神庙所反映的商业活动区

明代的泽潞商，最有代表性的是所谓行商，这是针对有固定摊位的坐贾而言，这类人在史料中的记载多以"携资遨游"为特点，即携带资金四方贩运，从事调剂余缺的商业活动。这类商人因从事长途贩运的业务，在沟通本地与外界物资流通中起着至关重要的作用。就现存的资料来看，明代泽潞地区较有实力的行商群体似乎都以跨省长途贩运居多，记载比较多的经商区都在邻近的直隶、河南和山东以及稍远的长江流域。泽潞地区盛产的煤炭、铁货和丝绸，被他们源源不断运输出去，而本地短缺的粮食及棉、布等日用必需品，又依赖他们长途贩运回本地销售。

泽潞地区以华北诸省为主要经商区，风高浪急的黄河是进入河南、山东等地的必经之地，为祈求渡水平安，商人们广泛建庙奉祀水神。金龙四大王是明代皇封的黄河水神，商业兴盛的高平、晋城等地多有大王庙，甚至方志中也有记载"金龙四大王庙……因邑人商贩于外，涉川利往，故立庙以祭之"①。从事长途贩运的商人群体，为了安全而与黄河水神发生了联系，金龙四大王逐渐成为商人广泛信奉的神祇，甚至成为长途贩运商的群体性身份标志。某种意义上说，金龙四大王庙的广泛出现，可以视作本区商人势力的崛起，尤其是长途贩运的商人群体壮大的标志。

目前存世的资料中可见的金龙大王庙，较重要的有以下几处：

泽州府大阳镇所保存的金龙大王庙，是现存几座庙宇中有资料可考的创建年代最早者。大阳镇，古称阳阿，有两千多年历史。它位于泽州县北部，与高平铁冶重地马村镇为邻，这里煤铁资源丰富，在明清时期以采煤冶铁而成为境内名镇，产品中尤其以手工钢针知名，被誉为"九州针都"。大阳所产的钢针，除了满足国内市场外，还远销中亚一带。足迹遍布全国的大阳人，免不了渡江渡河，为了祈求旅途平安，祭祀水神也是自然而然的事情。

根据现存资料推测，可能万历初甚至更早，镇上就建立了简易的大王庙殿宇。明万历四年（1576）《建金龙四大王行宫西行廊记》是目前见到的关于金龙四大王祭祀的最早文字记载，从碑文提到"金龙四大王职膺江河，威灵赫奕，福佑商人，众尝敬畏，从先岁于阳阿南境建行宫"来看，这个最初建设殿宇的"先岁"至少在万历初年，甚至会更早一些，建庙的缘起是由于"郡人李子菁、郜子希颜久涉江河，屡蒙阴佑"，因此捐资"建西行廊三楹"，② 参与建庙的"乡人李子善、郜

---

① 顺治《高平县志》卷2《建置志》，第10页b。
② 樊秋宝主编：《泽州碑刻大全（二）》，中华书局2013年版，第586页。

子希颜"等人，是在长江流域的"江右"一带经商的商人。至明末，大阳镇在外经商的群体，已经分成了南路商和北路商人两股，其中一批人以河南杞县甚至以长江流域为贸易地，依托发达的铁货加工业，将钢针等货物源源不断贩运各地。

另一所明代建立的大王庙位于周村镇。周村镇原名长桥镇，得名于村东河流上的"长桥"，传说这里是西晋名将周处归葬之地，后更名为周村镇。周村镇地处泽州县西南部，这里远离市区，却与煤铁产地阳城接壤，西部不远处就是阳城的煤铁生产重地郭峪镇和润城镇。由于在明清时期这里是通往河南、陕西的必经之路，清代逐步形成的"清化大道"经过周村而入河南，这里便成了阳城铁器向东转输的必经之地，清末记载，阳城铁货运输路线是"东则运之周村镇，西则行诸翼城关"，便捷的交通促进了本地经济的发展，使得周村在明清时期逐步成为一个重要的商贸巨镇。从种种迹象看，周村的商业的兴起，不晚于明万历时期。明万历四十七年（1619），周村镇商贾在镇西建立了"金龙四大王庙"。在留下的《创建金龙四大王庙记》中记载，时人已经是这样一种风气：

> （村民）尽为贩夫贾儿者，豫糊口之计，为麦飨之资，贷红柏之余，宫蝇□之息，群相呼引之，迹郑、卫、吴、越间，熙熙来，攘攘往，计子母而角征逐。①

郑、卫、吴、越都是先秦时期的诸侯国，其中郑国疆域基本位于今天河南中部，卫国疆域则覆盖了河南东北、鲁西及河北南部的部分地区，吴、越则位于长江流域和钱塘江流域下游，以苏浙等省为核心的地区，可见，在明后期，本镇商人的足迹已经遍及今天黄河中下游、长江下游及钱塘江流域的广大地区。尤其是河南省，在清代成为本镇商人的

---

① 薛林平等：《周村古镇》，中国建筑工业出版社2014年版，第230页。

一个重要基地,在道光年间维修大王庙的捐资中,"服贾雍邱两镇"的本镇张姓兄弟发挥重要作用,参与捐钱的七十余人应该大多数是来自经商于河南杞县等地的本镇善信。

道光三十年(1850)大王庙再次重修,募化自外地的捐资一共四笔,分别来自"运上、漯河、台庄"的31家字号,来自"周口、翼城"的32家字号,来自"福建山"的35家字号以及来自"南宿川(州)"的40家商号,四笔捐资合计714千文。这批字号、商人中估计有相当一批是本镇外出经商的人士,如一批范氏善士计14家,郭姓善士20余家,张、卫等姓善士也有若干,参考本地居民姓氏构成以及历史上的商人信息,这拨人很大概率是本镇外出经商的商人。

漯河和周口分别在今天河南的漯河市和周口市,尤其周口在清代是晋商汇聚的一处商业重镇,福建山大约是福建地区,台庄即山东台儿庄,这是清代山东运河上的重要城镇,"运上"大约并非一个具体地名,或许是运河沿线某处或者是商人约定俗成的某个地区的称呼,"南宿川"经查资料,无此地名,但是有一"宿州",即今天安徽宿州,与之相对有一"北宿州",位于今天山东东平,笔者认为,安徽的宿州应该是接近历史真相的答案。如此,则周村镇商人的经商足迹已经遍及冀、鲁、豫、苏、浙、皖等广大地区了。

商业重地的高平,行商群体的崛起也可以追溯到明代,明万历以来,境内也普遍修建金龙大王庙宇。

陈区镇地处高平东北部,这一地区山地居多,矿藏丰富,民间多以冶铁采煤为生,辖区内的魏庄村因为"土脊[瘠]民贫,懋迁者众",大量人口外出经商,为此供奉黄河水神,庙宇名曰"金龙宫","创自故明万历二十四年",是县境内现存有确切资料可考的年代最早的金龙大王庙。①

马村镇的周纂是冶铁重地,同时也是商业重镇,在清代,这里叫周

---

① 王树新主编:《高平金石志》,中华书局2004年版,第289页。

篆镇，是高平南部商业重地之一，其得名据说源于后周时期大将杨篆。清代这里隶属于第二十一都"东宅里"，商业繁盛，住户近千家，由于人口众多，镇子被分为东周篆、大周篆两部分，后形成今天东周村和西周村等地。由于经济发达，被夸为"金周篆"。方位在东的叫东周篆村，中间的叫大周篆村，西周村位于西边，故名西周篆村，后改称西周村。

这里的商业崛起于明代，从事长途贸易者估计为数不少，其中武氏家族便是经商发家的代表。村内保存的康熙二十七年（1688）《周篆镇重修大王庙碑记》记载：

> 世之托庇于河口，逍遥于舟中者，相传为金龙四大王之力……今周篆镇原有大王庙一区，为武氏先人创建□。周篆为泫邑之巨镇……服贾而迁有无者亦复不少。[①]

武氏家族有部分族人从事商贾，立碑时间是康熙年间，其修建庙宇的先人至少应该是父祖一辈，以此倒推，则建设庙宇的时间或能上溯到明末。这批人可能是镇上较早的从事长途贸易的商人，因此会牵头兴建商人的保护神——金龙大王的庙宇。

周篆镇的大王庙建于明代的另一个更有力的佐证是，大周村在明代就有金龙大王的祭祀，在大周村三皇庙保留了一块《皇帝万岁碑》，上面记载了村内祭祀的各位神祇及信众信息："伏羲：施主何惧……金龙大王：施主连得实……女娲：施主杨文明、杨文进……"[②] 碑里明确提到村里有祭祀金龙大王的活动，其施主为一名叫作"连得实"的村民。可惜的是，这块皇帝万岁碑没有落款日期，但通过碑文中有"大明朱太祖：施主牛代仁"以及"天皇施主：礼部尚书裴宇"等信息，尤其

---

① 康熙二十七年（1688）《周篆镇重修大王庙碑记》，现存高平市马村镇大周村大王庙。
② 明代《皇帝万岁碑》，具体刊刻时间不详，约在万历前后，现存高平市马村镇大周村三皇庙。

是"天皇施主"的捐资当事人"礼部尚书裴宇"的信息，可以考证出这块碑的大致刊刻年代。经查史料可知，明代礼部尚书裴宇为泽潞地区的铁冶重镇大阳镇人士，居官历经嘉靖、隆庆、万历三朝，则该碑为明碑无疑，大周村的金龙大王祭祀最迟也可以追溯到万历时期。

除了大周村，西周村也有相关记载，据村内所存嘉庆十八年（1813）《大王殿新作神龛金妆圣像碑记》所载：

> 天一生水，五行之中，水居其一。而江湖河汉，洪涛巨浸，莫不有神以宰之。□之贪利涉者，随在蒙其庇佑。于是乡、村、镇、店各设神祠，以□诚敬。①

毗邻的两个村都有大王庙，可见该地商业的发达，可惜的是，这两个地方没有留下具体捐资信息，无从考察商业区分布。

建宁乡位于高平市东北部，在清代这里被划分为建宁东里、建宁西里、建宁南里、建宁北里、建宁中里等，地处山区，冶铁业发达，东邻陵川县四大名镇之一的礼义镇，境内商业较为繁盛，也较早修建了大王庙，据建宁镇驻地建南村大王庙保存的嘉庆十五年（1810）碑刻记载："镇东南隅，旧有大王庙，创于明，续修屡矣。"② 此外，高平其他村镇也有大王庙遗迹，此外，高平良寺庄镇、户村也有大王庙，可惜碑铭已经损毁，具体创始年代不能得知。

陵川县附城会馆，也有关于金龙大王祭祀的记载。道光四年（1824）镇上的商人开始筹资，最终于咸丰三年（1853）完工，各种费用共花费两万四千多串，折合白银万余两，相当可观。

这次工程规模宏大，建设的殿宇包括：

---

① 刘泽民总主编：《三晋石刻大全·晋城市高平县卷（上）》，三晋出版社2011年版，第481页。

② 王树新主编：《高平金石志》，中华书局2004年版，第279页。

> 正殿三楹，以供关圣，配以竭忠王关将军，威灵忠勇公周将军。左右夹室各三楹，左供增福财神，右供金龙四大王。①

值得注意的是，会馆里不仅供奉了关公、财神，还供奉金龙四大王，三位大神占据了正殿的三个主位，这说明镇上有行商群体存在，可能规模还不小，可惜资料不足，我们无法分析其经商区域。

凤台县是泽州府治所所在，境内的铁冶产销重地徐庄镇建设有大王庙一所。该庙宇建设年代不详，据徐氏家谱中附载的《创建村镇原因记》记载，该地于"古阳阿河边建大王庙"，以求神人呵护。除此之外，明清时期境内的一批村落也逐渐成为商业村落。泽州北部巴公镇的郜村是个商业繁盛的村落，由于经济发达，人口增殖，村落规模不断扩大，最后分为北郜村、西郜村等新村子。在历史上，留下名字的本村商人，至少有以下几人：北郜村在乾隆五十五年（1790）就有"里人以商募化豫省之鹿邑、柘城县"，道光二十七年（1847），又有"众子弟外出贸易"，西郜村在乾隆十八年（1753），村人"张遇圯经营四方"，嘉庆十三年（1808）村内重修庙宇，"请本村贸易之人……或江南，或山东，或河南，虽千里外不辞其劳，以募化之"。募捐对象除一批善士来源地不详外，可以确定的地点至少涉及山东、安徽、河南三个省份七个府、县及集镇。道光二十年（1840），村人"许近仁身寄涡水之阳货殖生涯"，此外还有张姓"先祖张世伦旅外经商"。从以上零星记载看，清代村子里经商范围已经覆盖了至少河南、山东及安徽的广大地区，为此西郜村南阁也奉有金龙大王一尊，以求"神灵赫濯，默佑一方，海晏河清，风调雨顺，合村老幼无不戴德"②。

郜村周边，大约是巴公镇内商业发达的地区，附近的渠头村及三家店村、尧头村等经济都比较发达。渠头村自明代崛起后，在清代继

---

① 山西省政协《晋商史料全览》编辑委员会编：《晋商史料全览·会馆卷》，山西出版集团、山西人民出版社2007年版，第352页。

② 樊秋宝主编：《泽州碑刻大全（三）》，中华书局2013年版，第456页。

续发展,"乾嘉年间,吾乡外出经商者众……"① 经商足迹远达长江流域;尤其三家店村,据说该村得名于殷、唐、越三姓人家在此开店,村名本身就包含浓重的商业意味。三家店村位于泽州县北部,是泽州县通往高平的北大门,与泽州铁冶重镇大阳镇、高平商业重地河西镇、周纂镇距离不远,商业相当发达,最迟道光年间,村内已经是"吾社贸易之人,实繁有徒"②。为此于道光十一年(1831)在村中庙宇内增设金龙大王神位,并刊刻《创设大王财神尊神牌位碑记》以记载此事。

潞安府境内,保留的大王庙遗迹不多。目前在已出版资料中,只有八义镇有金龙四大王祭祀的记载。八义镇地处今天长治上党区西南部,东与铁货分销重地荫城接壤,南与高平相连。该地地名由来据说与长平之战有关,战国时期,秦国与赵国相持于长平,用反间计将老将廉颇替换为只知纸上谈兵的赵括,行军途中路遇八义士劝谏,赵括一意孤行,将八义士杀害,后人将八义士劝谏之地定名为八义。八义镇清代以前的记载不多,就目前可见的少量资料,最迟到乾隆年间,这里已经是一个具有一定商业规模的市镇了。据该镇乾隆三十九年(1774)《白衣阁碑》记载,镇内的庙宇"供奉白衣大士、文武财神并金龙大王诸神于上,以为一方之保障"③。文武财神、金龙大王都是商人常常奉祀的神祇,显然,本镇除了坐贾外,还可能有一批行商。乾隆年间,八义镇商人秦德公曾长期在外省贸易,可以作为例证:

> 该镇居民,多在安徽贸易,秦德公亦素以帮伙营生,从前曾在河南固始县,与王之相合伙生理,后因不合而散,至二十九年,又领本县冯祥本银,在外贩运米豆,未久也被辞出。秦德公将所分银

---

① 樊秋宝主编:《泽州碑刻大全(三)》,中华书局2013年版,第620页。
② 樊秋宝主编:《泽州碑刻大全(三)》,中华书局2013年版,第633页。
③ 刘泽民总主编:《三晋石刻大全·长治市长治县卷》,三晋出版社2012年版,第156—157页。

八十余两，携往江南凤台县开铺，又折本而归，于三十六年八月到家，揭债二十金，在本村开设钱桌。①

秦氏先后在安徽、河南、江南等地贸易，曾以贩卖粮食为业，这应该是镇上外出贸易的商人的一个缩影。

除了泽潞地区本地的金龙大王庙，在周边的河南等地也有部分大王庙与泽潞商人关系密切，其中最重要者，当数河南怀庆府的金龙大王庙。

从山西进入河南的通道，最便捷的就是从晋城翻山而东南行，经过碗子城到达清化镇。豫西怀庆府的清化镇是山西与河南省交界的一个重要商镇，同时也是泽潞一带所产铁货外销的重要中转地，以及外贩粮食运回山西的重要转运地。泽潞商将本地特产运往清化汇集并转销各地，其中一条最便捷的路线便是借助附近的卫河水运，或者南渡黄河南下，在黄河干支流上频繁来往，让清化镇一带的商人也有了建庙祭神以求平安的现实需求。

清化镇保留的金龙四大王庙始建于明代嘉靖年间，在留下的隆庆五年（1571）《创建金龙大王神祠记》记录了这次修庙的始末。由于年代久远，这块碑刻文字剥蚀严重，但是关键信息还能释读。从碑文来看，最迟隆庆年间大王庙已经是"（黄河）沿河一带皆有神祠焉"。由于"晋□□□□于苏湖……则舟中之人皆胆落。刘子独诵大王经卷，祈告护佑，乃得履险如□□□□应"。残缺部分，参考上下文，似乎是"晋冈贸易于苏湖"，在渡河时遇到风浪，当事人"刘子"祈求金龙大王保佑，而风波平息，平安登岸（下文可知，该当事人为临汾人刘尚科，字登云，别号晋冈，是外出贸易的行商），碑文中的残缺之处，在清代咸丰年间，重修金龙四大王庙留下的碑记中得到佐证，碑文追溯建庙缘起时，对这一事件进行了回顾：

---

① 田秋平：《天下潞商》，三晋出版社2009年版，第54页。

第四章 泽潞商人的商业联系区域

清化镇何为而有大王庙焉？其始创建于晋之□□刘晋冈，晋冈贾于镇，常南北懋迁，舟楫往来，时获神佑。欲为酬神而无妥神之所，遂与同乡同商，□立斯庙，时则前明隆庆五年也。①

平安渡河返回的临汾人刘尚科与同仁商议修建庙宇，在嘉靖年间开始筹划，最终于隆庆年间落成：

嘉靖辛酉岁，与同乡同商……镇咸庆其离风涛而就平陆，人与货俱保安而归焉。感激神恩□□□□，恨无以为栖神之所，刘子等各出己资数□□□，□石鸠夫，工不数月而落成。

这次工程修建建筑如下：

大王正殿三楹、拜殿三楹、左右廊房□□□三楹，台榭修整，栋宇崔峨，神像俨然，从使分列，□□睹之者咸起敬焉。②

嘉靖辛酉岁，即嘉靖四十年（1561），怀庆金龙大王庙开始修建。在碑文记载的参与者中，除了"赐进士第进阶资政大夫累加从一品俸级山东布政使司左布政使阳城□□、赐进士第中宪大夫整饬固原等处兵备陕西按察司副使阳城□□、赐进士第朝议大夫抚治商洛等处地方陕西布政使司左参议阳城□□"等几位阳城籍贯官员外，在捐资名单中还出现了泽潞商人的名字。

如泽州籍贯的捐资者中，扣除名单残损不可释读者，还有至少二十例，分别是：

---

① 许檀：《清代河南、山东等省商人会馆碑刻资料选辑》，天津古籍出版社2013年版，第210页。
② 许檀：《清代河南、山东等省商人会馆碑刻资料选辑》，天津古籍出版社2013年版，第186页。

任　经：银三钱；朝进孝：银二钱；王朝雍：银一钱；

王　坤：银一钱；王大贤：银五分；王仲吕：银三钱；

张应时：银一钱；王　学：银三钱；司　假：银二钱；

翟文聪：银一钱；（此处残损）；□　荣：银五分；

王腾霓：银五分；庞　乾：银一钱；□□□银一钱；

梁　章：银五钱；闫伯荣：银一钱；

常朝满：银三钱；邹宗法：大门钉一付；李一中：银四钱；

王天禄：钉五十斤。①

潞安府籍贯的捐资者有三例，分别是：

谭　相：钉十斤；王时□：钉五十斤；姬文升：钉二十斤。

阳城县籍贯的捐资者有十一例，分别是：

李国祥：银一两；潘得禄：银一钱；郭永付：银一钱；

李国廉：银一两；卢光辉：银一钱；杨廷轸：银一两；

卢成能：银三钱；李争光：银一钱；吉士祥：银一钱；

王　海：银二钱；张　福：银一钱。

这三十多人，根据碑末"躬率各处商人创建庙宇"的记载，显然是在清化贸易的商人，或者与清化镇有贸易来往的潞安府及泽州府诸县商人，在这批捐资者中，尤其值得注意的是泽州籍贯的王天禄捐助钉五十斤，潞安府籍贯的"谭相捐助钉十斤；王时□捐助钉五十斤；姬文升捐助钉二十斤"，钉子是泽潞地区名优产品之一，

---

① 许檀：《清代河南、山东等省商人会馆碑刻资料选辑》，天津古籍出版社2013年版，第190页。

这批以铁货参与捐资而非以现金参与捐资的善士，很大可能是专营铁货的商人。

在清代，大王庙陆续得到翻修，在多次兴修工程中都能看到泽潞商人的身影。康熙四十一年（1702）清化镇大王庙竖立旗杆，碑末记载的捐资善士中有"山西泽州信商：马华骁、李开疆"①，道光二年（1822）重修捐资名单中，有来自潞府（潞安府）的"三盛明记"和来自高平的"元盛仁记"两家各捐钱四百文，② 咸丰九年（1859）重修大王庙，捐资名单中，有来自陵川县的"侯成泰号捐钱四千文；杜盛兴永捐钱三千六百文；段增盛捐钱三千六百文；信成衣店捐钱三千四百文"③。此外还有来自晋潞（大约是山西潞安府简称）的"芳典号、锡盛门神店、服愈堂、选盛行、清一行、明盛□、何锦聚"等若干字号以及"泰升德"字号，此外还有来自凤邑（泽州凤台县）的"泰亨和、贵和号、孟合盛"等至少三家字号各捐钱一千文。④

咸同之际，清化镇对清化镇城墙进行重修，保留下来的《重筑清化镇城记》较详细地记载了此次筑城的缘起和经过：从碑文可知，清化镇城墙修建于明代，为明代推官潘公棠所筑，万历、崇祯间曾有重修。清朝晚期城垣防御功能下降，逐渐坍圮。促使民间萌生修建城墙动机的，是以下几个关键事件：

> 咸丰癸丑年贼从东南转扰怀郡，时城守勘贼，环城而垒，四郊多被焚掠，镇以僻左获全。贼退后，镇之士绅遂有筑城之议。越数年，河北无事，遂不果筑。至辛酉夏，余莅兹工，时直东教会诸匪

---

① 许檀：《清代河南、山东等省商人会馆碑刻资料选辑》，天津古籍出版社2013年版，第199页。
② 许檀：《清代河南、山东等省商人会馆碑刻资料选辑》，天津古籍出版社2013年版，第209页。
③ 许檀：《清代河南、山东等省商人会馆碑刻资料选辑》，天津古籍出版社2013年版，第212页。
④ 许檀：《清代河南、山东等省商人会馆碑刻资料选辑》，天津古籍出版社2013年版，第214—215页。

屡犯河北，沿及郡之边界，而大河以南发捻诸逆更掠叠扰，皆意图窥越。①

咸丰癸丑年，即咸丰三年（1853）发生过一次重大事件，太平天国北伐，围攻怀庆长达两个月。另一次事件是咸丰辛酉年，即咸丰十一年（1861），这一年夏天咸丰帝驾崩，但对于清化镇来说，威胁最大的是河北境内的教匪，以及黄河以南广大地区日渐活跃的捻军。

考虑到"镇居秦晋之交，商贾辐辏，廛市棋列，实此邦一大都会。猝有不虞，无城何以为固？"镇内绅商再次筹资修建镇城，此次重修自咸丰十一年（1861）开始，至同治三年（1864）五月截止，前后历时三年多。

在参与咸同之际清化镇城修建捐资的"铁货店众客商"中，有不少来自泽潞地区的商人。从籍贯看，这批人来自泽潞地区的凤台县（泽州府治所所在附郭县）、润城镇、米山镇、周村镇等地，我们上文曾对泽潞地区铁冶生产有过论述，以上几个地区都是明清时期的铁冶重地，其中凤台县籍贯的商人有5家，捐资74千文；润城镇籍贯的商人有1家，捐资30千文；米山镇籍贯的商人有1家，捐资5.6千文；周村镇籍贯的商人有2家，捐资14千文；这9家铁货商捐资占据本次捐资总额的27.8%，在籍贯明确的捐资客商中，山西商人捐资占比排列第一位，相当可观。②

从清化镇金龙大王庙看，泽潞地区的陵川县、阳城县、高平县、凤台县等泽州府下属诸县及境内的铁冶重地米山、润城、周村，以及潞安府商贾都曾选择清化镇作为自己开拓商业市场的基地。

除了金龙大王这样的黄河水神外，其他水神在民间也有崇拜，比如

---

① 许檀、吴志远：《明清时期豫北的商业重镇清化——以碑刻资料为中心的考察》，《史学月刊》2014年第6期。
② 许檀、吴志远：《明清时期豫北的商业重镇清化——以碑刻资料为中心的考察》，《史学月刊》2014年第6期。

第四章　泽潞商人的商业联系区域

泽州南关有一座晏公庙，祭祀水神，该庙宇创始年代不详，就现在某些证据来看，康熙年间曾有过重修，该庙可能明代就已经修建。乾隆四十三年（1778）《本庙重修碑记》记载了这次兴修的缘由：

> 吾泽南关黄华厢旧有晏公神庙，往东商贾有祷辄应。一苇可航，接□而利济首期；万里虽遥，联息而轻帆已渡。纵使风雨骤至，共庆波涛不惊。以故奉牲以告者，未易更仆数记。曰能御大灾则祀之，能择大患则祀□，□斯之谓与？庙之创建何时，贞珉湮灭。惟康熙庚辰有重修碑记，迄今已七十余载矣。风雨之飘摇，鸟鼠之剥蚀，殿宇、舞楼，渐即倾圮。①

光绪二年（1876）晏公庙维修留下的《本庙增修记》再次重申祭祀晏公的缘由：

> 晏公，河神也，庙之主神，因以名其庙……泽凤南关去黄数百里，高黄数百仞，而作庙于兹者，何与？盖商贾之所聚处，南道吴、楚，北趋汾、潞诸州。黄，巨津也，孔道也。物产之丰阜，舟航络绎而不绝，风帆所过，谈笑而不惊。不可谓非神之所福佑。②

由此可见，泽州等地南下贸易的商人修建晏公庙的目的，与修建金龙大王庙的目的类似，都是为祈求渡河平安。值得注意的是，庙内有"大王会"组织以负责日常事务，每年会举办类似庙会的经济活动，据乾隆八年（1743）《大王圣会董理碑记》记载："晏公庙古有大王圣会，每年九月各省商贾云集贸易。"③ 这个"大王"，我们有理由怀疑是金龙

---

① 刘泽民总主编：《三晋石刻大全·晋城市城区卷》，三晋出版社2012年版，第220—221页。
② 刘泽民总主编：《三晋石刻大全·晋城市城区卷》，三晋出版社2012年版，第336页。
③ 刘泽民总主编：《三晋石刻大全·晋城市城区卷》，三晋出版社2012年版，第186页。

四大王，可惜资料不足，无法佐证。

由于晏公庙的这样一个功能，在清代的历次维修中，都有大量字号参与捐资，在乾隆年间的维修中，至少有130余家商号参与捐资，合计筹资254.495千文，在光绪年间的维修中，有至少114家商号参与捐资，募集资金至少1456.5千文。不过这些字号都没有标注捐资地，无从判断是泽州府城的坐商，还是路过泽州的行商。不过就"商贾之所聚处，南道吴、楚，北趋汾、潞诸州"的记载看，及"往东商贾有祷辄应"的描述来看，这应该主要是向华北平原一线经营的商人，泽州商人的商业势力向南能延伸到长江流域，向北达到晋中汾州府等地，当属无疑。

第二节 商人墓志记载的商业活动区

除了大王庙这类遗迹，商人墓志也是重要的研究资料。散见于公开出版的各种碑刻资料汇编中的相关资料，至少百余条，其中有相当一批资料对于当事人生前的经商地有较明确记载，兹摘录部分如下。

就现存资料来看，至少在正统年间，泽潞地区外出经商已经有一定规模。周村镇是泽州重要商业市镇之一，镇人多有异地商贩者，如镇人卫自裕生于明洪武三十一年（1398），卒于正统十二年（1447），寿四十九，他"善干贾……远服商贾为养亲具"①。这是笔者目前掌握的材料中所能见到的最早的明代商人记载。

泽州的铁冶重地大阳镇最迟在嘉靖时期，也出现一批家境富裕，善于治生的商人家族。他们或放贷生息，或贩运他方，山东等地是其主要经商区，如万历年间去世的镇人王溪远"从父服贾吴、鲁间……客郯城四十余年"，② 吴地是长江下游的苏浙一带，鲁地则是山东的代名词，郯城则是山东属下的城市，可见其经商足迹遍及山东、江浙，显然是各

---

① 薛林平等：《周村古镇》，中国建筑工业出版社2014年版，第228页。
② 樊秋宝主编：《泽州碑刻大全（二）》，中华书局2013年版，第648页。

处贩运的行商。

明代隆、万时期的镇人张尔富生于嘉靖二十六年（1547），卒于万历四十年（1612），少年就从事商业：

> 髫年奔走买贩，糊其口于四方……公善心计，能侦伺物价直低昂先后而消息之。孺人恒操母而公流转其子，以故家稍稍给。①

高平城北郊凤和村也是个商业村落，该村村民张相生于弘治十五年（1502），卒于嘉靖二十二年（1543），《张相墓志》记载：

> （张氏）方弱冠，悉综家政，从心贸易，不惮昕夕，操舍畸赢，节缩浮费，百需俱足，家用益饶……尝客游于河南归德间，日勤生殖……厌纷沓，乐邀游，惟以货殖于外，为是竟卒于旅邸。②

村内另一望族李氏的族人李濬功，字绳祚，号成吾，生于嘉靖四十五年（1566），卒于崇祯七年（1634），由于科举不顺，弃儒从商，"挟资贾苏越间，精敏有心计，若荚货情会，币息赢缩，即巧力不如也"③。苏、越一带在今天长江下游三角洲周边地区，大约相当于今天苏南及浙江一带。

高平唐安人冯春字应元，号环溪，万历二十七年（1599）卒，《冯春墓志》记载，"公饶心计、权子母、征贵贱，仍遣鬻盐铁于瀛沧之间。不数载，资渐裕"④。大约是在东部沿海从事食盐、铁货买卖。

高平建宁镇东庙村人韩邦典，字挺生，生于明天启七年（1627），卒于康熙三十八年（1699），从其墓志记载的信息看，韩家大约是商业世家：

---

① 樊秋宝主编：《泽州碑刻大全（二）》，中华书局2013年版，第584页。
② 王树新主编：《高平金石志》，中华书局2004年版，第432页。
③ 王树新主编：《高平金石志》，中华书局2004年版，第441页。
④ 王树新主编：《高平金石志》，中华书局2004年版，第437页。

>（韩邦典）祖父俱有隐德，积累厚封。公自龆龀，见公父游四方，即有志陶[朱]而随之……年十五，诣江南，远服贾，越数年而始一归……家山右，贸易南徐。①

他的经商区，则是在长江下游的江苏一带。

清代泽潞商人活动范围更为扩大。顺治、康熙之间的李如珠，"弃儒就商，贸易淮、蔡、中州间……中年归里为贾，权子母计生息……不数年而饶裕"②。

蔡国是先秦时期的古国，旧址是河南的上蔡、新蔡等地，大致在今天河南中部，淮一般是安徽淮南的简称，中州则是河南的别称，可见李氏的经商地，以河南及淮河流域为主。

关卫周，生于康熙四十二年（1703），卒于乾隆三十六年（1771）：

>治家崇节俭，尤邃《九章》、《五曹》、《算学》，量入为出，家计稍饶裕……后以长芦盐筴被诖误，产中落。③

生活于康熙年间的周村镇人张承寰，生年不详，卒于康熙三十五年（1696），"遨游秦陇，贸易荆湘"④，贸易范围遍及西北的陕甘及湖南湖北等地。

活动于乾嘉之际的周村镇人商人郭俊良生于乾隆二十六年（1761），卒于嘉庆十五年（1810），"幼即营商杞县，小心敬谨，阛阓中有书生气焉"⑤。

又如王虎村嘉庆末年记载："凤邑西北四十里有村名王户，又曰王

---

① 王树新主编：《高平金石志》，中华书局2004年版，第462页。
② 樊秋宝主编：《泽州碑刻大全（二）》，中华书局2013年版，第658页。
③ 樊秋宝主编：《泽州碑刻大全（二）》，中华书局2013年版，第623页。
④ 薛林平等：《周村古镇》，中国建筑工业出版社2014年版，第236页。
⑤ 薛林平等：《周村古镇》，中国建筑工业出版社2014年版，第255页。

虎……村土瘠，人务凿，间业陶朱。"① 郜匠村道光年间工程经费有一部分募化自"单县之诸服贾者"②，东上庄村"居县城东十里，田号为石，垅旋如梯"。恶劣的生存环境使得村民多外出经商谋生，即便是经过清末丁戊奇荒，村内的经济构成仍然是"务农者十之八，服贾者十之二"③。鼎盛时期，村落外出经商人口由此可以想见。

高平企甲院村发现的《张永灏墓志铭》也记载一位张氏家族的生平：

> 府君讳永灏，字巨源，为人方正有刚，傲气秉曲心。行五，幼随二、三两伯父贸易彰德，操奇赢，握胜□，南越楚、邓，北抵燕京，所至之处靡不令人敬服。东君甚钦重之。

张巨源"生于乾隆九年（1744），卒于乾隆五十六年（1791），享四十有八"。按山西地区的习俗，十二岁就算成人，张巨源幼年随家人外出贸易，时间有可能在乾隆二十年（1755）前后，而其父辈外出经商的时间还要更早，可能追溯到乾隆初，甚至雍正时期。据碑中记载，张氏家族的经商模式是"操奇赢，握胜□，南越楚、邓，北抵燕京"，楚地大体在现在长江中下游广大地区，邓大概是河南南部邓州，燕京即北京，可见其经商地并不固定，足迹集中在汉江流域及京城一带，似乎是携资贩货的行商而非有固定店面的坐贾，另，"东君甚钦重之"，所谓"东君"应该是出资的东家，这似乎又说明张氏族人有一部分并非拥有自己的资金，而是利用别人的资本进行经营的。

兹将目前所能见到的碑刻、墓志等资料中整理出来的泽潞商人贸易地区，列表如下：

---

① 樊秋宝主编：《泽州碑刻大全（一）》，中华书局2013年版，第282页。
② 樊秋宝主编：《泽州碑刻大全（四）》，中华书局2013年版，第518页。
③ 樊秋宝主编：《泽州碑刻大全（四）》，中华书局2013年版，第418页。

表4-1　　　　　　　明代部分泽潞商人经商区域

村落	时间	事迹遗存
申匠村	明嘉靖、万历之间	李朝相以铁冶游齐鲁诸地
后河村	明嘉靖十三年	郜安远客处汴城数十余年
郭山村	明嘉靖十五年	崔伦，业商
苗匠村	明嘉靖二十八年	历江湖为大商贾，卒于淮泗
后河村	明嘉靖二十九年	郜德实贾寓四方
渠头村	明嘉靖四十二年	李藁作商淮扬，富甲诸郡
岗头村	明隆庆三年	张环贩游河南、幽燕之墟
岭头村	明万历年间	宋道嘉贾贩南北
大阳镇	明万历十四年	王溪远从父服贾吴鲁间，客郯城四十余年
申匠村	明万历二十一年	景冬贾于河阳、覃怀间
东谢匠	明万历三十九年	苏时旺南走吴楚北□云中
大阳镇	明万历四十一年	张尔富奔走贩糊口于四方
张岭村	明崇祯十四年	王顺携资游江淮间
渠头村	明末	吴邦宁以商游卒于西秦
太平仙	明末	李市客游于河南、河阴

这群人长期于各地经商，四方为家，甚至有客死他乡者。就零星资料所反映出来的信息看，这批人在明中后期就有一定的实力，至明末已经成为一股独立的社会势力，在明代，这批人的经商贸易距离都比较远，可以看到的明确记载有"齐鲁""吴鲁""江右""郑、卫、吴、越""淮泗""河南、幽燕之墟""西秦"，以及一些更具体的地点，如"郯城""杞县""河阳、覃怀"等地，覆盖了长江、淮河流域，山东、河南、直隶以及陕西部分地区。其经营货物有明确记载的有铁货、食盐等，不过就他们经商地来看，粮食、茶叶、布匹等物资或许也是他们经营的货物。

表4-2　　　　　　　清代部分泽潞商人经商区域

村落	时间	事迹遗存
大阳镇	顺治、康熙年间	李如珠弃儒就商，贸易淮、蔡、中州间
王虎山	康熙二十二年	王裔伯阜财而事持等，走燕山津海之间
焦山村	康熙二十八年	梁祚昌，善什一之计，游商郑州，经营盐

第四章　泽潞商人的商业联系区域

续表

村落	时间	事迹遗存
牛山村	康熙二十八年	长子泽久业商，子圣广业商
申匠村	康熙三十六年	王钊持筹邺右，创立市廛
史村	康熙三十六年	中州、山左乡人之贾于是者
秋木洼	雍正年间	秀宇从舅氏经营邺郡，嗣是理氎津门；后人宗玉始而业儒，继而经商
西部村	乾隆十八年	张遇圯经营四方
府城村	乾隆二十年	续有礼贸易中州
王谷坨	乾隆二十年	韩廷栋贸易中山
北部村	乾隆五十五年	里人以商募化豫省之鹿邑、柘城县
渠头村	乾嘉年间	吾乡各村镇均颇宽绰……外出经商者众
西部村	嘉庆十三年	本村贸易之人
江匠村	嘉庆十七年	先君走商北平
上村	嘉庆二十三年	金龙大王庙
西南属村	道光十年	贾于河南浚邑
邰匠村	道光十一年	单县之诸服贾者
柳泉村	道光十三年	吾乡贸易诸公
巴公村	道光十七年	卢楷弃儒贾光州
大阳镇	道光十八年	张御琴服贾雍邱，诸君亦多经商于南
西部村	道光二十年	许近仁身寄涡水之阳货殖生涯
来村	道光二十一年	来书田贸易广东、直隶
史村河	道光二十六年	贸易青兖之区
北部村	道光二十七年	众子弟外出贸易
湖里村	道光二十八年	原绍舜鹿邑贸易
崔庄村	清代	崔通元经商于洛阳
西部村	清代	先祖张世伦旅外经商
高都镇	清中期	利有成久贾苏门
上村	民国元年	车德骥贸易山东
李寨村	民国九年	常毓正、常永歧贸易汴京

经统计，清代的经商地有"淮、蔡、中州间""燕山津海之间""郑州""邺右""邺郡""津门""中州""中山""豫省""北平""浚邑"

"单县""光州""雍邱""涡水之阳""广东、直隶""青兖之区""鹿邑""苏门""洛阳""山东""汴京"等,这些地区大多集中在河南,其次是直隶地区,山东地区,少数能远及闽越。

需要说明的是,受限于资料问题,这批人只是当时众多的泽潞商群体中的极小一部分,但是窥斑见豹,明清两代泽潞商的基本活动情况可见一斑。

第三节　会馆捐资碑刻反映的商业活动区

清代是泽潞商人发展的巅峰期。较之明代,保留下的资料更丰富,其中最重要的遗存便是大量的商人会馆。会馆源于民间结社,是明清时期商人在客居地建立的一种自治组织,根据性质,大致可分为以地缘为基础建立的同乡组织和以业缘为纽带建立的同业组织两类。目前能够见到的晋商会馆最早可以追溯到明代,北京城保留的明代会馆遗存就有来自泽潞地区的潞安府会馆。

会馆是商人群体实力发展到一定地步才会出现的产物,商人实力不足时则依附于其他商人群体建立的会馆之内,因此,会馆的存在,尤其是以府一级、县一级单位命名的会馆可以作为衡量一个地区商业发展水平的最重要参照。

目前,我们能见到的会馆大约有这几种。

一　以镇命名的会馆

与我们以往认知不同,山西商人的会馆并非只出现在外省,在泽潞地区本地,也有一些会馆存在。泽潞地区有不少商业较为繁华的镇,甚至村落都可能会有会馆出现。在村落中出现会馆的记载,目前仅发现一例,如清代高平县建宁乡的郭庄村有一所"铺户会馆"[①],这所会馆的

---

① 同治四年(1865)《创修北坡重修南垲兼修土地祠看楼碑记》,现存高平市南城办汤王头村南阁。

相关记载来自一块同治四年（1865）的碑刻。高平南郊的汤王头村兴修工程，留下了一份《创修北坡重修南埝兼修土地祠看楼碑记》，在碑刻保存的捐资名单中，出现有"铺户会馆"一所。这所会馆在笔者掌握的资料中仅出现过一次，其具体情况不得而知，大约是设置于郭庄村的一所会馆。郭庄村在清代高平县内是一个商业相当发达的村落，这里早在清初就有蚕茧交易的市场——"茧行"，清中后期商业愈加发达，村民外出从事商业的也颇多，在清代村内多次公共工程中，都有商人的身影。比如光绪元年（1875）村中重修关帝庙，"领捐外方"字号等至少70家，[1] 直到民国年间的公益募资中，仍有来自周边数十村、镇的大量"殷实芳名"与字号参与捐资。[2] 这或许是这个普通小村落会出现所谓"铺户会馆"的原因吧。

目前泽潞地区保留的镇一级会馆，有以下几家：

陵川县境内在清代有所谓四大名镇的说法，分别是"礼义镇""平城镇""附城镇"等商业较为发达，目前有两个镇保留有明确的会馆资料记载。其一是附城会馆，其旧址在附城镇东街，系附城镇上经商的商贾集资筹建，于道光四年（1824）开始筹资，咸丰三年（1853）完工，前后历时近三十年，在留下的《陵邑附城镇创修会馆记》记载了它兴修的前因后果：

> 自神农氏日中为市，以致天下之民，以聚天下之货，交易而退，各得其所。而商贾之利宏，材用之资广焉。然而诈伪渐启，争斗将兴，天下亦至此多故矣。《周礼》为周公致太平之书，三百六十属，各有所司，司市以下十余职隶于地官。凡市之治教政刑，莫不有以修明而整齐之，而遣人所掌。十里有庐，庐有饮食；三十里有宿，宿有路室；五十里有市，市有侯馆。后世会馆之制其即昉于此乎？

---

[1] 光绪元年（1875）《重修关帝庙碑记》，现存高平市建宁乡郭庄村关帝庙。
[2] 王树新主编：《高平金石志》，中华书局2004年版，第346页。

随着国家承平,商业发展,会馆建设越发有其必要。

> 直省内外以及郡县乡村,会馆之设有如星罗棋布,懿钦何其盛也。陵邑西南四十里附城镇者,亦商贾云集之地也,乃列肆已久,而会馆尚缺,不特缓急无纠众之区,亦且朔望无行香之处,非所以明约束、敬表诚也。

为此合镇集资,"自道光三年至三十年,共积钱贰万四千贯有奇"。这次工程规模宏大,共修建有以下建筑:

> 正殿三楹,以供关圣,配以竭忠王关将军,威灵忠勇公周将军。左右夹室各三楹,左供增福财神,右供金龙四大王。中建大厅三楹,以为奉祀拜跪之地,内院东西厢各五楹,外院东西厢各七楹,以为议论公事之所,而主持焚厢各五楹,外院东西厢各七楹,以为议论公事之所,而住持焚修亦寓焉。下建舞楼三楹,门出其中,楼两旁有房各三楹。门外照墙一壁,壁左右有屋若干间,以处仆从牲畜。

这次工程"经始于道光十年,落成于三十年,饰彩于咸丰三年"①。各种费用合计,共花费两万四千多串,折合白银万余两,相当可观。

碑末附载的首事者为"牛泰顺、泰顺来、恒泰信、合兴号、永新号、长春号"六家,以及维首"常兴号、新顺号、义生号、魁盛号、通兴号、公兴号、通义号、宁远号、全兴号、复兴号、瑞隆号、信成号、永祥号、履泰号、芳盛号、文兴号、和义号、和泰号"十八家,显然是镇上经商的商人,这二十四家字号,应该不是镇上商人的全部。

---

① 山西省政协《晋商史料全览》编辑委员会编:《晋商史料全览·会馆卷》,山西出版集团、山西人民出版社2007年版,第352—353页。

第四章 泽潞商人的商业联系区域

在咸丰三年（1853）留下的《创修会馆各字号捐资碑》开列的捐资名单，应该才是镇子上的商人全部：

牛泰顺捐钱一千九百二十千文，泰顺来捐钱一千五百二十千文，永新号捐钱一千二百二十六千文，义生号捐钱九百一十千文，瑞兴号捐钱八百四十千文，复兴号捐钱八百零一千文，永祥鼎捐钱七百一十八千文，常兴号捐钱六百六十千文，公兴号捐钱五百七十千文，通义号捐钱五百五十千文，魁盛号捐钱五百四十千文，合兴号捐钱五百二十千文，万益号捐钱五百一十千文，恒泰信捐钱四百七十一千文。德兴隆捐钱四百六十五千文，隆升恒捐钱四百六十千文，元盛号捐钱四百四十千文，永兴号捐钱四百三十五千文，路通兴捐钱三百八十千文，通顺号捐钱三百八十千文。文兴号捐钱三百六十三千文，裕盛号捐钱三百六十千文，魁兴号捐钱三百二十千文，兴盛号捐钱三百一十九千文，新顺号捐钱三百一十千文，和义号捐钱三百零八千文，和顺号捐钱二百九十二千文，凤邑周克昌捐钱一十二千文，① 永泰号捐钱二百四十九千文，履泰号捐钱二百一十六千文，全兴号捐钱二百一十二千文，芳盛号捐钱一百九十三千文，麟兴公捐钱一百六十千文，信成号捐钱一百四十三千文，宁远号捐钱一百三十六千文，遇山号捐钱一百三十千文，裕升号捐钱一百三十千文，魁升号捐钱一百三十千文，瑞隆号捐钱一百二十五千文，永义号捐钱一百二十千文，司复义捐钱一百二十千文。德盛号捐钱一百一十串，增隆号捐钱一百千文，顺成号捐钱八十九千文，元隆号捐钱八十七千文，天合号捐钱八十三千文，元顺魁捐钱七十一千文，荣兴号捐钱五十八千文，顺兴号捐钱五十五千文，长春号捐钱五十一千文，信成和捐钱五十千文，永裕号捐钱三十九千文，

---

① 周克昌捐钱一十二千文，按照古人捐资排名从高往低排序的规则，与上下文捐资动辄二百多千文的额度比，额度明显偏少，相当突兀，估计有录入脱漏，疑似脱漏"二百"。

永祥号捐钱三十五千文，益兴东捐钱三十三千文，志兴号捐钱三十千文，余元享捐钱二十千文，复盛号捐钱二十八千文，会泰号捐钱二十七千文，吉泰号捐钱二十七千文，庆义号捐钱二十六千文，通兴美捐钱二十四千文，正源号捐钱二十一千文，魁隆公捐钱一十六千文，全义协捐钱一十五千文，聚瑞号捐钱一十三千文，玉升号捐钱三千文，永顺号捐钱二千文。①

本次捐资共涉及 67 家字号，合计捐资约 19777 千文。其中，"凤邑周克昌捐钱一十二千文"，与上下文捐资动辄二百多千文的额度比，额度明显偏少，估计有录入过程中脱漏"二百"两个字，若周克昌捐资按照二百一十二千文计算，则本次六十七家合计捐资近二万千文，与碑文中筹集的金额接近。尤其值得注意的是，会馆里供奉金龙四大王，这说明镇上有行商群体存在，可能规模还不小，可惜资料不足，除了有来自"凤邑（泽州府凤台县）"的周克昌一例外地字号外，没有更多外地字号信息，我们无法分析其商业联系区域。

陵川县境内的另一所镇一级的会馆是礼义会馆，位于陵川县东部礼义镇，系礼义镇上的商贾集资建设。这所会馆始建年代不详，现存资料仅有道光十五年（1835）《会馆条约碑》及后世维修留下的房梁题记若干，据《会馆条约碑》记载：

> 昔汉高入关，约法三章；齐桓之盟，倡立五命。所以纳群情于轨物，遏肆行于法度。兹我礼义商众，自立会馆以来，前虽稍有条约，略而不详，故于道光乙未夏偶有间格，遂至筑室于道，迄无定论。因之同为妥议，重立章程，安善始全终之基，备惩前垂后之谟。务期此倡彼和，众志如一，庶不至议论多而难成，识见偏而

---

① 山西省政协《晋商史料全览》编辑委员会编：《晋商史料全览·会馆卷》，山西出版集团、山西人民出版社 2007 年版，第 353—354 页。

愤。凡我同人，咸宜循规如约，不得节外生枝。庶得和气致祥，百事并举，历历相传，永垂不朽，此引。①

这则资料，没有明确记载会馆修建的时间，"于道光乙未夏……筑室于道"似乎并非会馆建设的最早记载。从"兹我礼义商众，自立会馆以来，前虽稍有条约，略而不详"看，该地会馆存在时间也许要早于道光年间，可惜没有确切资料佐证。礼义镇会馆的商人，似乎以布商居多，就这次《会馆条约碑》开列的十五条规矩看，与布匹有关系者就占据了相当大比重，如第四条"铺户有改换字号，会馆所入布匹，不得擅行换取，责彼另入新布。违者罚布十匹"。第十条"卖布匹之家，不许往外铺借用布匹。违者罚"。第十二条"会馆所有布匹，原以出赁办事，无论是谁，不得擅行借用。违者罚"。可能在清代，礼义镇是陵川县境内的一个布匹分销中心，比如在镇内可以看出行当的字号就有一家布店——"长兴布店"。②

镇上的商人，留下记载的，前后三四十家，他们的具体信息保留在从道光到光绪的历次花梁题记上，这些字号同样没有留下经商地址信息，但是通过与泽潞地区其他资料进行比对，可以发现，公和馆是来自冶底镇的铁货商、公兴号在多次出现周村镇，可见礼义镇的商业辐射基本在周边县镇，跨省贸易者不多。

除此之外，高平尚存的镇一级会馆有寺庄会馆，位于寺庄镇北部，系寺庄镇商贾民众集资兴建。它的创始年代不详，目前可见的资料中，至少清初这里就有关帝庙（圣贤庙）存在，并在后代陆续翻修，咸丰四年（1854）大约是会馆历次维修中工程规模最大的一次。

寺庄镇是高平境内一个商业繁华的重镇，在咸丰四年（1854）的捐资中，出现大量外地捐资的商人字号，其数目约百数，他们分别来自

---

① 山西省政协《晋商史料全览》编辑委员会编：《晋商史料全览·会馆卷》，山西出版集团、山西人民出版社2007年版，第355—356页。

② 道光十一年（1831）《会馆扩修上梁题记》，现存陵川县家礼义镇礼义会馆。

直隶的保定府清苑县境内，如"公益当、永隆号、聚合成发盛号"等6家，威县境内各村镇，如"益盛店、聚兴号、恒兴和、万聚号、福厚德、源德昌、源盛恒"等，怀安县境内"复亨敬、复诚德、福德瑞、顺义昌、源义恒、福升长、信成德、福德恒"等，巨鹿县"森裕恒"、保定蠡县境内的"同顺号、同泰隆、同义店、同义公、天兴号、镒兴号、三益号、积金号、恒盛号、□□缎店、嘉泰号"等，保定高阳县"万盛宫、万隆景、义盛昌、万有公、恒茂德"等，磁州"恒庄号"，山东东昌府馆陶县"万庆恒"以及河南楚旺镇"阜泰号、利永和、顺成号、义和号、九盛号、三益裕"等二十余府、县，甚至商镇。光绪八年（1882）的捐资中，更是多达二百以上的字号，其中有一百二十多家来自直隶、江西、河南、山东等地的近二十个外地的府县。

二 以府、县命名的会馆

就目前能看到的记载看，泽、潞二府至少有九个县存在以县命名的会馆，分别是潞城县、黎城县、屯留县、长治县、长子县、壶关县、平顺县、襄垣县以及高平县等，这是这些县份商业发达的体现。

太原是山西省会，也是各地商人汇聚之处，太原城至少有泽潞地区八个县级单位的会馆，以及一个府级单位会馆。据《明清山西商人会馆史料》[①] 记载，太原的各县会馆具体地址如下：长治县会馆位置在省城右字巷，长子县会馆位置在省城的察院后，屯留县会馆位置在省城新城西街，襄垣县会馆位置在省城东校尉营，潞城县会馆位置在省城新城南街，壶关县会馆位置在精营东二道，黎城县会馆位置在省城新城西街，平顺县会馆位置在临泉府，这些会馆都是相应的县份籍贯的绅商筹资修建的。除了省城，在县级单位也有一些会馆存在，如高平县有一所商务会馆，旧址在高平旧城南门外，据说创建于清康熙年间，系高平县

[①] 山西省政协文史和学习委员会编：《明清山西商人会馆史料》，中国文史出版社2016年版，第443页。

商贾集资建立的会馆。遗憾的是，这些会馆多数旧址无存，也没留下更多的文字资料，会馆内商人群体的规模、所经营的行当等信息，我们都无从得知。

以州、府单位命名的会馆，有太原的泽郡会馆，其位置在省城棉花巷，这是一座以泽州府籍贯商人筹资修建的会馆；归化城是晋商在草原的重要商业基地，这里有一所上党社，始建于清乾隆年间，系潞泽二府商人为主力修建的会馆，其位置在归化旧城南茶坊，可惜这个会馆同样没有留下文字材料，无从得知商人规模及经营行当。

除了上述"泽郡会馆""上党社"外，还有若干较重要者。在泽州府城，有一所泽州府梨园会馆；在北京城，有两所泽州会馆，位于花市中四条的一座也叫泽郡外馆，始建于道光年间；位于康家胡同的另一所泽州会馆，同样始建于清道光年间，为了区别于花市中四条的另一所泽州会馆，它也叫泽郡内馆。以上两所会馆都是由泽州府绅商集资兴建的，可惜两所泽州会馆保存不佳，也没有资料留存下来。

北京城也有潞安府商人的活动，并修建有两座会馆。其中一座为潞安东馆，也叫潞郡会馆，馆址在炉神庵，始建于明代，是潞安府铁货商等群体集资修建的，时间大约是在明朝中晚期，主要群体是在京经商的潞州铜、铁、锡、炭、烟袋诸帮商人。据保留下来的《重修炉神庵老君殿碑记》记载：

> 都城崇文门外，有炉神庵，仅存前明张姓碑版，初不详其创建所由。询庵所得名，则以供奉李老君像，故炉神之。老君之为炉神，于史传无所考。予尝揆以意，或世传道家丹灶，可铅汞致黄白故云尔，抑亦别有据耶？吾山右之贾于京者，多业铜、铁、锡、炭诸货。以其有资于炉也，相沿户（尸）祝炉神。其伏魔殿、佛殿前后，修举于潞商，而老君一殿，独颓然支架飘风晦雨中。诸贾不宁于心，敛金鸠工，并配庑、山门，悉更新之，完整逾前二殿。予思先王神道设教，使百姓由而不知。后世求福情胜，不核祀典，往

往创为臆说，曰某事某神司主，某业某神主之。支离附会，其可笑如老君之为炉神，何可殚述。然苟其不列于淫祀，类足以收摄人心，生起敬畏，而移其敬畏神明之念；货力不私，以急公上，勤劳养时，乡里匮乏，固其所优为，则吾乡人之共成此举，其可嘉止自有在。①

在清代又修建的一所潞安会馆，为了区别于明代的潞安会馆，被称为潞安西馆，地点位于珠市口，由潞安府商贾于清代修建。据相关记载："山西潞郡会馆在广渠门内小兴隆街。会馆建于清乾隆初年，馆为山右在京的钢、铁、锡、炭等客商修建。炉神庵，老君自为炉神。乾隆十一年（1746），重修山门、配庑及前后二殿，每年山西钢铁商人均在会馆进行祭祀活动，同治年间，会馆购得馆外余地一块，作为山西潞州同仁之义园。而后，潞郡会馆多为乡人停柩之用。"②

遗憾的是，清乾隆时期两次维修的碑刻中，其中一次维修留下的捐资名单剥蚀严重，另一次《重修炉神庵老君殿碑阴题名》虽记载了一批善信名单，但里面除了数位京城王公官员外，其余都是没有职衔的人们，他们或许有部分是潞安府商人，我们将这批名单转引如下：

彭世荣　申崇厚　梁承业　刘国祥　韩文科　齐镕录　李茂芳　李芝富　李芝荣

　　王文炳　西得库　陈有德　夏增吉　史天禄　卢士俊　额林徹　俞廷试　何起麟

　　李　涛　李进忠　孙国用　徐国铨　陈正心　沈钟秀　田本顺　潘养正　董学礼

　　盛弘学　徐有德　杨　彪　祁继祖　钟志淳　金朝鸾　秦国忠

---

① 山西省政协文史和学习委员会编：《明清山西商人会馆史料》，中国文史出版社2016年版，第71页。
② 山西省政协文史和学习委员会编：《明清山西商人会馆史料》，中国文史出版社2016年版，第17页。

第四章　泽潞商人的商业联系区域

张万仓　鲁登霁

李文迪　沈礼科　郑世泰　宋世显　萧应麟　薛福瑾　李之秀
李守元　辛兴鸢

闵国柱　刘应第　栗世业　房子明　石国柱　杨　芳　张鸣珍
胡世泰　黄三纪

李鸿儒　顾秉润　郑三阳　王希舜　马成龙　张问礼　李国用
李应兰　王文烜

王廷选　刘国凤　钟毓美　张秉忠　郝国辅　马登第　李永贵
张承宗　李　正

邓之祥　王问臣　王　玺　包永源　金弘声　赵士英　张文英
李　德　李　灿

王廷铭　樊本佐　孙承德　田成玉　袁守仁　王廷策　韩国琦
李仙基　杨世发

陈嘉猷　韩芬友　宁承英　范　瑛　盛心学　李元芳　王国兴
张寿祥　张　琳

冯进贵　郭正义　赵振宗　韩国瑞　买象晋　王圣谟　王永泰
张启庆　陈　琮

房成府　刘永年　赵振国　袁国栋　田嘉玉[①]

这批善信没有捐资额度，也没有字号出现，我们无从得知这一群体身份，在京潞商的规模也无从估算。民国初年的一次诉讼，留下的资料可以为我们了解晚清潞商势力提供参考。民国五年（1916），在京潞商因馆役德海将潞安会馆违规租借，并禁阻潞州乡人使用，引发潞州铜、锡、烟三界商贾之公愤。经过三审结案后，潞商胜诉，在纪念这次诉讼的捐资中，留下了一批捐资名单，转引如下：

[①] 山西省政协文史和学习委员会编：《明清山西商人会馆史料》，中国文史出版社2016年版，第27—28页。

郑宝善　王缙云　李庆芳　裴宝棠　刘得泉　郭世臣　魏晋藩　陈佐周　各捐洋三十元

大律师　昌裕公　泰德号　各捐洋七十元

源聚成　昌聚盛　周仕雯　赵天章　程天锡　积成永　捐洋十元

宝聚兴　福顺隆　天兴成　乾兴成　泰元成　各捐洋五十元

同顺和　永顺和　和丰号　各捐洋三十元

永天成　王保禄　德盛号　王槐市　捐洋五元

牛得山　捐洋十元　张廷儒　捐洋三元

泰兴号　天盛号　金天成　成兴号　各捐洋二十元

同盛公　捐洋十六元　宝山号　捐洋十四元

松茂泰　福盛永　永兴和　天聚永　聚成永　和兴号　万顺永　宝兴陈　各捐洋六十元

公利和　捐洋四十元　各捐洋十五元①

三义成　聚义成　各捐洋十三元

致顺号　泰盛永　天义和　各捐洋十二元　永盛号　绣魁和　永泰聚　各捐洋十一元

仪泰永　天和义　天佑号　各捐洋四十二元　兴盛号　捐洋二十三元

朱天成　广兴盛　牛天顾　广顺成　长盛裕　泰和成　各捐洋十元　龙海成　复兴原　松盛号　泰昌店　各捐洋九元

广顺昌　天成玉　泰德公　源兴号　崇慎号　聚兴号　德成永　广顺公　义盛永　广兴长　天极德　各捐洋七元

永泰号　捐洋六元　四恒永　捐洋六元

义成永　天成永　天聚生　三合公　天盛源　天义成　各捐洋十元

---

① "各捐洋十五元"前面没有捐资名单，怀疑原文有脱漏。

第四章 泽潞商人的商业联系区域

天义合　新兴永　泰顺永　长盛永　全盛永　同茂盛　福茂全　德顺公　泰山号　三泰德　各捐洋八元

三兴成　全兴成　双聚生　永成号　各捐洋四元

复聚明　永泰兴　同泰号　天盛成　大兴成　广茂局　三盛号　全兴号　泰发永　全胜店　恒盛毓　各捐洋五元

泰顺成　聚珍祥　各捐洋三元

信和厚　天盛永　泰山号　珍成号　双义公　双兴永　各捐洋二元

德泰号　天成永　玉盛春　广顺号　鸿贤号　同泰号　各捐洋四元

元兴成　捐洋二元①

本次捐资参与者近一百四十人次，其中绝大多数是以字号出现，可知这批人以商人居多，根据历次碑刻中记载的零星资料看，这些商人大多数从事冶铁、铸铜等业务。

在现存州府一级会馆中，保存最好，资料最丰富的应该是河南洛阳的泽潞会馆，据会馆内保留下来的资料记载，会馆创建始于清乾隆九年（1744），竣工于乾隆二十一年（1756），前后历时13年。据保存下来的《关帝庙新建碑文》记述："洛阳城外东南隅新建之关帝庙，造自潞泽商人崔万珍等捐金输粟，取次成功。"碑末明确记载本次由"潞泽商人""祁永兴、侯公盛、魏永泰、刘万成、张万顺、赵复兴、邹盛、崔万珍等公立"。在乾隆二十四年（1759）和乾隆三十二年（1767），会馆多次进行后续工程，参与集资的是"山西潞泽众商"，对捐资名单进行统计后可以发现，仅洛阳一地的潞、泽商户就多达220家，其中以经营绸缎、布匹的商人势力最大，其中绸布商48家、布店商38家、扛布

---

① 山西省政协文史和学习委员会编：《明清山西商人会馆史料》，中国文史出版社2016年版，第73—74页。

坊 46 家，（扪布坊是为布匹进行深加工的作坊，因此我们也将它视作广义的布商，以此计算，则从事布匹加工、销售的商人有 80 多家，势力在各行业之首）此外还有杂货商 14 家、铁货商 5 家、广货商 12 家、油坊 57 家，共捐银 36243 两。

  除了这些独立建设会馆的情况外，我们还发现一些特殊的情况，比如依附于其他商业势力建设的会馆之内的一些组织，这种组织以地缘为纽带，具备一些自治组织的性质，比如在开封山陕会馆、山东聊城会馆等会馆里多次见到的"上党会""潞泽会"等"会""社"组织，也具备一定意义的会馆属性。如开封地区的"泽潞会"，当是泽潞商人的一个自治组织，周村同样有一个名为"潞泽会"的组织，这是泽、潞二府籍贯的商人的自治组织，在道光四年（1824）周村重修关帝庙的工程中，以团体名义捐资 2000 千文，位列诸家之首，经济实力比较雄厚。①

  另一种较为特殊的会馆是行业性会馆，它虽然也以地缘为纽带，但是更侧重行业分工，属于特定行业的会馆。如泽州府梨园会馆，也叫五聚堂，旧址在泽州府城周元巷，创建于清道光年间，是泽州府府属梨园行同仁建立的会馆，系戏剧从业者内部管理的专业性会馆。

  高平还有一所乌绫会馆，也叫丝绸行会，旧址在今高平城区的金峰西路，建于清代，是高平县经营乌绫这种特殊丝绸的商人建立的内部组织，也属于一种特定行业群体的内部组织。某种意义上，洛阳市的潞泽会馆也可以视作绸布行的行业会馆。

第四节　村落庙宇碑刻反映的商业活动区

  在泽潞商人的故乡，历次公益工程中有大量字号捐资记载。这些资料散布在本地一大批商业发达的村镇庙宇之中。就目前的资料来看，碑刻中字号记载年代最早者是康熙时期，不过这样的资料为数极少，字号

---

① 许檀：《清代山东周村镇的商业》，《史学月刊》2007 年第 8 期。

大规模出现是乾隆时期，嘉庆以后开始爆发式增长，至道咸时期，字号已经成为某些村落的捐资主流。部分商业规模大一些的村子，保留下来的捐资字号动辄数百个，分布范围能覆盖周边数省的数十个府县。这样的村落，据不完全统计，仅仅高平一县就有近百个，泽潞地区十余县份合计，为数当不止数百。兹以资料保存相对丰富的泽州府所属凤台县及高平县为例，就笔者掌握的资料以及学界现有研究成果进行分析如下：

原村乡的下马游村商业也得到一定程度的发展，乾隆七年（1742）重修三义庙，村民"量力输财，又有贸易□□募化客商得捐银二百余金……二共计收过银二百三十两"①。乾隆十一年（1746）维修庙宇，村民王姓"商隐于豫"，又有村民崔姓"自北京持募化之金"②，嘉庆八年（1803）的工程中，"邀出游之士，募化他乡之财，以助其力"③。道光五年（1825）汤帝庙补修，资金来源同样仰赖外地募化，在泌阳等地经商的村民裴居礼"适自泌阳归，募化数十余家；又有裴恒方、裴有镗，复募化数十余家"④。

野川镇的冯村商业在乾隆以来也有较大发展，该村乾隆十年（1745）补修二郎庙，由村民姬广仁"独领缘薄二本，募化各省商号并本邑姓氏"，合计募化字号至少 17 家，来自若干府县，通共收过银 12.1 两。⑤ 乾隆二十九年（1764），重修关帝庙，"本村马兖公、马振公二位在山东曹县贸易捐资"。募化众客商 50 余家，⑥ 嘉庆四年（1799）维修成汤庙，又在山东等地募化，其中字号四五十家，⑦ 同年重修三教堂，"令村人之贸易他邑者，持书募化"⑧。道光十一年（1831），白衣

---

① 乾隆七年（1742）《重修三义庙碑记》，现存高平市原村乡下马游村三义庙。
② 王树新主编：《高平金石志》，中华书局 2004 年版，第 256 页。
③ 嘉庆八年（1803）《创修真性堂拜殿禅房碑记》，现存高平市原村乡下马游村真性堂。
④ 道光五年（1825）《汤帝庙后补善士布施序》，现存高平市原村乡下马游村汤帝庙。
⑤ 乾隆十年（1745）《补修二郎庙碑记》，现存高平市原村乡冯村二郎庙。
⑥ 乾隆二十九年（1764）《重修关帝庙碑记》，现存高平市原村乡冯村关帝庙。
⑦ 嘉庆四年（1799）《无名碑》，现存高平市原村乡冯村成汤庙。
⑧ 嘉庆四年（1799）《三教堂重修碑记》，现存高平市原村乡冯村三教堂。

阁兴工，村民"姬氏在京贸易"，募化字号共18家。①

县城西北郊区的谷口村嘉庆七年（1802）庙宇维修，募化外地的善款涉及湖广、河南、山东等地字号近300家，募资千余两。②道光七年（1827）补修庙宇，除了公请摇会等筹资外，又"募诸村人及人之前商于外者"，合计筹集资金约合白银2400两。③

马村镇的古寨村于道光十八年（1838）兴工，所需经费由"村中之服贾于外者持疏募化"，外地捐资字号（商人）约140例，来自河南、江苏、山东、陕西、山西五个省份的约20个府、县、商镇。④米山镇石桥口村道光年间补修关帝庙，经费来自约160家字号（商人），捐资地涉及北京、河北、江苏、河南、湖北、山东、陕西七个省份的近20个府县及商镇。⑤泽州县北部巴公镇西部村于嘉庆十三年（1808）重修庙宇，"请本村贸易之人……或江南，或山东，或河南，虽千里外不辞其劳，以募化之"。募捐对象除了百余个来源地不详的善士外，至少涉及山东、安徽、河南3个省份7个府县集镇的至少百余字号。⑥三甲镇圪旦村咸丰初维修庙宇，募捐对象包括约130家字号（商人），它们分布在北京、山东、河北、河南、安徽五省的近20个府县及商镇。⑦

汤王头村重修甘露庵西南耳楼时，碑阴上的捐款是来自北京的商号。同治四年（1865）《创修北坡重修南垴兼修土地祠看楼碑记》中，外省商号的捐资已成为当时修缮庙宇的重要资金来源，外省商号涉及广东、北京、河南、浙江等地，光绪十九年（1893）《补修甘露庵碑记》

---

① 道光十一年（1831）《冯村西碑》，现存高平市原村乡冯村西阁。
② 嘉庆七年（1802）《增补庙宇神池改作歌舞台碑记》，现存高平市南城办谷口村济渎庙。
③ 道光二十四年（1844）《补修济渎庙碑记》，现存高平市南城办谷口村济渎庙。
④ 张楠：《明清时期南太行地区山西商人与金龙四大王信仰研究》，硕士学位论文，河北大学，2020年，第36—40页。
⑤ 张楠：《明清时期南太行地区山西商人与金龙四大王信仰研究》，硕士学位论文，河北大学，2020年，第40—43页。
⑥ 张楠：《明清时期南太行地区山西商人与金龙四大王信仰研究》，硕士学位论文，河北大学，2020年，第44—46页。
⑦ 张楠：《明清时期南太行地区山西商人与金龙四大王信仰研究》，硕士学位论文，河北大学，2020年，第46—49页。

中,外省商号的数量进一步增多,商业联系区进一步扩大。①

这类村落数量众多,限于篇幅我们不再一一列举。韩茂莉教授在她的《十里八村:近代山西乡村社会地理研究》一书中,曾经利用民国初年的泽潞地区一批职业、户口调查数据,里面对晋东南的数十个县份进行了梳理,该研究显示,即便到了泽潞商人已经萧条的民国年间,不少的县份有商人活动的村子还有百余,可想而知清代鼎盛时期的商业村落数目。

表4-3　　　　　　　民国初年泽潞地区商业村落统计②

县份	有商业活动村落（所）	商户（户）	全县住户（户）
凤台县	104	1823	1317
高平	108	917	675
阳城	105	892	887
沁水	38	350	670
陵川	9	316	546
长治	58	915	404
长子	49	812	336
屯留	40	424	404
壶关	26	224	446
黎城	49	432	355
平顺	20	91	290
襄垣	7	465	394
潞城	14	405	231

根据笔者实地调查,以及公开出版资料中的统计,加上目前已有研究成果中③涉及的案例综合统计,泽潞地区有一定商业活动规模的村落

---

① 王晶:《明清以来山西高平汤王头工匠研究》,硕士学位论文,河北大学,2018年,第72—90页。
② 韩茂莉:《十里八村:近代山西乡村社会地理研究》,生活·读书·新知三联书店2011年版,第23—24页。
③ 杨伟东:《明至民国高平商人的发展脉络探析——以碑刻为中心》,硕士学位论文,河北大学,2018年,第30—32页。

至少有以下：北岭村、常家沟村、常乐村、常庄、陈庄、城西村、赤祥村、大粮山、大野川村、大周村、德义庄、东崛山、东庙村、东山村、东周村、董寨村、凤和、圪台村、巩村、古寨、谷口村、故关村、郭村、郭庄、河西村、后沟村、贾村、建南村、箭头村、焦河村、开化寺、康营村、良户村、龙泉村、马家庄、米山定林寺、米西村、南坡上、南诗午、南杨村、牛庄、徘徊北、庞村、平头村、祁寨、企家院、乔里村、秦城村、塞上村、伞盖村、上董峰、上庄村、石门村、石桥口、石嘴上、苏庄村、汤王头村、唐安村、唐家山、王寺村、望云村、围城、魏庄村、西珏山、西李家庄、西李门村、西山村、西阳村、西窑头、西周村、下马游村、下台村、下玉井村、小仙村、新庄村、许庄村、窑沟村、拥万村、永禄村、长畛、赵家山、赵庄、中村、中庙村、中沙壁、朱家山村等，相关记载170余条，涉及商业村落至少90个。由于年代久远，部分地区庙宇塌毁导致资料缺失，会对数据统计有所干扰。

又如凤台县的记载中，可考的商业村落至少有：巴公村、北郜村、草庵沟村、崔庄村、赵庄村、大阳镇、东上庄村、东谢匠村、东张村、府城村、岗头村、高都镇、郜匠村、郭山村、后河村、湖里村、黄头、江匠村、焦山村、来村、李寨村、岭头村、柳泉村、苗匠村、牛山村、秋木洼村、渠头村、三家店村、上村、上辇村、申匠村、史村、史村河村、太平仙村、王谷坨村、王虎山村、五门山、田家庄、武城村、西郜村、西黄石村、西马匠村、西南属村、西上庄、张岭村、小南沟村、翟河底村、周村镇等地，商人记载共69例，扣除地址重合，共约45个村庄，规模也相当可观。

值得一提的是，根据明清时期留下的商税额度及民国时期职业人口调查中的商人数量看，潞安府商业发达程度似乎要超过泽州府一筹，其商业村落应该要比泽州多，可惜潞安府资料保存较少，无法做更精确的统计。同时泽州府所得统计也并非全部，尚有相当部分村落没有被纳入考察范围之内，因此这一估算仍然低于历史上的真实情况。

由于字号捐资碑刻存世量数以百千计，涉及的捐资字号可能以万数，我们无法也不可能全部录入，兹选取若干代表性的个案进行整理，以求窥斑见豹之效果。康雍时期，泽潞商人实力虽有所恢复，但是留下的资料相对较少，以字号名义出现者尤其少。乾、嘉以后是字号大批出现的时期，我们选取这一时期的代表村落企甲院村、徘徊北村及谷口村作为研究对象①，晚清时期泽潞商已经走向萧条，但是仍有部分实力，我们同样选取若干村落，如德义庄、西李门村等，以它们保存的晚清字号捐资作为研究资料进行统计。为了扩大个案代表性，我们也选择凤台县、陵川县及潞安府的长治县的若干个案进行分析，相关村落调查所得资料，参考附录中的资料。

一　山西的泽潞商

山西是泽潞商人故乡，本省诸府县自然是最便捷的经商地之一。就现存会馆来看，泽潞二府至少有"黎城县会馆、屯留县会馆、长治县会馆、长子县会馆、壶关县会馆、平顺县会馆、高平县会馆"等七县会馆，会馆是商业发达的体现，故而现存碑刻资料中，泽潞诸府县字号最为密集，这应该与本区高平、凤台等地的内部商业联系紧密有关系，相对而言，潞安府一辈的晋中、晋北诸府县与泽潞联系较少。

目前可见的部分山西县份捐资，大多数来自晋南及晋东南地区。仅仅以三甲徘徊北村为例，该村嘉庆年间重修炎帝庙，留下的捐资字号就有来自省内外数十府县的数百字号，其中来自山西的就占了相当大比重。比如来自晋南一带的字号如想山的"费发育、万庆号"绛州的"模佐王、曲毓海、刘钟钺、张金仲、玉成号、玉兴号"、介休的"大盛隆记"、沃的"公义号、环兴号、乾元合记、正兴和号、恒生乾号、合义公号"、临汾的"合义永号"、翼城的"恒顺隆号、尚义号、恒兴

---

① 具体碑刻信息，参见附录中的碑刻原文。

合号、信成源号、九如恒号、集义公号、玉盛张记、乾太升记、永发号、和合元记、德顺魁记、日兴恒号"等，来自晋东南地区的如黎城的"合义号"、陵川的"李自得、焦全兴、王诗"、潞城的"张廷芳、张廷祥在立成、刘亨泰、张廷显"、长子的"陈维兴"、壶关的"姜大有"长治的"合成号、立成号、刘世盛"等。① 来自晋中的捐资相对较少，太原是山西省会，也是各地商人汇聚之处，从目前能看到的记载看，太原城至少有潞城县会馆、高平县会馆、壶关县会馆、黎城县会馆、屯留县会馆、襄垣县会馆、泽州府梨园会馆、长治县会馆、长子县会馆等九地的会馆，归化城是前往草原的商业基地，也有以潞泽二府商人为主力成立的上党社。可惜这些会馆没有留下文字材料，无从得知商人规模及经营行当。除了会馆遗迹，目前能见到的字号捐资记载不多，如祁县有"恒盛号、逢源涌、敬裕号、三同号、三义号"等捐资，灵邑（似乎是灵石）的"天泰钱店"等。据不完全统计，山西境内的捐资地点约60县，此外还包括一些商业较发达的商镇，也是商号汇聚之处，如陵川县的礼义镇、附城镇，高平县的建宁镇、河西镇，泽州的大阳镇，长治的荫城镇、义和镇等。

二　河南的泽潞商

在周边诸省中，河南与泽潞地区经济联系最为紧密。早在先秦时期，豫西的温、枳（今天的济源、温县一带）已经与上党地区建立了稳定的商业联系，由于豫西毗邻泽潞地区，跨越山西南北的官道穿越泽潞，向南翻越太行便是河南境，而东西向的交通中，太行八陉南部三条全部通往豫西、豫北，交通的便利及物资的互补使得河南成为泽潞商分布最密集的省份。从碑刻中可以明显看到，河南的商号是非常之多的，分布地几乎覆盖了河南诸多府县。择要列举如下：

在清代，开封是河南省会，也是泽潞商的重要经济联系区，在碑刻

---

① 嘉庆五年（1800）《重修炎帝庙记》，现存高平市三甲镇徘徊北村炎帝庙。

中多写作"汴城"或"汴省",开封与泽潞地区有较强的经济联系。明代城内经营绸缎布匹的店面二十余家,其中就有专营泽潞地区特产的"潞绸店"。① 除此之外,泽潞地区本地村落也保留了不少来自开封的捐资。如徘徊北村的嘉庆五年(1800)捐资中,就有来自开封的"九花楼、昌兴号、永隆成记、隆盛成记、全泰号、西复盛、永隆号、西良兴、长兴公记、长兴增记"等三十余字号与个人捐资,额度四五十两;② 河南府(洛阳)是豫西重镇,也是泽潞商人活动的重地,在清代这里建有一所泽潞会馆,是以泽潞籍贯的绸缎商、布商为主的商人群体所建。此外,保存在泽潞地区村落的碑刻中也有大量来自洛阳(洛邑,河南府驻地)的捐资,如"义顺号、泰顺号、顺兴号、同兴号、东升号"等;③ 来自辉县的字号有"樊万盛、赵葵太、公义钱店、福顺号、英立号、玉成号、太和号、凤昌号、大成号、三义钱铺"④ 及"公和店、恒茂隆、恒泰公、晋源兴、利源生、荣兴盛、三合宫、新升店、义聚恒、义利真、至诚店"等。⑤

除了以上地区,河南其他府县也有捐资记载。如沁阳县,在桥北村就保留有"兴顺号、源兴永、祥盛号、顺升行、复盛号、义丰号、茂盛号、复新号"等10家捐资的记载⑥,内黄县有"太升店、内黄盐店"⑦ 等记载;徘徊北村更是保留了众多的河南捐资信息,如河内县(怀庆府)是泽潞地区与河南经济往来的重镇,捐资字号众多,如"增盛发记、德盛增记";孟津县的铁谢镇有"公盛号、全兴号、祥盛号、万盛号、致城行、长盛行、长生行、祥瑞号、玉成号、四合号、谢泰顺、崔福祥、聚山号、兴隆号、丰泰店、公和号、公盛号、永泰号"

---

① 许檀:《明清时期的开封商业》,《中国史研究》2006年第1期。
② 嘉庆五年(1800)《重修炎帝庙记》,现存高平市三甲镇徘徊北村炎帝庙。
③ 嘉庆五年(1800)《重修炎帝庙记》,现存高平市三甲镇徘徊北村炎帝庙。
④ 嘉庆五年(1800)《重修炎帝庙记》,现存高平市三甲镇徘徊北村炎帝庙。
⑤ 光绪二十二年(1896)《补修风华寺碑记》,现存高平市河西镇西李门村风华寺。
⑥ 道光十六年(1836)《炎帝庙改修大殿碑记》,现存高平市南城办桥北村炎帝庙。
⑦ 嘉庆十六年(1811)《改移门道布施学田碑》,现存高平市北城办企甲院村西阁。

等大批字号参与捐资；延津县有"合盛文记"、新野县有"新兴染坊、郜永顺号"以及来自新乡的"东利盛、玉泰钱店、晋兴店、太和店、合盛店、肇兴店、景和源、义盛当、瑞盛坊、成义和、新秀兴号、万顺油坊"等大批字号、邓州有"西成行、唐凤翔"、林县有"田起凤、兴盛号"等捐资。① 兰仪县，碑刻中也有写作"兰义"的，西李门村光绪末年就有来自该地的"复庆林、全盛隆、永盛东"捐资，该村还保存了来自西平县的"福聚和、泰和成、义成德、义聚长、忠和裕"等捐资信息。② 信阳州有"恒德旗、杨信顺、协成店、孙通顺、温诚兴、吴复盛、广泰店、王定九"等捐资③。此外获嘉县在碑刻中保留字号也很多，在部分资料中有写作"获邑"的，但是无法确定是本地，还是直隶"获鹿县（今石家庄鹿泉区）"简称，在此不作做讨论。

综合各碑刻记载及字号捐资统计看，来自河南的捐资记载不少，河南的字号捐资地至少在八十个至九十个府县，基本覆盖了清代河南境内绝大部分的府县。

除了府县一级的行政中心外，一些商业发达的村镇也有泽潞商人活动的足迹，如豫西怀庆府属河内县的清化镇，地处潞、泽二府入豫的必经之路，明代嘉、隆年间商业已相当繁荣，山西泽潞地区所产铁货多由此地转运至四方。隆庆五年（1571）本地就有经营铁钉的泽潞商人"王天禄、王时□、姬文升、谭相"等。清代咸同之际清化重修镇城，有"铁货店众客商"参与捐款，其中有来自山西凤台县、润城镇、米山镇、周村镇等铁冶重地的商人数十家。④ 河南的赊旗镇⑤是清代著名商镇，山西商人众多，尤其朱仙镇为明清时期四大名镇，本地汇集的晋

---

① 嘉庆五年（1800）《重修炎帝庙记》，现存高平市三甲镇徘徊北村炎帝庙。
② 光绪二十二年（1896）《补修风华寺碑记》，现存高平市河西镇西李门村风华寺。
③ 嘉庆七年（1802）《增补庙宇神池改作歌舞台碑记》，现存高平市南城办谷口村济渎庙。
④ 许檀、吴志远：《明清时期豫北的商业重镇清化——以碑刻资料为中心的考察》，《史学月刊》2014年第6期。
⑤ 许檀：《清代河南赊旗镇的商业——基于山陕会馆碑刻资料的考察》，《历史研究》2004年第2期。

商以晋南的绛州等商人为主，但也有部分泽潞地区的商人活动，如捐资中泽州府高平县捐资商号 6 家，共捐银 110 两，泽潞地区出产优质的铁货、煤炭及潞麻可能也出现在开封地区的市面上，如乾隆年间参与集资的商人商号有麻号 8 家，共捐银 164 两；铁货铺 10 家，共捐银 122 两；煤灰厂 33 家，共捐银 70 余两，这些麻、铁货及煤炭，也许有一批是从山西输入的或者是泽潞商人群体直接经营的。① 尤其值得一提的是，朱仙镇木版年画远近闻名，与天津杨柳青、苏州桃花坞年画等齐名。在高平地区发现的捐资字号中，有不少来自"朱镇"即朱仙镇的捐资，当地有一些年画铺（门神店）参与捐资，如高平市围城村道光年间的捐资中，有来自朱镇的"潘义兴、□茂店、永源门神店、庆昇镇记、永成门神店、陈方俊、孙明、忠元同店、协和门神店、元昌门神店、永昌门神店"等字号与个人的捐资②，其中能看出行当的至少涉及五家门神店。这种店面是专营过年贴的门神等年货的，显然泽潞地区所消费的年画有一部分就批发自这里，这是两地有经济往来的实证。

此外，在笔者掌握的资料中，来自水冶镇、木栾店、沙堰镇、合涧镇等地的商号也有若干，详情参见文末附录的捐资碑刻，本文不再赘述。在现在所看到的研究中，泽潞地区还有来自廿里铺、新集镇、槐店镇、莲池镇、鹿楼镇、丹水镇、宜沟镇等地区的字号③，不过笔者目前尚未见到相关资料，不再专章论述。

三 直隶的泽潞商

直隶与泽潞地区隔太行而比邻，是泽潞商向东北方向前进的第一站，其运输到京津甚至山东的某些货物可能都需要取道直隶境内的水道。尤其潞安府，其铁货运输最便捷的路线之一就是跨太行，入邯郸、

---

① 许檀：《清代河南朱仙镇的商业——以山陕会馆碑刻资料为中心的考察》，《史学月刊》2005 年第 6 期。
② 道光十三年（1833）《补修碑记》，现存高平市北城办围城村三官庙。
③ 杨伟东：《明至民国高平商人的发展脉络探析——以碑刻为中心》，硕士学位论文，河北大学，2018 年，第 30—32 页。

保定一线，借助漳河水道可以便利地运输货物，因此本区来自直隶地区的商号也是比较多的，主要分布在直隶的中部和南部，北部相对较少。

京城作为一个特殊的行政存在，也是泽潞商人汇集之处，早在明代，泽潞商人中的潞安府商人就把商业拓展到北京，并在北京建立潞安会馆，他们以冶铁等优势行业在京城占据一席之地。清代泽州府商人也进入京师，并建设有"泽郡会馆"一所。

开州似乎有盐场存在，在企甲院乾隆碑刻中就有来自该地的捐资①，获鹿县有"德源协、泰源泉"等捐资②，宁晋、威县、蠡邑（县）是棉花产地，泽潞地区不少棉布来源于此③，来自此地的字号捐资也为数颇多。如响水坡村就有大批来自上述各府县的捐资字号，总数合计在三十个以上。④ 又如大名府有"久泰当、王集成、大亨当、永义当"等字号捐资⑤，寺庄镇则有大批来自深泽县的捐资。⑥ 直隶部分商镇也有捐资记载，如来自千秋镇（千秋村疑似河北保定市徐水区大千秋、小千秋村）的"合盛号、复盛号、同盛铺、敬兴号、合兴号、松盛号"等。⑦ 此外陈村镇、典兴集、碾头集等都留下不少资料，不在列举。

四 山东的泽潞商

山东距离泽潞地区较远，不过这一地区与泽潞一带也有悠久的商业联系。借助贯穿河南等地的卫河水道，泽潞地区的货物仍能较便利地运

---

① 嘉庆十六年（1811）《改移门道布施学田碑》，现存高平市北城办企甲院村西阁。
② 光绪二十二年（1896）《补修风华寺碑记》，现存高平市河西镇西李门村风华寺。
③ 参见上文第三章第一节关于布匹贸易的相关研究。
④ 清《关帝庙捐资无名碑》，现存高平市三甲镇响水坡村。该碑刻没有具体年代，但该村同治五年碑刻记载的募化捐资者姓名多数也出现在关帝庙捐资名单中，如王启彬等人名字基本相同，另外李世慊和李世素疑是一个人，其余仅有个别捐资者姓名不同，估计关帝庙维修时间在同治前后，至少时间差距不会太远。
⑤ 嘉庆五年（1800）《重修炎帝庙记》，现存高平市三甲镇徘徊北村炎帝庙。
⑥ 光绪八年（1882）《创修舞楼暨耳楼碑》，现存高平市寺庄镇关帝庙。
⑦ 嘉庆五年（1800）《重修炎帝庙记》，现存高平市三甲镇徘徊北村炎帝庙。

往山东。不过山东一带的商号分布相对集中，主要分布在鲁中和鲁南地区，尤其鲁南最多，出现频率最高的地点如济宁，有"刘信义、杨裕兰、杨褚顺、世全店、元和号、宁盛号"等捐资①；再如曹州（曹邑，该地是曹州或者曹县的简称，暂不确定）有"孔广宇、庐荣智、庐体仁、庐宗照、三成玉、三益永"等捐资。②

一些经济实力强大的城镇，也有泽潞商人的影子，如聊城③和周村是清代山东重要的商业城镇之一，在周村活动的商人中，以晋商实力最为雄厚，康熙年间修建山陕会馆一所。值得注意的是，周村有一个名为"潞泽会"的组织，这是泽、潞二府籍贯的商人的自治组织，在道光四年（1824）周村重修关帝庙的工程中，以团体名义捐资2000千文，位列诸家之首，经济实力比较雄厚。周村镇的泽潞商人，似乎以经营铁货为主，来自山西的铁锅有一部分在此转运分销。这批人或许也有经营丝绸生意者，镇上捐资字号中，丝绸店铺众多，或有经销泽潞地区潞绸的。④

临清是运河沿线重要城市，也是晋商汇集之地。临清市场上的重要商品之一就有所谓"西路铁锅"，这种西路铁锅，就是来自山西的铁锅。晋商通过卫河水运将本地铁货运至临清，并沿着运河转销各地。⑤

五 川、陕甘地区的泽潞商

西北一线，向来属于晋南平阳商人群体的势力范围，泽潞商人与西部的经济联系相对薄弱。目前所见到的资料中，泽潞商输入西北的货物，主要以铁货为主。史料记载陕、甘一带铁货多来自山西，其货源主要是泽潞地区的阳城、长治等地。在上文我们曾根据资料考证出本地铁

---

① 嘉庆十六年（1811）《改移门道布施学田碑》，现存高平市北城办企甲院村西阁。
② 光绪二十二年（1896）《补修风华寺碑记》，现存高平市河西镇西李门村风华寺。
③ 许檀：《清乾隆至道光年间的聊城商业——以山陕会馆碑刻资料为中心的考察》，《史学月刊》2015年第3期。
④ 许檀：《清代山东周村镇的商业》，《史学月刊》2007年第8期。
⑤ 许檀：《明清时期的临清商业》，《中国经济史研究》1986年第2期。

货外销路线，西行的路线从本地出发，经过翼城转运至临汾、浮山等地，南下进入渭河流域，转销关中各地，一部分则西入陕北一带。沿线的翼城、临汾等地，尤其是陕甘的澄县、朝邑、咸阳、鄠县等地都是泽潞铁货的分销地。本地所产钢针甚至一路转运，远销中亚一带。

泽潞商人西向贸易的另外一个因素，大概与购买生丝，织造潞绸有关，清代潞安府因为蚕桑业衰退，本地原料供应断绝，"近桑蚕渐废，出无几，潞绸所资，来自远方川、浙之地"①，此外，或者泽潞商也参与了其他商品在西路的销售，在西部地区留下一些痕迹。

目前能见到的来自陕西的商号，主要分布在陕西的渭水流域，如西安府、咸宁县、潼关、凤翔、富平、华州等，南部的汉水流域的、汉中府也有部分分布，不过影响不大，目前见到有来自富平"隆顺德号"等捐资②。

六　江汉地区的泽潞商

湖北的商号也较多，不过主要分布鄂北一带。湖北中部及南部记载较少。泽潞商可能在汉江流域有船行的经营，平头村曾经保留了来自樊城一带的船行捐资，但总的来说泽潞商人在湖北的商业活动不如其他地区。

如西李门村有来自湖北老河口的"德丰瑞、巨顺行、胡谦泰、吉盛行、祁兴顺、日兴协、三兴德、太成行、太顺恒、恒发隆、太新绎、集贤永、天生行"等十八家捐资③，徘徊北村则有来自崇阳县的"三盛号、德盛号、玉盛号、祥兴号、全顺号、永益号、苗得春、永和号、苗遇春、刘仑、协泰号"等数十家捐资；以及来自樊城的"同泰合号、正茂粮行、恒大粮行"等捐资④，谷口村保存的碑刻中有来自汉口镇的

---

① 乾隆《潞安府志》卷8《物产》，第18页a。
② 嘉庆五年（1800）《重修炎帝庙记》，现存高平市三甲镇徘徊北村炎帝庙。
③ 光绪二十二年（1896）《补修风华寺碑记》，现存高平市河西镇西李门村风华寺。
④ 嘉庆五年（1800）《重修炎帝庙记》，现存高平市三甲镇徘徊北村炎帝庙。

"王开第、张美玉、魁兴广记、天申号、谦益号"等捐资,来自黄安县①的"东生典、合盛号、公兴号"等捐资,以及来自湖广宋埠镇的"自顺号、永丰号、合兴号、天成号、俞兴泰、和盛义记、伯西公记、恒有冶坊"等捐资②,企甲院村则保存有村人徐相久在孝感县小河溪镇募化的"申开瑾、申信、申敬、申子印、申达义、邢全成、徐相尧"等捐资,额度合计共银五两七钱③;其余石花沟、皮鼓滩、杨垱镇等也在部分村落有所记载,不再赘述。

七 其他地区的泽潞商

除了以上的地区,碑文中还有许多其他地区的商号存在。

如来自江苏江宁(南京)的"德源号、锦昌号"④,来自安徽休宁县的"汪玉雷号"⑤、来自徽州的"程迎来、程世隆、全茂缎店、万源行"⑥,来自太平县的"晋源行、王作模、李永正、关因端"等⑦,以及来自江西的"黄隆□号、增顺钱店、周育才、徐临皋、周璜瑷、饶乔木、邹浣英、孔仲明"等捐资⑧,此外湖南、云南、浙江、广东都有泽潞商踪迹,甚至周边国家、地区亦有零星的分布,限于篇幅,此处不再赘述。

值得一提的是,碑刻中,某些地方所用简称,通常以某县第一个地加邑,简称为"某邑",这就导致一些地点无法确认具体地点,如"曹邑",该地是曹州或者曹县的简称,无法确定,又如"获邑"无法确定是河南的获嘉县,还是直隶"获鹿县"。此外,部分地名有重复的现

---

① 黄安,即今天湖北红安县。清代该地为黄安县,谷口村碑刻为嘉庆年间刊刻,地名以清代资料原文为准。
② 嘉庆七年(1802)《增补庙宇神池改作歌舞台碑记》,现存高平市南城办谷口村济渎庙。
③ 乾隆四十七年(1782)《创建东西禅楼碑记》,现存高平市北城办企甲院村二仙庙。
④ 嘉庆十六年(1811)《改移门道布施学田碑》,现存高平市北城办企甲院村西阁。
⑤ 嘉庆五年(1800)《重修炎帝庙记》,现存高平市三甲镇徘徊北村炎帝庙。
⑥ 嘉庆五年(1800)《重修炎帝庙记》,现存高平市三甲镇徘徊北村炎帝庙。
⑦ 嘉庆五年(1800)《重修炎帝庙记》,现存高平市三甲镇徘徊北村炎帝庙。
⑧ 嘉庆五年(1800)《重修炎帝庙记》,现存高平市三甲镇徘徊北村炎帝庙。

象，如直隶的府城县、山东周村镇与泽潞地区府城镇、周村镇重名，且都属于经济重地，碑刻中虽然资料不少，但是无从确认具体归属，故而不作讨论。

  总体上看，与明代不同，清代本区商人的足迹主要分布在临近诸省，除了本省一部外，河南、直隶和山东是商业联系最密切的地区，稍远的湖北、陕西也有一定程度的联系，安徽、江浙，乃至两广的经济联系又疏远一步。这种商业分布格局，或许与交通有一定关系，也与商品类型有某些关系。碑中记载的大量外地捐资字号，性质不详，也许有一部分是本地商人在外地开设的铺面，但也有一部分是商业上有来往的字号。由于无法确认性质，兹一并统计，作为泽潞商人群体的商业联系区。

第五章　泽潞商人的特点与历史地位

作为晋商早期重要分支，晋东南地区的泽潞商人与晋南的平阳商人、晋中的平祁太商人群体鼎足而三，构成了明清晋商的主要组成。由于历史传统及各种现实因素，他们形成了各自的特点。崛起最早的平阳商人，仍沿袭了司马迁记载的"西贾秦翟"的传统，除了在京师及华北诸省保持实力存在外，关中平原及河西走廊一线是平阳商帮的经商侧重点，深耕西北的陕、甘、青乃至新疆一线，是这一晋商分支最明显的特征。平阳商人经营的特色货物，除了本地盛产的食盐，还有本地得天独厚的自然环境优势生产的烟草，从外地转运过来的货物则有来自泽潞地区的铁货、来自华北等地的布匹，以及长江流域出产的部分茶叶。

知名度最高的晋中商帮崛起相对较晚，直到清代才成气候，其最具代表性的两个行业是茶叶及票号，这一分支在经营地域上最明显的特点是，在北线的蒙古草原上具备垄断地位。

作为一个有着独特地域特色的商人群体，泽潞商人具备如下特点：

就经营地域而言，如上文所研究，泽潞商人侧重于东向发展，晋北、草原及西北市场上的泽潞商人的势力一般，而华北诸省，甚至江淮地区是泽潞商人的重点经营区。从经营行当看，泽潞商人的成功，很大程度上依赖于本地的优势物产，其中最具代表性的货物有三种，即本地出产的煤、铁货及丝绸。由于明朝政策的鼓励，本区迅速成为北方少有的丝织重地，所产潞绸曾被列入贡绸，名满天下。政府对于矿业管制的松动，也使得本地冶铁业迅速发展，成为北方主要铁货产区。尤其是本地所出产的钢针、铁锅、犁铧、钉子等铁货，备受好评。经过长期积累，最迟到万历时期，本地商业迅速崛起，泽潞商帮成为明代知名的商帮之一。清代随着战乱的平息，社会局面逐渐平定，明末战争带来的消极影响逐渐消退，泽潞地区的经济再次迅速恢复。最迟嘉庆年间，泽潞两府的商业再次达到一个巅峰期。

具体来看，泽潞地区经济部门的发展各有特色。

泽潞一带山多地少，加之气候寒凉，农业并不是本地的优势行业，来自农业的收入也并非民众优势的收入。但是泽潞地区的人们很好地避开了本地的气候劣势，将之转化为优势，一个典型的表现是官府到民间都在尽力维持经济效益相对较高的蚕桑业。泽潞地区山多地少，在高产的玉米、甘薯大规模引进山西以前，干旱的低山丘陵地带上，种桑卖茧无疑是一种相对高收益的经济活动。尽管明末以后小冰期的到来，使得境内蚕桑业的发展环境已经大不如前，但由于蚕桑业相对较高的经济产出，民间仍在尽力恢复蚕桑业。在清代，蚕丝商品率大幅提升，不少地区来自蚕桑业的收益在村落经济中一直占据着较重要的地位，某些年代，卖茧的收益甚至会超过种粮收入。需说明的是，泽潞地区的桑树大多栽种于房前屋后及丘陵山地等不适合种粮的耕地上，故蚕桑收益对小农家庭的经济收益更有特别重要的补益作用。

明清两朝，本地商品生产中，一个明显的特点是明代流行的官府的控制生产的模式逐渐放松，生产活动逐渐市场化。这一特点在本地特产潞绸的生产中体现最为明显。在明代及清初，潞绸有着强烈的贡赋生产的色彩，官府设置织造局管理机户，通过拨付工食银，控制机户生产丝织物。这种生产模式基本不考虑成本和效益，所产织物主要是为了满足皇家的需要，工匠的生产也是处于一种人身控制下的被动应付，清代以来，贡绸数目不断削减，直至清末完成了折银缴纳，贡赋性质的生产事实上已经消失。机户们缴纳的匠价银被合并于土地税中，丝织生产活动逐步转向追求市场效益的纯粹商品生产模式，他们根据市场的需要调整

第五章　泽潞商人的特点与历史地位

品种，并且建立本群体的会馆等同业组织来协调生产，产品销售市场覆盖了华北，甚至出口到海外。

冶铁业在明初官府设铁官管理，转变为通过税收手段进行管理，至明末清初，一批村、镇已经发展成为专业化的铁器加工重地。清代以来，境内的冶铁业继续保持发展势头，本地所产钢针、钉子、铁锅及犁铧等铁货垄断华北市场，并远销至江南，相当一批村落依靠铁货加工谋生，从业人数动辄数百家，甚至上千家。高平西南及凤台交界的村落，高平与陵川毗邻的村落以及阳城某些区域，都成为分工很细，专业化很高的铁货生产聚集区。煤炭至少在明中后期已经成为重要商品。煤炭的开采除了供应本地旺盛的冶铁业燃料所需，还作为货物贩往河南等周边地区，在清代成为本地最重要的商品。

本地手工业的发展，毫无疑问是泽潞商帮崛起的最重要物质保障。明代泽潞地区的铁、煤、潞绸等手工产品为明代山西商人的兴起提供了物质条件。本地所产的丝绸，曰"潞绸"，是当时的贡品，质量极高，享誉海内外。山西是当时中国冶铁生产最发达的地区之一，泽潞地区又是山西境内冶铁最为繁盛的所在，本区所产的钉子、铁锅、犁铧、钢针等名优产品，广受各地欢迎，大阳镇甚至有九州针都的美名。此外本区的煤炭在市场上也有很高的竞争力。依托于优质的商品支持，本地商业成为地区经济发展最耀眼的成就。本区最迟在明万历时期，商人群体已经崛起，泽潞帮成为与平阳帮比肩的早期晋商的代表。他们的商业足迹遍及长江黄河流域，将本地所产铁货、丝绸运销各地，并源源不断贩回本地紧缺的各种物资。虽然明末清初战乱一度打断本地商业的发展趋势，但随着社会的安定，商业在很短时期恢复过来，至乾隆、嘉庆年间，泽潞两府的经济逐渐达到高峰，如同治年间，高平县境内的经商风气已然成为普遍现象，在道咸年间，沁水县境内居民大半贸易山左。这些商人贸易所得源源不断流入泽潞地区，成为本区经济的重要来源。就捐资来源地看，泽潞商的商业分布主要集中于河南、山西、直隶、山东、湖北、陕西等地，另外安徽、江西等南方省份也有一定的联系。其中华北诸省是本区商人最主要的商业联系区，稍远的长江流域联系相对薄弱，鼎盛期甚至与周边的朝鲜等国家有经济来往。其中华北地区是商业联系最为紧密的地区，河南有商业联系的府县多达八十余个，几乎覆盖了省内所有的县份。直隶、山东等周边省份，也与泽潞地区有比较紧密的商业联系。就经营行业来看，铁货业无疑占据着绝对优势，而食盐和典当业中，泽潞商也占据着举足轻重的地位。

商业发展对本地的贡献是，促使了一大批村落的非农化进程。庞大的商人群体赚取的不菲利润，成为村落经济的重要支柱。随着商业发展，村落规模不断壮大，使得有相当一批村落出现"由村而成镇"的趋势，就人口规模来看，不少集镇拥有成百上千户居民，甚至有人口过万的市镇出现。这种镇各有特色，其中有些以铁冶而知名，有些以丝织业知名，还有些以商业而知名。

泽潞商的衰亡，最大的因素是战乱。咸、同年间南方太平天国战乱及捻军起义先后兴起，战火波及江淮及黄河流域，加之随后的西北同治战乱，前后十余年。这一地区恰恰就是泽潞商传统的商业区，本区在外贸易的商人或人亡于战乱，或资产毁于战火，本区经济发展势头被重创，陷入低潮。这样的记载很多，泽州的渠头村是重要的商业村落，至少明代万历时期该村已经是"土田膏沃，而乡之中士焉而显，商焉而裕"①，清代"乾嘉年间，吾乡……外出经商者众……迨至咸丰之际，沿长江南北各省便遭兵燹。吾乡各村经商其地者，相继摧毁"②。高平也有类似记载，同治之前，本地商业风气浓厚，民众"逐末而忘本，不惮千里以逐什一之利"。但是咸同以来，长江流域及黄河流域陆续发生战乱，本地商人受战乱影响极大，方志记载的惨状如下：

    自大盗纵横，蹂躏所及，肆市荡为丘墟，邑之远贾丧亡，赀财

---

① 樊秋宝主编：《泽州碑刻大全（三）》，中华书局2013年版，第582页。
② 樊秋宝主编：《泽州碑刻大全（三）》，中华书局2013年版，第620页。

第五章 泽潞商人的特点与历史地位

立尽,而佣人工于骈佉者,亦徒手归来,不自赡则窘(骈)人以为利,重以乌烟流毒中土,浮食奇民,嗜之者十室而九,以故人益贫,习益敝,讼狱繁多,奸盗不息……①

另外一个原因,大约与鸦片战争之后,外国势力的打压有关。我们以泽潞地区最具代表性的铁冶生产为例,徐庄镇是泽州府铁业生产及分销的重镇,咸同以后,铁条产业开始遭遇萧条。据徐氏族人徐可贞墓志记载:

公讳可贞,字吉甫……年十四为人佣,积资数十串。乃自权子母,不数年而财雄一方,称素封焉。……所居曰徐庄镇,即俗所谓东沟也。向产铁条,清咸同而后,条业衰。公乃创设义顺条店,整理条工,把增重□。持平,顾客纷至如归,条业逐日见发达,至今公已歼矣。操此业者闲颂公德不置……公生于道光十七年(1837)四月未时,卒于宣统二年(1910)六月十三日午时,享寿七十有四。②

从碑文来看,徐可贞活动的 19 世纪后半叶恰好在中国鸦片战争以后的动荡岁月,这一时期铁条业逐步衰落,或许与国内战乱不断有关。作为徐氏族人,徐可贞通过创设条店、整顿市场秩序,稍微挽回了些许条业的颓势,被后人赞誉为"咸同之交,良冶滞鹭,范蠡善谋,业敦志笃,任寄干城,梓桑造福,保障一方,群情悦服"。但是就大趋势来看,传统的手工业已经无法对抗效率更高的大机器生产,本地手工业产品市场竞争力不足,经营它们的泽潞商走向衰亡也是必然。

此外,天灾或许也是商业衰亡的一个原因。清末以后,短暂的稳定环境,及市场的打开,曾经使得本地经济有暂时的回升,但清末持续数

---

① 同治《高平县志》卷1《地理》,第41页b。
② 薛林平等:《东沟古镇》,中国建筑工业出版社2010年版,第155页。

年丁戊奇荒的袭击再次使人口或死亡，或流散，经济又一次陷入低谷。在韩茂莉教授《十里八村：近代山西乡村社会地理研究》一书中，曾经利用民国初年的泽潞地区一批职业、户口调查数据，从中可以看到，截至20世纪20年代，相当多的地区商业活动已经近乎绝迹，即便是明清时期的商业繁盛的村镇，商人人数也远远不及清代碑刻记载得多，其中的原因，只怕与清末半个世纪的天灾人祸关系莫大。

参考文献

一 碑刻资料

（一）个人调查商号捐资类碑刻

补茸彩画上下碑记，同治元年，现存大野川村四爷庙。
补修碑记，道光二十五年，现存米西五村瘟洞。
补修碑记，道光十三年，现存围城村三官庙。
补修风华寺碑记，光绪二十二年，现存西李门风华寺。
补修甘露庵碑记，光绪十九年，现存汤王头甘露庵。
补修济渎庙碑记，道光二十四年，现存谷口村济渎庙。
补修青帝阁碑记，道光十四年，现存董寨村东阁。
补修三官阁碑记，宣统元年，现存冯庄三官阁。
补修永宁寺碑记，道光三年，现存常乐村永宁寺。
创建碑，康熙二十九年，现存康营村关帝庙。
创修北坡重修南埂兼修土地祠看楼碑记，同治四年，现存汤王头南阁。
创修大王阁碑记，道光十八年，现存古寨大王阁。
改移门道布施学田记，嘉庆十六年，现存企甲院西阁。
建修财神募化碑记，道光二十年，现存乔里村玉皇庙。
建修春秋阁碑记，光绪二年，现存常庄关帝阁。
捐资碑，道光十年，现存石桥口关帝庙。

捐资碑，同治五年，现存庄子村关帝庙。

捐资碑，道光十七年，现存康营村关帝庙。

圣公殿壁碑，光绪三十二年，现存西李门风华寺。

无题名碑，嘉庆二十四年，现存秦城皇王庙。

无题名碑，嘉庆五年，现存徘徊北村炎帝庙。

无题名碑，咸丰二年，现存圪丹村白衣大士庙。

增补庙宇神池改作歌舞台碑记，嘉庆七年，现存谷口村。

真武宫兴工碑记，嘉庆八年，现存陈庄真武庙。

重修碑记，嘉庆十七年，现存康营村财神阁。

重修春秋阁碑记，光绪二年，现存拥万村春秋阁。

重修春秋阁壁记，道光八年，现存汤王头春秋阁。

重修春秋楼碑记，道光二十六年，现存南诗午玉皇庙。

重修佛殿碑记，嘉庆十二年，现存北岭村关帝庙。

重修关帝庙碑记，同治十二年，现存永禄村关帝庙。

重修三教堂碑记，光绪二十年，现存石嘴上三教堂。

重修舞楼碑，同治五年，现存康营村关帝庙。

（二）正式出版碑刻资料

北京图书馆金石组：《北京图书馆藏中国历代石刻拓本汇编（清代卷）》，中州古籍出版社1989年版。

樊秋宝主编：《泽州碑刻大全（一）》，中华书局2013年版。

樊秋宝主编：《泽州碑刻大全（二）》，中华书局2013年版。

樊秋宝主编：《泽州碑刻大全（三）》，中华书局2013年版。

樊秋宝主编：《泽州碑刻大全（四）》，中华书局2013年版。

冯俊杰等：《山西戏曲碑刻辑考》，中华书局2002年版。

贾志军主编：《沁水碑刻蒐编》，山西人民出版社2008年版。

晋城市地方志丛书编委会：《晋城市地方志丛书·晋城金石志》，海潮出版社1995年版。

李玉明、王雅安总主编：《三晋石刻大全·长治市壶关县卷》，三晋出版社2014年版。

李玉明总主编：《三晋石刻大全·长治市襄垣县卷》，三晋出版社2015年版。

李玉明等：《山西历史文化丛书：山西碑碣墓志铭概览》，山西春秋电子音像出版社2007年版。

刘金锋：《晋城文物通览碑刻卷（上）》，山西经济出版社2011年版。

刘金锋：《晋城文物通览碑刻卷（中）》，山西经济出版社2011年版。

刘金锋：《晋城文物通览碑刻卷（下）》，山西经济出版社2011年版。

刘泽民总主编：《三晋石刻大全·长治市长治县卷》，三晋出版社2012年版。

刘泽民总主编：《三晋石刻大全·长治市长子县卷》，三晋出版社2013年版。

刘泽民总主编：《三晋石刻大全·长治市黎城县卷》，三晋出版社2012年版。

刘泽民总主编：《三晋石刻大全·长治市沁源县卷》，三晋出版社2011年版。

刘泽民总主编：《三晋石刻大全·长治市屯留县卷》，三晋出版社2012年版。

刘泽民总主编：《三晋石刻大全·晋城市城区卷》，三晋出版社2012年版。

刘泽民总主编：《三晋石刻大全·晋城市高平县卷（上）》，三晋出版社2011年版。

刘泽民总主编：《三晋石刻大全·晋城市陵川县卷》，三晋出版社2013年版。

刘泽民总主编：《三晋石刻大全·晋城市沁水县卷》，三晋出版社2012年版。

刘泽民总主编：《三晋石刻大全·晋城市阳城县卷》，三晋出版社2012

年版。

刘泽民总主编：《三晋石刻大全·晋城市泽州县卷（上）》，三晋出版社2012年版。

刘泽民总主编：《三晋石刻大全·晋城市泽州县卷（下）》，三晋出版社2012年版。

马金花：《山西碑碣续编》，三晋出版社2011年版。

史若民、牛白琳编著：《平、祁、太经济社会史料与研究》，山西古籍出版社2002年版。

田同旭、马艳主编：《沁水历代文存》，山西人民出版社2005年版。

王福才：《山西师范大学戏曲博物馆馆藏拓本目录》，山西古籍出版社2005年版。

王树新主编：《高平金石志》，中华书局2004年版。

许檀：《清代河南山东等省商人会馆碑刻资料选辑》，天津古籍出版社2013年版。

薛林平等：《大阳古镇》，中国建筑工业出版社2012年版。

薛林平等：《大周古村》，中国建筑工业出版社2010年版。

薛林平等：《东沟古镇》，中国建筑工业出版社2010年版。

薛林平等：《郭峪古村》，中国建筑工业出版社2018年版。

薛林平等：《润城古镇》，中国建筑工业出版社2011年版。

薛林平等：《周村古镇》，中国建筑工业出版社2014年版。

（清）杨念先等：《阳城县乡土志（骈散体两种）·阳城县金石记》，三晋出版社2009年版。

张正明、[英]科大卫主编：《明清山西碑刻资料选》，山西人民出版社2005年版。

张正明等：《明清山西碑刻资料选（续一）》，山西古籍出版社2007年版。

张正明等：《明清山西碑刻资料选（续二）》，山西经济出版社2009年版。

二 调查统计资料

交通部邮政总局：《中国通邮地方物产志》，商务印书馆1937年印行。

［日］山冈师团编，山西省史志研究院编译：《山西大观》，山西古籍出版社 1998 年版。

农商部总务处：《农商部第九次农商统计表（附第十次）》，1924 年。

农商部总务处：《农商部第七次农商统计表》，1922 年。

农商部总务处：《农商部第四次农商统计表》，1917 年。

农商部总务处：《农商部第一次农商统计表》，1912 年。

山西省农业建设厅统计局：《山西省农林水利统计资料汇编》，1957 年。

山西自治筹备处：《山西省各村户口调查表》，1924 年铅印本。

实业部国际贸易局：《中国实业志·第五辑·山西》，实业部国际贸易局 1937 年版。

三　古籍、方志

（清）白鹤等：《武乡县志》，乾隆五十五年刊本。

毕星垣等：《邯郸县志》，民国二十二年刻本。

（清）陈学富等：《续高平县志》，光绪六年刻本。

（清）程大夏等：《黎城县志》，康熙二十一年刻本。

（清）程德炯：《陵川县志》，乾隆四十四年刻本。

（清）崔晓然等：《潞城县志》，光绪十一年刻本。

崔正春等：《重修威县志》，北平京津印书局民国十八年刻本。

（清）董余三等：《沁源县续志》，光绪七年刻本。

（清）杜之昂等：《平顺县志》，民国三十四年抄本。

（清）范绳祖等：《高平县志》，顺治十五年刻本。

凤台县志整理委员会：《凤台县志点校简注本》，三晋出版社 2012 年版。

（清）傅德宜等：《高平县志》，乾隆三十九年刻本。

（明）傅淑训等：《万历泽州志》，北岳文艺出版社 2009 年点校本。

（清）高钰等：《武乡县志》，康熙三十一年刻本。

高平县志编纂委员会：《新修高平县志》，中国地图出版社 1992 年版。

（清）顾炎武：《肇域志》，上海古籍出版社 2012 年点校本。

（清）顾肇塘等：《乐亭县志》，光绪三年刊本。

（清）顾祖禹：《读史方舆纪要》，中华书局 2005 年点校本。

（清）郭守邦等：《长子县志》，康熙四十四年刻本。

（清）韩邦孚等：《新乡县续志》，民国十二年刻本。

（清）韩瑛等：《沁源县志》，雍正八年刻本。

（明）胡容等：《威县志》，嘉靖二十九年刻本。

（清）纪在谱等：《长子县志》，乾隆四十三年刻本。

晋城县志编纂委员会：《新修晋城县志》，山西古籍出版社 1999 年版。

（清）觉罗石麟等：《山西通志》，雍正十二年刻本。

孔兆熊等：《沁源县志》，民国二十二年铅印本。

库增银等：《陵川县志》，1933 年铅印本。

（清）赖昌期等：《阳城县志》，同治十三年刻本。

（清）雷正等：《陵川县志》，乾隆五年刻本。

（明）李侃等：《山西通志》，成化十一年刻本。

（清）李汝霖等：《襄垣县续志》，光绪六年刻本。

（清）李廷芳等：《重修襄垣县志》，光绪六年刻本。

（清）李浈等：《内黄县志》，乾隆四年刻本。

（清）李桢等：《长治县志》，光绪二十年刻本。

梁秉锟等：《莱阳县志》，民国二十四年铅印本。

（清）林荔等：《凤台县志》，乾隆四十九年刻本。

陵川县志编纂委员会：《新修陵川县志》，人民日报出版社 1999 年版。

（清）刘钟麟等：《屯留县志》，光绪十一年刻本。

（清）龙汝霖等：《高平县志》，同治六年刻本。

马继桢等：《翼城县志》，民国十八年铅印本。

（明）马暾纂辑，长治市旧志整理委员会点校：《潞州志》，中华书局 1995 年版。

（清）穆尔赛等：《山西通志》，康熙二十一年刻本。

牛宝善等：《柏乡县志》，民国二十一年刻本。

（清）秦炳煋等：《沁水县志》，光绪七年刻本。

沁水县志编纂办公室：《新修沁水县志》，山西人民出版社1987年版。

（清）任耀先等：《浮山县志》，民国二十四年铅印本。

（清）茹金等：《壶关县志》，道光十四年刻本。

山西省史志研究院：《山西通志（第二卷）地理志》，中华书局1996年版。

（清）屠直等：《屯留县志》，康熙十四年刻本。

王德乾等：《南皮县志》，民国二十一年铅印本。

王华安、丁世恭等：《馆陶县志》，民国二十五年铅印本。

王怀斌等：《澄城县附志》，民国十五年铅印本。

（清）吴九龄等：《长治县志》，乾隆二十八年刻本。

（清）吴中彦修：《重修广平府志》，光绪二十年刻本。

（清）冼国幹等：《武强县志》，康熙三十三年刻本。

（清）项龙章等：《阳城县志》，康熙二十六年刻本。

熊象阶等：《浚县志》，嘉庆六年刊本。

（清）徐品山等：《沁水县志》，嘉庆六年刻本。

（清）徐时作等：《沧州志》，乾隆八年刊本。

（清）徐炘等：《陵川县志》，光绪八年刻本。

（清）雅德等：《山西志辑要》，乾隆四十五年刻本。

阳城县志编纂委员会：《新修阳城县志》，海潮出版社1994年版。

（清）杨潮观等：《林县志》，乾隆十七年刻本。

（清）杨晙修：《潞安府志》，顺治十六年刻本。

（清）杨善庆等：《阳城县志》，乾隆二十年刻本。

（明）杨宗气等：《山西通志》，嘉靖四十三年刻本。

（清）佚名：《鄠县乡土志》，民国二十六年铅印本。

余正东等：《宜川县志》，民国三十三年铅印本。

（清）曾国荃等：《山西通志》，光绪十八年刻本。

张权本等：《高邑县志》，民国二十二年铅印本。

（清）张淑渠等：《潞安府志》，乾隆三十五年刻本。

张自清等：《临清县志》，民国二十三年铅印本。

（清）章廷珪等：《平阳府志》，乾隆元年刻本。

（清）赵凤诏等：《沁水县志》，康熙三十六年刻本。

（清）赵擢彤等：《孟津县志》，嘉庆二十一年刻本。

（清）郑灏等：《黎城县续志》，光绪九年刻本。

（清）钟桐山等：《光化县志》，光绪十三年刻本。

周宋康：《分省地志——山西》，中华书局1939年版。

（清）朱樟等：《泽州府志》，雍正十三年刻本。

四 近人论著

（一）著作

陈新岗、张秀娈：《山东经济史》，山东人民出版社2011年版。

陈钟：《桑蚕茧》，纺织工业出版社1958年版。

程民生：《河南经济简史》，中国社会科学出版社2005年版。

从翰香：《近代冀鲁豫乡村》，中国社会科学出版社1995年版。

邓玉娜：《粮食贸易与清代中国乡村社会变迁》，大象出版社2014年版。

杜正贞：《村社传统与明清士绅·山西泽州乡土社会制度变迁》，上海辞书出版社2007年版。

段建宏：《明清晋东南基层社会组织与社会控制》，中国社会科学出版社2016年版。

范金民：《江南社会经济史研究入门》，复旦大学出版社2012年版。

傅衣凌：《明清时代商人及商业资本》，人民出版社1956年版。

葛慧贤等：《明清山西商人研究》，香港欧亚经济出版社1993年版。

韩茂莉：《十里八村：近代山西乡村社会地理研究》，生活·读书·新知三联书店2017年版。

郝平：《大地震与明清山西乡村社会变迁》，人民出版社2014年版。

胡英泽：《改邑不改井：沁河流域的水井与民生》，山西人民出版社2016

年版。

胡英泽、张俊峰：《区域社会史研究读本》，中国社会科学出版社 2018 年版。

黄鉴晖：《明清山西商人研究》，山西经济出版社 2002 年版。

［美］黄宗智：《华北的小农经济与社会变迁》，中华书局 1986 年版。

江沛、王先明：《近代华北区域社会史研究》，天津古籍出版社 2005 年版。

姜守鹏：《明清北方市场研究》，东北师范大学出版社 1996 年版。

降大任：《晋商劲旅泽潞帮》，三晋出版社 2010 年版。

晋城百科全书编委会：《晋城百科全书》，奥林匹克出版社 1995 年版。

李嘎：《古道悠悠：明清民国时期的晋城交通与沿线聚落》，山西人民出版社 2016 年版。

李刚：《陕西商帮史》，西北大学出版社 1997 年版。

李金铮：《传统与变迁近代华北乡村的经济与社会》，人民出版社 2014 年版。

李金铮：《近代中国乡村社会经济探微》，人民出版社 2004 年版。

李希曾：《晋商史料与研究》，山西人民出版社 1996 年版。

李正华：《乡村集市与近代社会：二十世纪前半期华北乡村集市研究》，当代中国出版社 1998 年版。

刘建生：《山西近代经济史》，山西经济出版社 1995 年版。

刘建生等：《晋商研究》，山西人民出版社 2005 年版。

刘秋根、杨波：《明清以来太行山地区村镇考察与研究》，中国社会科学出版社 2023 年版。

刘泽民等主编：《山西通史》，山西人民出版社 2001 年版。

刘治娟：《丝绸的历史》，新世界出版社 2006 年版。

卢明辉、刘衍坤：《旅蒙商：17 世纪至 20 世纪中原与蒙古地区的贸易关系》，中国商业出版社 1995 年版。

［美］马若孟：《中国农民经济：河北和山东的农民发展 1890—1949》，史建云译，江苏人民出版社 2013 年版。

穆雯瑛：《晋商史料研究》，山西人民出版社2001年版。

［日］内山雅生：《二十世纪华北农村社会经济研究》，李恩民、邢丽荃译，中国社会科学出版社2001年版。

逄振镐、江奔东主编：《山东经济史（古代卷）》，济南出版社1998年版。

［美］彭慕兰：《腹地的构建：华北内地的国家、社会和经济1853—1937》，马俊亚译，社会科学文献出版社2005年版。

乔南：《清代山西经济集聚论：晋商研究的一个视角》，经济管理出版社2008年版。

乔志强：《山西制铁史》，山西人民出版社1978年版。

任放：《中国市镇的历史研究与方法》，商务印书馆2010年版。

山西省政协：《晋商史料全览》，山西出版集团、山西人民出版社2007年版。

山西省政协《晋商史料全览》编辑委员会：《晋商史料全览（会馆卷）》，山西出版集团、山西人民出版社2007年版。

山西省政协《晋商史料全览》编辑委员会：《晋商史料全览（商镇卷）》，山西出版集团、山西人民出版社2007年版。

［美］施坚雅主编：《中华帝国晚期的城市》，叶光庭等译，中华书局2000年版。

石忆邵：《中国农村集市的理论与实践》，陕西人民出版社1995年版。

史若民：《票商兴衰史》，中国经济出版社1998年版。

［日］寺田隆信：《山西商人研究》，张正明等译，山西人民出版社1986年版。

孙宏波、高春平：《潞商文化探究》，天津人民出版社2009年版。

孙丽萍、高春平：《晋商研究新论》，山西人民出版社2005年版。

田霍卿等主编：《晋城大事记》，中国城市出版社1993年版。

王怀中、魏填平：《上党史话》，山西人民出版社1981年版。

王建革：《传统社会末期华北的生态与社会》，生活·读书·新知三联书店 2009 年版。

王建华：《山西灾害史（上）》，三晋出版社 2014 年版。

王尚义：《晋商商贸活动的历史地理研究》，科学出版社 2004 年版。

王孝通：《中国商业史》，团结出版社 2007 年版。

王兴亚：《河南商帮》，黄山书社 2007 年版。

王兴亚：《明清河南集市庙会会馆》，中州古籍出版社 1998 年版。

魏宏运：《二十世纪三四十年代太行山地区社会调查与研究》，人民出版社 2003 年版。

谢嗣孅：《视察山西农林畜牧水利报告》，出版商不详，1928 年版。

行龙：《从社会史到区域社会史》，人民出版社 2008 年版。

行龙：《环境史视野下的近代山西社会》，山西人民出版社 2007 年版。

行龙、杨念群：《区域社会史比较研究》，社会科学文献出版社 2006 年版。

徐月文：《山西经济开发史》，山西经济出版社 1992 年版。

杨纯渊：《山西经济史纲要》，山西人民出版社 1993 年版。

杨纯渊：《山西历史经济地理述要》，山西人民出版社 1993 年版。

杨正泰：《明代驿站考（增订本）》，上海古籍出版社 2006 年版。

姚春敏：《清代华北乡村庙宇与社会组织》，人民出版社 2013 年版。

苑书义等：《艰难的转轨历程——近代华北经济与社会发展研究》，人民出版社 1997 年版。

张国辉：《晚清钱庄和票号研究》，中华书局 1989 年版。

张国义：《学术寻踪：明清以来江南社会经济史研究概览（1978—2013年）》，上海人民出版社 2015 年版。

张海鹏、张海瀛主编：《中国十大商帮》，黄山书社 1993 年版。

张正明：《晋商兴衰史》，山西古籍出版社 1995 年版。

张正明、薛慧林：《明清晋商资料选编》，山西人民出版社 1989 年版。

张正明等：《中国晋商研究史论》，人民出版社 2006 年版。

赵新平：《1912—1928 山西乡村生活研究》，中华工商联合出版社 2007 年版。

中国地理百科丛书编委会:《中国地理百科·上党盆地》,世界图书出版社 2015 年版。

朱新予:《中国丝绸史通论》,纺织工业出版社 1992 年版。

邹文卿:《清明山西自然灾害及其防治技术研究》,中国科学技术出版社 2017 年版。

(二) 期刊论文

曹树基:《洪武时期河北地区的人口迁移》,《中国农史》1995 年第 3 期。

曹树基:《洪武时期鲁西南地区的人口迁移》,《中国社会经济史研究》1995 年第 4 期。

曹树基:《永乐年间河北地区的人口迁移》,《中国农史》1996 年第 3 期。

曹新宇:《清代山西的粮食贩运路线》,《中国历史地理论丛》1998 年第 2 期。

常建华:《明清山西碑刻里的乡约》,《中国史研究》2010 年第 3 期。

车文明:《民间法规与罚戏》,《戏剧》(中央戏剧学院学报) 2009 年第 1 期。

车文明:《中国古代民间祭祀组织"社"与"会"初探》,《世界宗教研究》2008 年第 4 期。

陈国生:《清代山西农业结构的变化》,《晋阳学刊》1996 年第 1 期。

陈连营:《客商与清代河南农村经济》,《中州学刊》1992 年第 2 期。

杜正贞、赵世瑜:《区域社会史视野下的明清泽潞商人》,《史学月刊》2006 年第 9 期。

段建宏:《泽潞商人·戏台·地域社会》,《前沿》2009 年第 3 期。

段友文:《山西煤区民俗与煤神崇拜》,《民俗研究》1993 年第 4 期。

段友文、卫华才:《乡村权力文化网络中的"社"组织研究以晋南万荣通化村、荣河村和河津西王村为例》,《民俗研究》2005 年第 4 期。

范金民:《明代地域商帮的兴起》,《中国经济史研究》2006 年第 3 期。

范金民:《明代地域商帮兴起的社会背景》,《清华大学学报》(哲学社会科学版）2006 年第 5 期。

范金民：《清代山西商人和酒业经营》，《安徽史学》2008 年第 1 期。

高春平：《论明清时期晋中的中小商人》，《晋阳学刊》2005 年第 2 期。

高春平：《明代潞绸业的兴盛与管理》，《晋中学院学报》2009 年第 4 期。

葛贤慧：《清代山西商人和边地贸易》，《山西财经学院学报》1994 年第 2 期。

韩晓莉：《明清山西人地关系的演变及调整》，《沧桑》2002 年第 6 期。

胡筱瑜：《古泽州养蚕习俗与蚕俗信仰调查——以阳城、沁水两县部分村落为例》，《大众文艺》2011 年第 12 期。

黄启臣：《明代山西冶铁业的发展》，《晋阳学刊》1987 年第 2 期。

李存华、王智庆：《明清晋东商人兴衰探缘》，《沧桑》2008 年第 4 期。

李辅斌：《清代直隶山西棉花种植和蚕桑业的变化及分布》，《中国历史地理论丛》1996 年第 4 期。

李丽娜：《晋商的兴起与山西城镇的变迁》，《太原理工大学学报》（社会科学版）2008 年第 4 期。

李茹、田甜：《晚清晋东南地区对外交流状况初探——以高平许庄村玄武阁补修重修碑记为例》，《三门峡职业技术学院学报》2016 年第 3 期。

李三谋、方配贤：《明万历以前山西农业货币税的推行问题》，《中国社会经济史研究》1999 年第 1 期。

李心纯、林和生：《山西生态环境的变迁与晋商的兴起》，《晋阳学刊》2006 年第 4 期。

梁四宝、王云爱：《玉米在山西的传播引种及其经济作用》，《中国农史》2004 年第 1 期。

梁四宝、武芳梅：《明清时期山西人口迁徙与晋商的兴起》，《中国社会经济史研究》2001 年第 2 期。

廖声丰、孟伟：《明清以来山西村落的庙宇与商业发展——基于对高平市寺庄村现存庙宇碑刻的考察》，《中国社会经济史研究》2015 年第 2 期。

林永匡、王熹：《乾隆时期内地与新疆哈萨克的贸易》，《新疆大学学报》（哲学社会科学版）1985 年第 4 期。

林永匡、王熹：《清代山西与新疆的丝绸贸易》，《山西大学学报》（哲学社会科学版）1987 年第 1 期。

林永匡、王熹：《清代新疆的丝绸贸易》，《新疆社会科学》1986 年第 6 期。

刘建生、刘鹏生：《试论晋商的历史地位及作用》，《山西大学学报》（哲学社会科学版）1995 年第 2 期。

刘建生、王瑞芬：《清代以来山西典商的发展及原因》，《中国经济史研究》2002 年第 1 期。

刘培峰、潜伟、李延祥：《清前期山西泽州牙行的不同发展趋势及其影响》，《中国经济史研究》2013 年第 4 期。

芦苇：《明清泽潞地区的丝织技术与社会》，《科学技术哲学研究》2011 年第 3 期。

吕艳伟：《试述地理环境在晋商形成中所起的作用》，《内蒙古农业大学学报》（社会科学版）2011 年第 5 期。

马国英等：《晚清山西粮食价格波动、市场成因及政府行为（1875—1908）》，《中国经济史研究》2012 年第 3 期。

马玉山：《明清山西市镇经济初探》，《山西大学学报》（哲学社会科学版）1992 年第 4 期。

孟伟、廖声丰：《明清以来的高平商人研究——针对高平市康营村庙宇碑刻的考察》，《盐城工学院学报》（社会科学版）2016 年第 1 期。

牛国祯、梁学诚：《张库商道及旅蒙商述略》，《河北大学学报》1988 年第 2 期。

庞义才、渠绍淼：《论清代山西驼帮的对俄贸易》，《晋阳学刊》1983 年第 4 期。

乔南：《浅析清代山西农村集市及庙会》，《山西财经大学学报》2008 年第 3 期。

乔南：《清代山西商人行商地域范围研究》，《晋阳学刊》2008年第2期。

乔南：《传统社会区域产业结构变动的经济学分析——以明清潞泽地区为例》，《经济问题》2014年第9期。

秦佩珩：《清代晋商之盐商和票号再探讨》，《郑州大学学报》1989年第5期。

邵继勇：《明清时代边地贸易与对外贸易中的晋商》，《南开学报》（哲学社会科学版）1999年第3期。

沈琨、田秋千：《潞绸史话》，《山西档案》2008年第6期。

石涛、王斐、胡鹏：《清代前中期灾害恢复周期研究——以1834年山西泽州旱灾为例》，《中国农史》2015年第5期。

宋丽莉、马玉山：《明代晋商的类别》，《山西大学学报》（哲学社会科学版）2002年第1期。

宋丽莉、张正明：《浅谈明清潞商与区域环境的相互影响》，《山西大学学报》（哲学社会科学版）2008年第1期。

陶宏伟：《明清山西商业市镇研究》，《忻州师范学院学报》2012年第2期。

王广智：《晋陕蒙接壤区生态环境变迁初探》，《中国农史》1995年第4期。

王社教：《明清时期山西地区城镇的发展》，《西北大学学报》（自然科学版）2007年第2期。

王社教：《清代山西的田地数字及其变动》，《中国农史》2007年第1期。

王兴亚：《明清时期的河南山陕商人》，《郑州大学学报》（哲学社会科学版）1996年第2期。

王兴亚：《清代北方五省酿酒业的发展》，《郑州大学学报》（哲学社会科学版）2000年第1期。

王璋：《清代山西农村手工业初探》，《农业考古》2012年第3期。

韦庆远、鲁素：《清代前期矿业政策的演变（上）》，《中国社会经济史研究》1983年第3期。

卫广来：《明代山西手工业考察》，《山西大学学报》（哲学社会科学版）1992年第4期。

魏晓虹:《〈阅微草堂笔记〉中的西商》,《山西大学学报》(哲学社会科学版)2010 年第 2 期。

吴朋飞、侯甬坚:《鸦片在清代山西的种植、分布及对农业环境的影响》,《中国农史》2007 年第 3 期。

谢元鲁:《明清北方边境对外贸易与晋商的兴衰》,《四川师范大学学报》(社会科学版)1994 年第 2 期。

行龙、张万寿:《近代山西集市数量、分布及其变迁》,《中国经济史研究》2004 年第 2 期。

徐景星:《长芦盐务与天津盐商》,《天津社会科学》1983 年第 1 期。

徐雪强:《晚清至民国山西潞安府集市发展情况研究》,《廊坊师范学院学报》(社会科学版)2012 年第 6 期。

徐允信:《山西潞商与潞绸》,《北方蚕业》2007 年第 2 期。

许檀:《明代河南清化镇的商业规模——隆庆五年〈创建金龙大王神祠记〉及相关碑文研究》,《天津师范大学学报》(社会科学版)2014 年第 3 期。

许檀:《明清时期农村集市的发展》,《中国经济史研究》1997 年第 2 期。

许檀:《明清时期区域经济的发展——江南、华北等若干区域的比较》,《中国经济史研究》1999 年第 2 期。

许檀:《清代河南的商业重镇周口——明清时期河南商业城镇的个案考察》,《中国史研究》2003 年第 1 期。

许檀:《清代山东周村镇的商业》,《史学月刊》2007 年第 8 期。

许檀:《清代中叶的洛阳商业——以山陕会馆碑刻资料为中心的考察》,《天津师范大学学报》(社会科学版)2003 年第 4 期。

许檀:《商人会馆碑刻资料及其价值》,《天津师范大学学报》(社会科学版)2013 年第 3 期。

薛荣:《明代潞绸业兴盛的表现及其原因探析》,《山西师大学报》(社会科学版)2009 年第 4 期。

颜色、刘丛:《18 世纪中国南北方市场整合程度的比较——利用清代粮价数据的研究》,《经济研究》2011 年第 12 期。

杨海明:《清至民国泽州县大阳镇的民间信仰》,《沧桑》2008 年第 1 期。

杨辉:《清代泽潞地区市镇分布与变迁》,《唐山师范学院学报》2016 年第 3 期。

杨艳秋:《明代初期北边边粮供应制度探析》,《中州学刊》1999 年第 1 期。

岳树明:《山西潞绸兴衰史》,《丝绸》2007 年第 7 期。

张海瀛:《明代山西万历清丈与地亩、税粮总额》,《中国经济史研究》1994 年第 3 期。

张华宁、马国英:《清末民初晋东南煤炭的需求状况研究》,《山西财经大学学报》2009 年第 S1 期。

张俊峰:《清至民国山西水利社会中的公私水交易——以新发现的水契和水碑为中心》,《近代史研究》2014 年第 5 期。

张民服:《试论明清晋商的商业活动趋向》,《中国史研究》1994 年第 2 期。

张余:《山西民间煤炭风俗》,《沧桑》1999 年第 5 期。

张正明:《明清山西商人概论》,《中国经济史研究》1992 年第 1 期。

张正明:《明清时期的山西盐商》,《晋阳学刊》1991 年第 2 期。

张正明、张梅梅:《明清时期山西农业生产方法的改进》,《经济问题》2002 年第 12 期。

赵世瑜:《村民与镇民:明清山西泽州的聚落与认同》,《清史研究》2009 年第 3 期。

赵世瑜:《明清时期华北庙会研究》,《历史研究》1992 年第 5 期。

赵世瑜:《明清时期江南庙会与华北庙会的几点比较》,《史学集刊》1995 年第 1 期。

朱江琳:《明清潞绸兴衰始末及其原因分析》,《丝绸》2014 年第 7 期。

朱文广:《禁赌碑与乡村风俗改良——以清代上党为中心的考察》,《农业考古》2014 年第 3 期。

[日] 佐伯富等:《山西商人发展的原因》,《晋阳学刊》1983 年第 2 期。

(三）硕博学位论文

陈赛赛：《线性文化遗产背景下的万里茶道空间结点分析》，硕士学位论文，江西师范大学，2016年。

陈添翼：《清代平定商人与商业研究——以大阳泉村为个案》，硕士学位论文，河北大学，2015年。

杜锐：《清代潞安府工商业经济研究》，硕士学位论文，山西大学，2014年。

郭娟娟：《宋元明清山西铁矿开采与冶铁业发展述论》，硕士学位论文，山西大学，2006年。

侯辛欣：《明清以来沁河流域的工商业经济研究》，硕士学位论文，江西师范大学，2014年。

李倩：《清代山西农村定期集市区域差异研究》，硕士学位论文，天津师范大学，2016年。

李扬：《明清山西煤炭业研究》，硕士学位论文，陕西师范大学，2011年。

梁法：《山西清代煤炭业探讨与区域经济发展》，硕士学位论文，山西大学，2008年。

刘建哲：《清代以来的晋东商人研究——以河底镇考察为中心》，硕士学位论文，河北大学，2016年。

刘景纯：《清代黄土高原地区城镇地理研究》，博士学位论文，陕西师范大学，2002年。

刘培峰：《明清时期泽潞地区铁业组织研究》，硕士学位论文，北京科技大学，2009年。

芦苇：《潞绸技术工艺与社会文化研究》，博士学位论文，东华大学，2012年。

马国英：《光绪年间山西粮食产量研究》，硕士学位论文，山西大学，2010年。

马伟：《煤矿业与近代山西社会（1895—1936）》，博士学位论文，山西大学，2007年。

阮莉：《明清时期运城盐业盐商与当地社会》，硕士学位论文，山西大学，2009年。

师冰洁：《明代晋商与乡村社会变迁——以晋南地区为中心的考察》，硕士学位论文，西南大学，2008年。

宋奇飞：《明清泽州士商互动关系研究》，硕士学位论文，山西大学，2016年。

王慧：《泽潞商帮影响下的沁河流域村落形态研究》，硕士学位论文，华中科技大学，2013年。

王晶：《明清以来山西高平汤王头工匠研究》，硕士学位论文，河北大学，2018年。

王璋：《灾荒、制度、民生——清代山西灾荒与地方社会经济研究》，博士学位论文，南开大学，2012年。

吴斗庆：《泽潞地区传统冶铁技术初探》，硕士学位论文，山西大学，2007年。

吴孟显：《近代晋南农村市场的发展与社会变迁（1860—1949）》，硕士学位论文，陕西师范大学，2008年。

闫宏伟：《从三晋货币看三晋的铸币业和商业分布》，硕士学位论文，山西师范大学，2017年。

杨伟东：《明至民国高平商人的发展脉络探析——以碑刻为中心》，硕士学位论文，河北大学，2018年。

张礼慧：《清代泽州府工商业经济研究》，硕士学位论文，陕西师范大学，2012年。

张敏：《明代潞泽地区商贸兴起的原因初探——基于区位论视角的分析》，硕士学位论文，山西大学，2010年。

张楠：《明清时期南太行地区山西商人与金龙四大王信仰研究》，硕士学位论文，河北大学，2020年。

附录　捐资字号资料选辑

本书所用的碑刻资料，除了部分转引自公开出版的资料外，多数为作者过去数年在各地进行田野调查所得，相关内容大多不曾正式出版。为了便于学界同仁查阅，特选取与本书研究关系较大且保存较为完善的部分碑刻资料分享如下。限于篇幅，附录中除了保留碑刻刊刻年代及保存地点等关键信息外，尽可能以展示碑刻中最精华的字号捐资部分为主，碑刻正文部分非必要不予保留，特说明。

（一）高平碑刻

嘉庆七年（1802）《增补庙宇神池改作歌舞台碑记》，现存高平市南城谷口村济渎庙。

湖广宋埠镇：自顺号　银一百两　永丰号　银五两　合兴号　银二两五钱　天成号　银二两五钱　俞兴泰　银二两五钱　和盛义记　银二两　谢元大　银二两　伯西公记　银二两　恒有冶坊　银二两　覃仁和　银二两　谢成大　银一两八钱　万盛号　银一两五钱　元昌冶坊　银一两五钱　西文顺　银一两　聚盛号　银一两　义顺号　银一两　朋兴号　银一两　发兴号　银一两　永隆号　银一两　义盛号　银一两　永泰号　银一两　宋光泰　银一两　聚裕号　银一两　公义号　银一两　协盛号　银一两　刘德发　银一两　张　金　银一两　董和成　银五钱　立胜号　银五钱　新盛号　银五钱　翰兴号　银五钱　申　锦　银五钱

黄安县：① 东生典 银二两 合盛号 银一两 公兴号 银五钱 常日晟 银五钱 吴世维 银三钱 卢恕 银三钱 董永孝 银三钱 郭殿士 银三钱 刘大廪 银三钱 张锦瑷 银三钱 王汉三 银二钱

汉口镇：王开第 银四两 张美玉 银三两 魁兴广记 银三两 天申号 银三两 谦益号 银三两

明台山：元兴号 银二两 永发号 银二两 正茂号 银二两 义兴号 银二两 永兴号 银二两 信成号 银二两 恒兴号 银二两 孙万发 银二两 泰盛号 银一两五钱 永丰号 银一两五钱 恒升号 银一两五钱 天德号 银一两五钱 交泰号 银一两五钱 俞兴泰 银一两五钱 吴复茂 银一两五钱 泰顺号 银一两五钱 公兴号 银一两 公馨号 银一两 丰泰号 银一两 立盛号 银一两 乾盛号 银一两 义成号 银一两 鉴兴号 银一两 永泰公记 银一两 晋盛恒记 银一两 任东兴 银一两 李义成 银一两 王兴盛 银一两 李全泰 银一两 李义和 银一两 悦宜兴 银一两 尚益盛 银一两 杨立盛 银一两 李中和 银一两 陈滋盛 银一两 秦文兴 银一两 同义高记 银一两 郭大兴 银一两 毛士俊 银一两 余金茂 银一两 吴京泰 银一两 覃仁和 银八钱 恒元号 银五钱 合兴号 银五钱 新泰号 银五钱 广成号 银五钱 霞盛号 银五钱 振兴号 银五钱 恒顺号 银五钱 福顺号 银五钱 东升号 银五钱 董明盛 银五钱 兴聚号 银五钱 □盛德记 银五钱 福兴和记 银五钱 新兴永记 银五钱 永隆辑记 银五钱 永裕公记 银五钱 □□永记 银五钱 □兴和记 银五钱 □顺□记 银五钱 薛万顺 银五钱 公义号 银五钱 永茂店 银五钱

河南信阳州：恒德旗 银二两 杨信顺 银二两 协成店 银二两 孙通顺 银二两 温诚兴 银一两 吴复盛 银一两 广泰店 银一两 王定九 银一两 永兴店 银一两 复顺店 银一两 裕丰店 银

---

① 黄安，即今天湖北红安县。清代该地为黄安县。

263

一两　涂□和　银一两　万全店　银一两　牛同盛　银一两　祁永兴　银一两　濮义盛　银一两　璩本丛　银一两　吴天保　银一两　张永忠　银五钱

湖北小河溪：连盛号　银一两　增盛号　银三两　观连盛　银二两　土布桥：茂盛店　银一两　魁盛店　银五钱　张振恒　银四钱　郭相　银四钱　王文学　银四钱　赵述　银三钱　王含章　银三钱　范学勤　银三钱　霍致明　银三钱　王修勤　银三钱　冷世业　银三钱　岳誏　银三钱　霍士魁　银三钱　王修礼　银三钱　盛士林　银三钱　王惟同　银三钱　魏从周　银三钱　郭立　银三钱　吴绍栗　银三钱　李登花　银三钱　陈场　银三钱　崔玉伦　银三钱　陈宏道　银三钱

黄布云　银三钱　吴少柏　银三钱　李希孔　银二钱　魏现周　银二钱　王可仕　银二钱　裴堂仕　银二钱　赵云成　银二钱　郭辅臣　银二钱　郭进臣　银二钱　郭乡　银二钱

周党畈：赵三盛　银一两　陈泰兴　银一两　隆兴魁记　银七钱　德顺王记　银六钱　同心马记　银四钱

湖北阎家河：合兴号　银四两　德盛号　银三两　双茂号　银二两　鲁三元　银一两　陈万　银一两　崔宜干　银一两　天泰号　银一两　牛兆福　银一两　俞明远　银一两　汪宾若　银一两　丁国林　银一两　许在中　银一两　孟允　银一两　阳长青　银八钱　胡茂贵　银五钱　胡鉴　银五钱　牛秉宽　银五钱　裴荣　银五钱　张正涌　银五钱

河南大林店：道生号　银二两　永全号　银一两

山东新庄镇：公义店　银一两五钱　泰和号　银一两　广兴号　银一两　福泰店　银一两　元吉店　银一两　烈兴号　银五钱　顺成号　银五钱

本邑城中：申嘉凯　银二两　李璨英　银二两

铺上村：张林　银一两五钱　上庄村　张秉印　银五钱

本村：王铭　银一两

本村中：申兆财　银十两零五钱　许德惟　银五两　申鸿　银四两

五钱　申开瑾　银二两　申溥　银二两　申洁　银二两　袁玉袜　银二两　申魁　银二两五钱　常本立　银二两三钱　郭自顺　银二两　申炉　银二两　申子诠　银一两五钱　许聚宽　银一两五钱　申继谷　银一两五钱　申浚　银一两五钱　申尧　银一两五钱　申盛钟　银一两　申兆明　银一两　许宗礼　银一两　申继胜　银一两　许万金　银一两　申继升　银一两　申有恒　银一两

许金　银一两　申聚琦　银七钱　申继烈　银七钱　丁有财　银七钱　申磊　银七钱　申德明　银五钱　申得明　银五钱　许得清　银五钱　许铣　银五钱　申镇　银五钱　申璨　银五钱　许得明　银五钱　申昌　银五钱　许全　银五钱　许子荣　银五钱　许高　银五钱　许永有　银五钱　许丹　银五钱　中永兴　银四钱　申允　银四钱　许聚耀　银三钱　申□发　银三钱　申明　银三钱　申万和　银三钱　申永泰　银三钱　申裕　银三钱　李邦宪　银三钱　常锦诏　银三钱　申成恭　银三钱　许得荣　银三钱　许有得　银三钱　申一经　银二钱　申甡川　银二钱　申安　银二钱　申永元　银二钱　申广聚　银二钱　李长毛　银二钱　程继礼　银二钱　申有和　银二钱　申大鹏　银二钱　许良　银二钱　张福　银二钱　申旺江　银二钱　申统　银二钱　张贤　银二钱　申杰　银二钱　申怀　银二钱

申克恭　银二钱　申克俭　银二钱　申成义　银二钱　申翘　银二钱　申广升　银二钱　李猪孩　银二钱　贾期年　银二钱　程聚福　银二钱　程聚禄　银二钱　李凤鸣　银二钱　李湖江　银二钱　王金山　银二钱　许缉　银二钱　许太　银二钱　许永昌　银二钱　许宗兴　银二钱　许宗旺　银二钱

玉工张□印敬刊

光绪二十二年（1896）《万善同归碑记》，现存高平市西李门风华寺。兹将施捐姓名字号遐迩郡邑详列于左

信士：

拐河：德胜店捐银一两五　和兴西捐银一两整　聚成源捐银一两整　天兴荣捐银一两整　同泰永捐银一两整　永义号捐银一两整　豫丰恒捐银一两五

河津：长福顺捐银一两整　河内：福盛永捐银四两整　京都：义全泰捐银二两整　灵邑：同泰永捐银一两整

鲁山：常福兴捐银一两整　募化人牛明镜施绸料道袍　大茂乾捐银二两整　德盛全捐银二两整　福盛乾捐银一两整　韩顺保捐银二两整　宋长发捐银二两整　王富贵捐银二两整　西瑞祥捐银二两整　永顺和捐银三两整　张纯捐银一两整　漯湾：公顺成捐银三两整　万锡泰捐银二两整　义茂同捐银四两整　育祥泰捐银一两整　南召白土冈：义聚恒捐银二两整　通义永捐银二两整　发兴永捐银一两五　泰兴义捐银一两整

南召：和兴成捐银三两整　聚成增捐银一两整　同聚祥捐银一两五　深州：德庆永捐银二两整　石佛寺：三和成捐银一两整　泰顺昌捐银一两整

太古：萃豫丰捐银四两整　达顺明捐银三两整　锦成庆捐银二两整　锦春元捐银三两整　锦茂楼捐银三两整　锦霞明捐银二两整　庆成隆捐银二两整　庆成豫捐银三两整　天兴诚捐银二两整　万亿源捐银五两整　协全永捐银三两整　永顺泉捐银二两整　永兴正捐银三两整　豫丰泰捐银三两整

武邑赵庄：瑞盛昌捐银一两整　新乡：敬慎堂捐银五两整　祥聚东捐银二两整　郾邑：恒茂店捐银四两整　义成耀捐银二两整　裕州：丰兴元捐银一两整　裕成祥捐银三两整　三合义捐银一两整　同心合捐银一两整　万盛店捐银一两整　义德恒捐银二两整　元盛和捐银一两整　忠兴通捐银一两整　镇平百佛：宝和永捐银二两整　镇平：复兴永捐银一两整　周口：聚兴店捐银二两整　庆昌局捐银二两整

大清光绪二十二年岁次丙申仲秋上浣谷旦

继开

巴公镇：复顺典捐钱一千文

本村：侯远丰捐钱一千二百文　焦作桐捐钱一千八百文　牛群旺捐钱四百文　史炳福捐钱七百四十文　司元明捐钱五百文　汴省：顺兴振捐钱四百文　曹邑：范继光捐钱一千八百文　胡鹏柱捐钱五百文　李作霖捐钱八百文　卢景义捐钱一千二百文　苗化珠捐钱六百文　孙继皋捐钱八百文　孙继陶捐钱五百文　孙景禄捐钱五百文　田文凤捐钱八百文　田云章捐钱六百文　王宝鸿捐钱一千六百文　姚景远捐钱八百文　姚士瑞捐钱八百文　尹景全捐钱八百文　张省三捐钱一千六百文

登邑八方：韩书永捐钱二百文　东沟：环盛典捐钱一千文　东李门：东社捐钱一千文　西社捐钱一千文　朵则村：大社捐钱一千文　附城：兴泰兴昌捐钱一千文　高邑：广兴行捐钱五百文　和成行捐钱五百文　南关：德兴典捐钱一千文　盛兴号捐钱一千文　祥泰公捐钱五百文　亿长庆捐钱五百文

巩邑：白玉璜捐钱一千文　德义合捐钱四千文　德兴益捐钱五百文　丰义公捐钱四百文　丰豫顺捐钱四百文　恒顺隆捐钱四百文　李广增捐钱一千文　李金山捐钱五百文　瑞和祥捐钱三百文　三益仁捐钱一千文　三元号捐钱七百五十文　王常清捐钱五百文　王景秀捐钱一千五百文　永开恒捐钱五百文　玉兴金捐钱四百文　张荣安捐钱六百文　浩城镇：朱捞捐钱二百文　黄家沟大社捐钱一千文　刘庄村大社捐钱二千文　鲁村：大新典捐钱一千文　罗汉寺：张松枝捐钱四百文

洛邑：泰升永捐钱一千五百文　孟津：谢体仁捐钱五百文　米镇：协义久捐钱一千文　南鲁村大社捐钱一千五百文　牛村：广泰涌捐钱五百文　顺兴和捐钱五百文　桥里村：大社捐钱一千五百文　寺岭：协兴炉捐钱五百文　瓦窑头大社捐钱一千文　牛宜春庄大社捐钱一千文　潍邑：复兴号捐钱一千二百文　武邑：六合兴捐钱一千二百文　王兴号捐钱一千二百文　新乡：天顺和捐钱五百文　郾邑：崇泰生捐钱五百文　公聚合捐钱七百五十文　仁育万捐钱一千五百文　义兴永捐钱五百文　永成恒捐钱一千文　永兴长捐钱五百文　源盛长捐钱五百文　正心永捐钱一千文　义庄：刘来成捐钱一千文　永宁寨大社捐钱四千文　禹州：万

盛新捐钱一千文　峪河：会源成捐钱五百文　永茂奎捐钱五百文　泽郡：德顺典捐钱一千文　静乐宫捐钱一千五百文　寨西：通兴典捐钱一千文　朱家庄村：大社捐钱一千文

以上一应共捐银一百七十两零五钱；共捐钱二百一十八钱八百四十文

嘉庆十六年（1811）《改移门道布施学田碑》，现存高平市企甲院村。

尝读易曰：蒙以养正，圣功也，学记又曰皮弁，余菜示敬道也。因思我村建阁西偏，虽为一村关镇，收东水归之地而创建之。□前辈必在意，□文昌帝君阁者，亦可知即有养蒙之念，癸菜之见寓其中焉，阁之出入旧在堂房之东间，祀神者往来降多云不顺意，欲改移，又昔社中空匮，乙丑中于阁中联会一局于里中，捐输布施，服贾于外者，又劝募远方，遂于是岁将门道改修，东面落成之后，所有余资置为学田，与众共议，他日得租，作为延请塾师之费，果尔，有肄业之童子，亦可以洒扫庭除，有课劝之先生，更无须封锁门户，复何必沾沾？住持云哉，嗟乎，此本前辈之美义，吾侪踵而行之，虽未足以义学比，而欲子弟之造门请业，尊师敬道者，均可以少出修金，未尝不为养正之一助也。夫及辛未夏，将乐输姓名所置学田地亩备勒之石，以垂不朽。

嘉庆十六年岁次辛未夏四月之吉

邑庠增广生员张永汉敬撰

郡庠附贡生张榜敬书

内黄盐店　银十两　安林盐场　银陆两　开州盐场　临潼盐场　各银四两　金□：宋元兴　银五两　内黄：何德胜　银四两　济宁：元和号　宁盛号　彰德：东顺店　介邑：侯广和　益寿堂　金□：益寿堂　宝源局　内黄：太升店　各银二两　江宁：德源号　锦昌号　济宁：刘信义　杨裕兰　杨褚顺　世全店　长邑：公兴号　内黄：赵合成　马兴盛　渊源当　各银一两　刘忠信　三义号　集义号　各银五钱　以上共银五十八两五钱，系张橤任楚王镇募收

天泰当　乡镇当　各银二两　元兴当　永德当　悦来当　慎诚当　荣

和当　协成当　复盛当　新隆当　天盛当　永盛当　顺昌号　各银一两　合兴号　坤兴号　文发号　各银五钱　以上共银十六两五钱，系张永□在长子县募收

玉盛号　银三两　永义魁号　银一两　新兴昌号　蔡皆顺　各银六钱　恒盛正号　广成公号　万义恒号　德盛号　谢雄万　谢雄略　谢作德　王世秩　王世勇　王永玉　李应元　卢丰顺　各银五钱　万锦章　万兴顺　孙元章　姬来顺　各施银四钱　喻正茂　银三两　以上共银十三两一钱，系王克俭在枣阳县募收

城北：常增　侯添禄　各银一两，以上二两系张檀募收

店头：焦大成　银八两　柏枝庄：王三义　银五两　玉降：悦鹿德　王庄：李殿忠围城：吴谦光　各银三两　王庄：杨睿　银二两　秦庄：王士成　伙子：赵永芳各银一两　以上银一十六两，系张永汉在本处募收

张榜　银三十两　王克俭　张永□　张耀宗　银各十两　张永淳　王克勤　张永汉　张檥　张檀　张均　银五两　张照　银三两　以上共银一百零八两，系本村乐输　店头：王有泰　银二钱　伯方：王培宗　本村：杨滨各钱五百文

摇会收钱八十九千陆百文

会局　李□□　宝兴堂　徐怀春　□思明　三合会　王克俭　张淫　和二　张耀□　张仗　友善堂　□□□□额外各施钱一千文　总共银二百二十四两三钱

共钱一百三十四千陆百文

除门道费用外，置地庚午年置城中吕姓碑□北川上地七亩五分南北畛四面俱至界石□，东南角至陵下道，陵□上有四处界石，价银七十三

新阁南买□姓中地十亩三分东至陵根南至陵根西至陵下水中心北至□□

乾隆五十年置，价银十六两，有契券

嘉庆七年（1802）《增修炎帝庙前院碑记》，现存高平市野川镇常家沟村炎帝庙。

常家沟之有炎帝神农庙，不知创自何代，康熙、乾隆年间，前辈起而重修者，业经两次，凡春祈秋报、击鼓吹豳，实嘉赖之。而识者每谓神功大而庙貌殊小，地势缺而风气不收。乡中父老闻之，往往有增修之意……按地输财，共成盛举又恐工程浩大，力不能支，爰遣住持他方募化……

今将施财姓氏列左

京都：通顺店 银十两 义顺店 银二两 万顺店 银一两五钱 公兴店 广聚店 玉盛店 天裕店 长盛店 各银一两 明太店 陈彩继国财 王盛店 闫瑞信 刘万斗 广顺店 永昶店 荣盛店 李有德 全通店 以上各银壹两 郭玉顺 葛进广 王进宝 王荣 常大如 猴茂俭 各银伍钱 刘万忠 周凤祥 祁进孝 天泰店 永盛店 永顺店 □浔兴 各银伍钱

山东曹邑青堽集：发兴店 银拾两 王蕴 永顺店 各银二两 永盛店 白金兴 隆盛店 程新顺 马合志 文远店 各银壹两 潘秉建 冯宗振 徐琳光 申明安 各银壹两 潘世珍 谢效先 王公林 余桂林 各银八钱 王振海 路发周 各银伍钱 万兴店 纪怀珠 白金重 锦生店 石振生 王贵言 赵佳声 刘永禄 保元堂 杜方溥 李重义 赵起白 王勤 王瓒 王殉 钱玉 赵有德 潘广运 潘浔智 潘照 孙兴泗 孙广田 李智 义顺店 岳秀德 黄瓒 王德荣 杨伦升 王庆林 赵建直 孙琰 以上各银伍钱 张汉三 潘广居 胡永兴 连有年 方万和 孙有志 王玉林 各银四钱 刘有裕 银三钱 王志义 马纯修 连光照 三元店 郭源全 永和店 各银三钱 王汝贤 □兴店 三义店 复兴店 各银二钱 义盛店 郭秉社 各银二钱 □隆花店 万全店 银四两 晋典店 银二两 德胜店 银四钱 孙福如 程百万 程秉乾 刘尚德 各银二钱

大清嘉庆七年岁次壬戌三月二十四日谷旦

同治十二年（1873）《重修关帝庙碑记》，现存高平市永禄村关帝庙。

碑阴：

王保顺捐布施列后

元城县：和合号　施银二两　大名府：文泰号　元兴和　重盛协　德丰泰　荣兴仁　各施银一两　慎兴公　施钱一千文　南宫县：晋升恒　恒升号　各施钱一千文　和聚远　庆成炉　福裕号　各施钱五百文　本村：泰生荣　施钱两千文　威县：永合公　庆昌泰　丰泰永　天顺公　德泰祥　吉成魁　双聚成　各施钱五百文　祁县：双和店　泰和店　各施钱一千文　瑞和号　广荣泰　各施钱五百文　文水县：复盛谦　施银一千文　长盛公　施钱一千五百文

田普雨捐布施列后

高平县：城关会馆　施钱五千　尚友行　施钱二千文　南当行　悦来行　东当行　仁和号　恒聚成　各施钱一千文　张店：鼎荣堂　施钱一千文　云泉：馨盛典　河西：恒成典　李门：恒义典　南关：德益典　赵庄：义昌典　下太①：德丰典　原村：德松典　牛庄：□兴典　各施钱五百文　汤王头：源德典　杨村：诚一典　集义隆　高邑：赵鸿发　各施钱五百文　潞安府：三义王　三合公　义合成　泰盛合　各施钱一千文　本村：兴盛号　源泰永　茂盛德　各施钱一千文　合盛公　协义山　秋顺饭店　各施钱五百文　李胖成　施钱廿五千文　王四锁　王五牛　各施钱五千文　宋礼秀　李四迷　各施钱三千文　天普雨　王通盛　段土生　各施钱二千文　张瑞林　郜圪荳　郭凤昌　李二秃　各施钱一千五百文　王星　赵聚　李红孩　王海月　各施一千文　王垣　李遇行　王根松　陈聚金　王东来　赵家宝　王保瑞　王小交　李金松　各施钱一千文　王满聚　王果孩　马喜水　马小四　王大嘴　王小红　李全林　李丙寅　各施钱五百文　尚竟成　施钱五百文，兽一对　礼盛醋房　天兴粉房　李大秃　宋创命　萧热闹　常来成　赵山迷　刘辛卯　段

---

① 高平的下台村。

家沟　郭瑄　各施钱三百文　王光嘴　施钱二百四十文　田哑叭　王秃则　忠和堂　王四孩　郭骡则　赵驴孩　宋三则　赵根迷　郭鸣盛　张来发　各施钱二百文　郜庚□　七百文　和盛号　施钱四百文　田小孩　施空地基一处　社内已修房打墙，系明北至滴水下，东至滴水下，南至道中心。

光绪三年（1877）《补修关帝阁碑记》，现存高平市三甲镇朱家山村春秋阁。

村之西南隅，有关帝阁三间，实补坤之缺焉。历年既久，风雨吹渗，欲就补茸，实难为力。而村人有贸易四方者，募缘莫助，鸠工是敦，捐钱三拾吊以为补修之资。

汴省：恒泰行　捐钱贰千文　泰兴恒　捐钱贰千文　文积堂许　捐钱一千文　三盛号　捐钱一千文　三和麟　捐钱一千文　周万聚　捐钱一千文　福通号　捐钱一千文　宝聚斋　捐钱一千文　仪顺永　捐钱一千文　永魁号　捐钱一千文　德盛隆　捐钱一千文　公茂永　捐钱一千文　富盛和　捐钱一千文　隆昌盛　捐钱一千文　合盛号　捐钱一千文　蔚盛长捐钱一千文　平心公　捐钱一千文　有余长　捐钱一千文　魁聚永　捐钱一千文　义和成　捐钱伍百文　协成号　捐钱伍百文　广义号　捐钱伍百文　长盛号　捐钱伍百文　逢隆泰　捐钱伍百文

天津：双义亭　捐钱一千文　星记号　捐钱一千文　张瑞　捐钱伍百文　浙绍：安定栈　捐钱一千文　本庄：朱宝善一千文　赤祥：朱典澧　捐钱一千文　桂馨斋　捐钱一千文

大清光绪三年秋七月谷旦

嘉庆五年（1800）《重修炎帝庙记》，现存高平市三甲徘徊北村炎帝庙。

诸公捐来各处众善士银两；数目并字号姓名开列于后：

□城：祥太油行　各银一两　□州：允丰行　银二两　薄屋：珍成

附录　捐资字号资料选辑

钱店　德昌号　永兴坊　同成坊　银五钱　北庄：郭广福　银三钱　汴城：九花楼　吴天和　昌兴号　永隆成记　隆盛成记　侯新盛　王公盛　贾和兴　有发号　永隆号　田九店　赵乾太　各银一两　程家庄：贾恒　银一两　崇阳：三盛号　银五两　德盛号　银三两　玉盛号　祥兴号　全顺号　永益号　苗得春　永和号　苗遇春　刘仑　协泰号　各银一两　王振邦　雷正己　各银五钱　张万钟　银五钱　于桐　庞峻德　各银三钱　大名：久泰当　王集成　大亨当　永义当　各银二两　李如陵　银二两五钱　韦全义　英太号　同泰号　赵发兴　曹景房　郝建章　兴盛号　杨占一　李纯修　李文位　陈洪盛　各银一两　邓州：西成行　唐凤翔　各银五钱　底羊：王正　全盛号　李天运　银五钱　东昌府：隆源店　银二两　许延寿　银一两　东坪：樊城：同泰合号　各银一两　樊城：正茂粮行　恒大粮行　安家凹：安思宝　银二两　封丘：长兴发号　各银二两　富平：隆顺德号　各银□两　陈家坡：正和油坊　银一两　柏树圪：万顺油坊　各银一两　赵龙章　银二两　赵中□　银三钱　郝庄：苏功业　银三钱　苏宏业　银一两　合涧：珍成当　各银一两　河南：万兴号　永和号　西同兴号　永泰号　东顺号　泰盛布店　韩天宝　兆兴号　合昌号　泰生号　合成号　王永泰　同顺号　各银一两　义兴号　大成号　义顺号　泰顺号　顺兴号　同兴号　东升号　各银一两　河内：□□　各银三两　增盛发记　德盛增记　各银□两　河阳：茂盛春号　各银□两　壶关：丁复兴　刘化山　银五钱　姜大有　银五钱　华州：兴成茂号　各银□两　辉县：樊万盛　各银一两三钱　赵葵太　银一两二钱　公义钱店　银五钱　王永盛　福顺号　英立号　玉成号　太和号　马同盛　凤昌号　大成号　三义钱铺　各银一两　徽州：程迎来　程世隆　银三钱　全茂缎店　各银一两　万源行　各银一两　稷山：费发育　万庆号　各银二钱　江西：黄隆□号　增顺钱店　各银一两　周育才　徐临皋　周璜瑷　饶乔木　杨权也　江逊敏　邹浣英　孔仲明　银三钱　绛州：侯佐王　刘毓海　刘钟钺　张金仲　各银一两　玉成号　玉兴号　各银□两　介休：大盛隆记　各银一两　界

塚：陈秉和　银三两　栗佩堂　银一两　吴廷振　孙璜　公义粮行　李鐥安　玉和号　新发源号　义聚合记　各银三两　新顺和号　三兴堆号　公义魁记　新兴和号　顺兴和号　银二两　安家凹：安思元　安双玉　各银一两　老河口：双旺油行　牛义顺　田九店　东复兴号　西复兴号　兴聚号　银三钱　黎城：合义号　银五钱　林县：田起凤银五钱　兴盛号　各银六钱　张记彩　银五钱　临汾：合义永号　各银□两　临晋：王会文　银三钱　灵石：陈义兴　各银一两　灵邑：天泰钱店　各银一两　陵川：李自得　焦全兴　银五钱　王诗　银一两二钱　潞城：张廷芳　张廷祥　王立成　各银一两　刘亨泰　银五钱　张廷显　银五钱　南河：韩发升　和合号　银一两　田彬　太平：王作模　李永正　关因端　银二两　牛永盛　全泰号　西复盛　各银三两　王顺兴　镇盛号　牛大兴　义亨号　聚兴纪店　各银二两　永成号　聚盛号　田增盛　王炳　王廷佐　各银二两　赵合盛　银一两五钱　平阳：鼎顺正记　各银三钱　祁县：恒盛号　李尚接　刘际禹　逢源涌　李公兴　李福兴　史顺兴　敬裕号　三同号　各银一两　刘万年　田永祥　高钧　姚宗仁　李世文　郭永全　李方兴　□□　三义号　熊温　熊润　田占魁　徐金成　孙九成　朱天义　各银五钱　千秋：合盛号　复盛号　同盛铺　各银三钱　敬兴号　合兴号　各银二两　松盛号　银一两五钱　清河：□□　各银三两　曲沃：正兴和号　恒生乾号　合义公号　各银□两　任村：福生号　银五钱　敬裕号　银一两　沙堰：□□合记　银二两五钱　正兴□号　□元顺号　银二两　正太和号　银三两五钱　陕西：宋印楷　郭心秀　各银一两　宋永兴　银一两三钱　石村：赵广源　各银一两　双桥：和合油坊　兴隆油坊　各银一两　信昌号　银三钱　太平：晋源行　各银一两　李钰　侯营　王淦　各银一两　铁谢：公盛号　全兴号　祥盛号　各银六钱六分　万盛号　致城行　长盛行　长生行　祥瑞号　玉成号　四合号　谢泰顺　崔福祥　聚山号　兴隆号　赵钟　丰泰店　公和号　各银五钱　公盛号　永泰号　继盛号　史君甫　史明　史振蒲　各银三钱　东兴盛　新兴成　三合号　马尔泰　冯典　冯

稳 冯清贵 冯自林 李有君 张焕章 李芳 李显旺 各银二钱 李九正 李九成 各银一钱五分 李永发 郭起臣 郭世臣 张盛辉 魁盛号 德生号 各银一钱 元吉号 张在川 各银三两 润生号 银三两 铜钟镇：史义和 银五两 石统兴 银二两 陈贵爵 恒泰典 程三盛 洪永茂 杨义成 李协成 杨立盛 杨义盛 牛永和 栗恒隆 杨鋐 各银一两 赵悦昌 张振兴 各银八钱 吉庆号 银六钱 熊兆言 赵恒盛 郭斌 各银五钱 瓦店：恒兴桂号 银三钱 三义公号 银二两 祥发公记 通顺兴记 和兴隆记 各银一两 宛南：董新川 银三钱 三义油坊 增盛油坊 合义油坊 银三钱 顺昶义号 合义号各银二两 永顺号 义盛粮行 龄升帽铺 隆兴钱店 隆盛帽铺 □□通□ 合顺通记 通顺隆记 新兴盛号 □义□坊 □盛□记 各银一两 王廷友 银廿两 围城：王钊 王锟 张泰恒 王德广 各银三钱 王心宽 张子顺 各银二钱 吴江：□□ 银三两 □泰□ 各银三两 张可嵩 银一两 吴县：沈起祥 银一两 襄垣：崔礅 王德祥 各银二钱 小吉镇：锡盛钱店 合盛钱店 顺盛钱店 各银一两 辛集：亨聚号 银五两 沈京山 孙裕丰 付永宁 祁锦昌 祁立昌 各银三两 高永丰 马新顺 言尊一 刘天吉 恒茂行 各银二钱 新安郡：王俊 银二两 新乡：东利盛 玉泰钱店 晋兴店 太和店 合盛店 肇兴店 各银一两 景和源 义盛当 各银二两 瑞盛坊 成义和 新秀兴号 万顺油坊 各银五钱 新野：新兴染坊 各银一两 新兴油行 银二两 兴盛油行 邰永顺号 公义油行 银三钱 休宁：邵洽 各银一两 汪玉雷号 各银□两 宣城：黄能聚 银五钱 延津：合盛文记 银一两 盐坡：仙成号 银二两五钱 杨村：贾天旺 银五钱 宜阳：高震益 银三钱 翼城：恒顺隆号 尚义号 恒兴合号 信成源号 九如恒号 集义公号 玉盛张记 各银□两 乾太升记 永发号 和合元记 德顺魁记 各银五钱 日兴恒号 各银□两 尹家：尹文清 各银三钱 苏中发 银三钱 尹发荣 尹元囤 各银二钱五分 永成号 银六钱六分 永兴凌记 银五两 禹店村：顺成号 永生油坊 银三钱 义顺苏记 泰

顺和记　各银一两　永来升号　银二两　长治：合成号　银五钱　立成号　各银一两　刘世盛　各银一两　长子：陈维兴　各银一两　赵复盛　银八两　西良兴　银七两　张万盛　长兴隆记　良兴东店　长兴公记　长兴增记　姬君盛　姬复兴　各银五两　经筵陈筠　银四两　周村：茂盛店　增生店　履吉店　大升号　永茂店　同兴号　萃亨号　高全盛　贺锦隆　永聚钱店　唐恒聚　洪昌号　西裕盛　全盛店　东裕盛　孙协泰　王万和　永盛店　永盛纸店　全泰号　秦洵　各银一两　王广信　李蔚文　李克从　侯天禄　各银三钱　郭增　吴承周　吴璠芳　杨永恒　各银二钱

……中间有近三十家商号和商人信息模糊不清……

朱镇：董义成　银各一两　沁水：侯亦润　侯亦丰　姬家庄：姬德忠　各银一两　本县：鸿兴大号　宏兴太号　宏兴允号　义生行　复盛号　世兴号　炳义号　义兴号　永吉公记　同盛振记　三益宜记　永恒德记　永发号　德顺和　各银□两　李太和　银五钱　祥发公记　永升号　德顺大记　各银一两　永兴信记　各银二两　德盛兴号　银一两五钱　寺庄：冯福荣银三钱　响水坡：王国炳　各银五钱　王起龙　团池：牛瑞山　银五钱　赤祥：林金梁　银二钱　张铎　银一钱　田怀玉　银二两　田种玉　银一两五钱　王恒镕　杜锴　各银二两五钱　圪旦：冯瑾　冯玙　各银三钱　冯镇　银二钱　冯建椿　银五钱　公义号　环兴号　乾元合记　各银三两　故关：赵建冈　赵琢章　沙院：暴瑞　河西：秦宗礼　银一两　赵家山：赵冈　赵坤厚　赵炜　赵镕　各银一两　田荣　银三钱　王琇　各银三钱　秦永禄　赵家山：赵鉴　胡兴盛　泉盛号　洪兴号　各银一两　赵元忠　刘南元　李述鲁　方铎　周起韦　王爱民　贾文有　李自富　张大儒　通顺号　刘昆山　黄永泰　□□□　泰和号　东兴号　全盛号　邵老均　田有仁　王宏业　吉兴号　常义顺　汉全号　孙锜　李久长　各银五钱　陈谋　韩飞虎　李文明　李永清　大兴号　白玺　张范　各银三钱　郭穗　齐均望　郭逢春　李宗华　孙国林　振兴号　赵居义　王永　马化龙　任章　三茂号　栗思

明　银二两五钱　赵懿　银五钱　正顺兴号　银四两　中村　吕天成　银三钱　长受里：李栋　李智　各银三钱　李统龄　李遐龄　李慧　马美　各银一钱　合盛翰号　银五两　史德盛　靳义兴　各银三两　德昌店　增盛店　各银二两　顺兴号　郜义和　王万胜　赵义盛　王万通　石琳聚　亨聚号　郭万顺　宝源号　公茂号　王聚兴　三合线铺　合义号　各银一两　贵生号　白大成　天兴机坊　恒茂号　各银五钱　曹敬泰　银三钱　赵永泰　陈九如　各银二钱

……以后内容残缺……

光绪十一年（1885）《三大士庙碑记》，现存高平市德义庄白衣大士庙。

曹州府菏泽县：

马登云　郭继阳　宋宝元　王孔高　孟昭步　孟昭度　李景明　李景亮　马老石　马鲁英　晁万礼　晁万和　晁万兰　晁□□　黄□□　□天成　李存信　刘三女　以上共捐大钱叁拾肆千伍百文　陈道合　陈永汉　李芳田　王文灿　王明灿　李俊月　刘德普　郭新藏　宋孟田　沈邦盛　沈邦仁　孟宪章　孟广标　张冠一　李昆山　康福兴　卞兴道　郭景堂　李金荣　庞兆和　成金山　羊廷甘　魏青石　张守成　赵同述　晁万年　魏青元　孟广储　赵明升　赵德修　赵德安　孙广善

洪善堡：施钱□文　公议会　各捐钱二千五百文　三益公　库房　和生泰　义永号　万升号　永泰祥　天全店　清义号　福兴公　各捐钱一千　谦□□　□□店　□□□　□□□福　□□福　□□壹仟文

南庄：义成店　丰成店　各捐钱伍百文

蠹县：当行　公捐银三两；库房　捐钱二千文　万升号　和生泰　三益盐店　复盛公　恒庆公　聚兴号　各捐钱壹千文　义和号　公盛永　寿山堂　同心号　恒昌号　庆祥义　各捐钱伍百文　泉升号　清义号　天泉店　各捐钱伍百文　万纪　老居养　各捐钱二千五百文　寿山堂　泉升号　恒昌号　李洛稚　赵洛东　福义号　复祥和　纪洛蕴　贾洛昆　李

洛璞　各捐钱五百文　李□□　各捐钱伍百文　三益公　捐钱一千文　同聚号　捐钱钱伍百文

百尺镇：① 聚庆公　庆合店　长盛祥　德兴楼　广泰兴　各捐钱一千　长盛祥　德兴楼　各捐钱一千文

李岗：德□□捐钱一千文　庆和店　天和店　公和店　义和店　各捐钱壹千文　祥和店　祥成店　源来号　福顺公　各捐钱五百文

张家口：公□□　公□□　公□□　各捐钱□文　杨士英　施钱二千五百文　李洛岗　张洛被　五百文

小陈镇：永和店　德昌号　祥兴号　各捐钱伍百文　兴茂隆　益源号　公盛永　各捐钱一千　德昌号　益源号　兴茂隆　永源号　各捐钱一千文　北皋：张大才　各捐钱一千文　义顺长　各捐钱五百文

回隆：② 普成号　捐钱五百文　恒裕海　捐钱一千文

秤勾集：③ 义兴隆　和顺号　各捐钱五百文　王庄（庄）：许继志　各捐钱五百文　祁州：陈仁和　兴茂德　各捐钱伍百文　龙王庙：聚兴号　各捐钱壹千文　尹村：公□□　施钱□□文　芮邑：公□□　壹仟文　介邑：菅□□　壹仟文　长辛店：广兴长　源丰生　隆盛义　五百文　良乡县：德纯生　永兴公　伍百文　东魏：王洛桂　伍百文　汪各庄：阎广瑞　各捐钱伍百文

郭世敏　福元募化：东德义：史魁荣　各捐钱五百文　彰德府：三成玉　各捐钱五百文　岭西：赵中秋　各捐钱五百文　永录：贺玉玺　各捐钱五百文　大名：集盛号　和盛泰　各捐钱五百文　双井：双盛永　合兴永　各捐钱五百文　□桥：长顺当　各捐钱一千　曲沃：西公和　头碗香　宝忠信　宗信成　义顺永　各捐钱五百文

本村：郭世惠　施钱拾千文　杨士英　施钱八千文　郭常煦　施钱八千文　杨士凤　施钱五千文　郭常清　施钱三千文　璩禹州　施钱一

---

① 有河北保定蠡县百尺镇或长治市壶关县百尺镇，无法确定是哪个。
② 河北邯郸市魏县回隆镇。
③ 河北临漳县称勾集。

千文　□□□　捐钱一千五百文

□邑：同兴镒　信义成　东全兴　隆源店　同升店　各捐钱一千文　甘勾村：公□义　捐钱一千文　王机生　捐钱钱伍百文　饶邑：广亿隆　捐钱伍百文

另有其他零散捐资三十余人，不予罗列。

同治五年（1866）《补修殿宇以及创修看楼碑记》，现存高平市庄子村关帝庙。

谨将众善士芳名功德列左

本邑：和盛德　永和堂　邢□　和盛永　和泰兴　崔俊　崔□　郭良能　裴锦章　裴云章　纯和堂　公记□炉　三和祥　公义窑　马文昌　悦绾春　贾存真　张占锦　各施钱一千文　邢正发　施钱三千文　何希明　公兴和　义和窑　各施钱二千文　贾鸣銮　施钱一千五百　勇成公　张子成　张安科　各施钱五百文

徐邑：万盛顺施钱一千文　凤邑：永春号　三通号　世兴号　各施钱五百文

河南汝宁府信阳州：邢录　领化银十两　河南商丘县马牧集镇：邢灼　领化银十五两　丕泰号施钱十千文

湖北孝感县小河溪镇：丁丰盛　碧云堂　各施钱三千文　应山县：吴文国　各施钱三千文　邢魁　领化银十八两　谈裕和　施钱七千五百　孝感：万升和　施银二千文

申阳：泰源和　各施银二千文　箭头：王通　各施钱五百文

京都：聚泰号　各施银四两　兴泰义　九花楼　各施银三两　敬胜长　同胜昌　泰兴号　各施银二两

应山：吴全乐　吴全品　吴继藻　吴文煌　陈之德　陈之铭　陈之荣　冯义兴　各施钱一千五百文　周全德　三泰号　王义和　各施钱一千文

长子：顺成和　各施钱五百文　直隶隆平县陈村镇：邢钰　领化银

十三两

募化首事：

本邑：邢广源　邢大通　应山：王金科　京都：邢伯炜　孝感：邢华　商丘：邢升奎　本邑：邢继元　邢道全　以上共捐银八十九两，□合钱一百一十五千七百文

共捐钱七十九千五百文

以上一切共总花费使钱一千九百二十九千文。

光绪三十三年（1907）《无题名碑记》，现存高平市董寨村东阁（青帝庙）。

邀好善之人行募化之事，伏祈四方君子慷慨乐施。

巩邑：三元长　施银三两　泰盛林　合盛德　吉盛恒　和盛金　朴春成　各施银一两　义顺公　施银六钱　雷书声　宋万璋　刘锡政　泰兴和　和顺堂　各施银五钱

封邑：中正典　施银二千文　复兴成　德昌裕　公泰号　林茂号　聚升长　同义店　成兴公　各施钱一千文　成德堂　施钱一千五百文　道口：王□□　庆余长　顺兴隆　各施钱一千文　洛邑：天申福　中和隆　涌源昶　同泰隆　各施银五钱　丰愈隆　施银四钱　恒兴隆　祥义兴　林庆隆　永庆隆　岐瑞永　廷盛昌　各施银三钱

漯河：永成恒　施钱一千文　偃邑：义兴永　德盛魁　文兴隆　长顺德　峻兴隆　西成兴　各施银六钱　中和恒　恒升德　中义顺　各施银四钱　隆庆丰　施银五钱

禹州：庆福长　筠茂祥　各施钱一千文　西平：文盛协　牛忠和　各施钱二千文义聚昌　仁义和　长发祥　德盛长　各施钱一千文　周口：福记号　复源店　各施钱一千文　聚兴局　义泰东　各施钱一千文　永顺和　施钱五百文　新乡：祥盛新　福□长　各施钱一千文　天顺和　施钱一千文　汜水：张合盛　张三盛　各施银五钱　高邑：赵大桂　施银五钱　邢小绪　施钱五百文

捐银维首　李懋龄　李逢春　邢金科

本村：李天长　劝捐齐集施钱十三千五百文　焦雪成　劝捐封邑施钱十一千文　李槐荣　劝捐漯湾河施钱十千文　李金泰　劝捐廷邑施钱七千五百文

例授修职郎候选儒学训导附贡生李荣堂撰　　邑庠生焦维垣书

首事人　焦雪元　李金泰　李雁怀　邢发泰　李天爵　李红聚　李金成　邢青洛　焦银泰

木工　邢怀洛　泥工　秦通泰　石工　祁小金　油画　郭金林　李胖则　仝勒石

大清光绪三十三年岁次丁未十二月谷旦

道光十年（1830）《补修关帝阁记》，现存高平市董寨村关帝庙。

本邑：福盛店　捐银二两　磁州：①　大亨号　岐盛号　永恒号　丰源号　义和号　丰兴号　聚源号　以上各施钱一千五百文　公顺号　捐钱二千文　贵兴号　捐钱二千文　君盛号　捐钱二千文　岐昌号　同顺号　恒兴号　天顺号　广顺号　庆太昌　谦和号　丰兴盛　保太号　以上各施钱一千文　太和号　明顺号　顺兴号　以上各捐钱五百文　太兴号　捐钱三千文　天益号　双义号　以上各施钱五百文　万亨号　鼎盛号　以上各施钱一千文　新盛行　捐钱二千五百文　新兴号　捐银四两　镒成号　捐钱七百五十文　邓州：隆盛和　施银一两　方邑：恒顺兴　万盛斌　荣顺兴　以上各捐钱一千文　封邑：金增　捐银四两　凤翔：天聚隆　施银二两　姑苏：顾永隆　捐银五两　宏盛行　施银一两　隆大号　捐银二两　瑞利号　捐银二两　广平：玖盛号　茂盛号　新盛号　以上各施钱一千文　重盛占　施钱一千五百文　汉川：涌丰行　德太号　李允丰　豫丰行　允丰行　以上各施银一两　汉口：亿盛号　施银一两　云汉行　施银二两　汉阳：李合兴　施银一两　河口：义成

---

① 磁州，即磁县，隶属河北邯郸市。

通　施银二两　永太美　恒升乾　以上各施银一两　河内：郭广合　施钱一千文　回隆：全育号　施钱一千文①　汲邑：百福号　大兴店　赵永茂　顿复兴　万聚店　以上各捐钱五百文　汲邑：德昌号　捐钱三千文　汲邑：牛万盛　陈恒兴　杨万兴　以上各施钱五百文　汲邑：全兴号　施钱一千文　江南：孙永盛　捐钱一千文　京都：合盛号　恒盛号　新盛号　兴盛永　永太同　庆成号　顺兴昌　乾元号　义顺号　万泰号　协成永　兴广永　牛海兴　合益局　永吉号　恒元号　天吉宜　三义号　福太号　以上各施银一两　京都：美生玉　捐银三两　京都：溶生典　捐银三两　京都：寿增昌　捐银五两　京都：万顺凝　万隆有　恒太荣　永太号　永和号　三元局　尼会乾　以上各捐银二两　京都：增盛养　捐银三两　京都：赵合盛　施银二两　洛河：信成成　大顺隆　以上各银二两　洛邑：义和隆　通太秦　永德号　以上各施银一两　洛邑：永太成　施钱一千文　洛邑：永祥号　信盛玉　德升号　福兴和　以上各施银一两　南阳：重盛魁　施银一两　七方：崔玉兴　施钱一千文②　沙石：永成公　施银二两　沙石：永兴肇　捐钱一千文　赊旗：德盛太　捐银二两　武邑：达盛典　捐银三两　武邑：广成典　捐银三两　武邑：全盛典　捐银七两　武邑：瑞兴典　捐银三两　武邑：绍衣堂　捐银二十两　武邑：夏景元　捐银三两　襄阳：吉顺号　协顺隆　德盛兴　永聚行　通丰太　以上各捐银二两　襄阳：连盛尚　施钱七百五十文　襄阳：协太义　捐钱二千文　小河：申连盛　德盛申　以上各施银一两　新野：丰太美　施银一两五钱　新野：永丰茂　贞恒祥　丰大号　聚盛隆　永兴茂　以上各捐银二两　新野：永丰廷　永和合　兴太号　以上各施银一两　兴安：万发生　捐银三两③　许昌：永恒和施银二两　枣阳：德盛祁　福义号　源生通　以上施钱各一千文　彰德：恒顺号　捐钱二千五百文　彰德：万合号　捐钱三千文　彰德：永庆兰　捐

---

① 回隆镇，隶属于河北省邢台市威县。
② 七方，似乎是今天湖北枣阳时乡镇。
③ 兴安镇，现为河北省石家庄市藁城区。

钱三千文　长垣：郭天盛　施钱一千文　长垣：吉隆盛　施钱一千文　长垣：刘合兴　捐钱二千文　长垣：万隆号　和盛号　益隆号　以上各捐钱五百文　长垣：兴裕号　顿万顺　永春号　以上各钱五百文　周口：陈仁义　施银一两　竹山：隆兴和　施钱一千文①　竹山：兴盛隆　施银一两　会友：王时夏　郭景仪　以上捐钱七百五十文　赵公堂　侯成金　康懋杰　郭万有　益箴堂　忠义会　致远堂　光裕堂　双和堂　程敛　宋栋　以上各捐钱五百文　王彩仑　捐钱五百文　张百顺　捐钱七百五十文　协盛堂　明伦堂　李允继　两合斋　同泉堂　同心会　郭连和　张士信　以上各捐钱五百文。

募输维首

郭溥　张从龙　郭景仪　丁郜

道光十三年（1833）《补修碑记》，现存高平市围城村三官庙。
李永全募化姓名列后：

孟津县正堂马　捐银二两　儒□正堂　韩、副堂陈　各捐钱一千文　咸宁营翟、右堂茹　各捐银一两　长盛店　长生店　各捐钱二千文　姚振兴　户南房　库房　各捐钱一十五百文　户北房　捐钱八百文　工房　捐钱一千文　礼房　兵房　各捐钱五百文　仓房　吏房　各捐钱八百文　□发房　捐钱四百文　刑房　捐钱六百文　快班　捐钱二千文　皂班　捕班　壮班　各捐钱二千文　馆陶：王德山　捐钱二千文　下城：合盛线店　秀兴油房　蓝丰盛米店　松茂茶店　云兴京店　义聚茶店　双盛长记　成裕布店　各捐钱一千文　祥发钱店　捐银一两　复元钱店　捐钱二千文　朱镇：潘义兴　□茂店　永源门神店　庆升镇记　各捐钱六千文　□□□店　捐钱一千文　朱镇：永成门神店　陈方俊　孙明忠　元同店　协和门神店　元昌门神店　永昌门神店　各捐钱一千文　汴城：恒顺王记　捐钱二千文　孟津：宋殿阳　捐钱一千五

---

① 竹山，现为湖北十堰市竹山县。

百　天信店　捐钱二千文　元隆典　福盛典　各捐银一两　周口：兴盛裕　兴隆泰　兴隆公　各捐钱二千文　道口：广盛号　荣兴泰　长盛冯记　各捐钱一千文　滑县：兴盛缎店　捐钱一千文　滑县：四茂协记　捐钱一千文　武安：王金兴　贾三合　王会兴　同盛号　各捐银一两　河南开归道刑房　捐钱一千文　济源：郑之寿　捐钱一千文　本村：义知李记　捐钱二千文

　　王逢原募化姓名列后：

　　凤邑：东当行　捐钱四千文　高邑：南当行　捐钱六千文　寺庄：公议局　捐钱四千文　大阳：新盛典　捐钱二千文　庆余盐店　可兴典　恒庆典　双盛典　丰亨典　各捐钱一千文　元昌典　王作栋　王作楫　王式毂　各捐钱二千文　王守贞　王士淳　晋升典　恒庆典　协成典　义宝典　各捐钱一千文　王报：永泰典　新盛油坊　各捐钱一千文　掘山：大成典　米山：亨通典　城中：永盛典　成盛典　师果　南关：益和典　义盛钱店　广泰号　寺庄：同义典　天顺典　各捐钱一千文　三盛典　南关：义盛典　各捐钱二千文　寺庄：乐义号　郭顺兴　毕机　各捐钱一千文　本村：王逢原　捐钱六千文

　　赵良弼募化姓名列后：

　　阳曲：王世通　捐钱六千四百文　世□成　郭运　郝生海　刘耐　各捐钱二千四百文　庆昌公　捐钱一千四百文　锡成永　张大喜　各捐钱八百文　介休：充裕号　通顺号　高邑：赵从龙　各捐钱一千六百文　本村：赵良弼　捐钱一千文

　　王心福募化姓名列后：

　　曲沃：王恒泰　捐钱四千文　道生盐店　山峻店　各捐钱二千文　合兴德　王义顺　义成店　王协成　赵双盛　王三合　程三盛　协成号　张仁义　刘荣兴　元昌公　茂盛号　合盛店　正邑：复兴□　汝邑：源同泰　恒茂号　各捐钱一千文

　　王得禄募化姓名列后：

　　立泰店　晋盛店　自兴店　万全堂　南全泰　祥盛店　源兴店　成

泰店　统翔店　聚锦店　张全泰　泰永开　姬永兴　合义店　各捐钱一千文　德义店　捐钱三千三百文　本村王镕　捐钱十千文

杨天佩募化姓名列后：

鲁村：同意会　捐钱四千文　凤邑：合兴成　高邑：王成高号　聚源号　各捐钱二千文　黄石：杜大宅　杜二宅　杜三宅　杜四宅　各捐钱一千文　省城：三成永　捐钱一千文　李桂生　捐钱二百文　李士瀛　常□韩长　李士财　各捐钱三百文　益和典　鲁村：关帝会　王寺：李聚　各捐钱一千文　永祥号　捐钱三百文　靖山：聚成楼　捐钱五百文　本村：天成号　捐钱一千文

□村布施列后：吴长久　捐钱二十千文　吴元吉　捐钱十千文　王心福　捐钱二千文

以上共捐钱二百七十一千九百五十九文

收擎神会老社钱一百三十一千零六十二文

一切共使钱四百四十六千四百文

仝勒石

大清道光十三年岁次壬辰九月榖旦东社仝立

（二）陵川县资料

宣统三年（1911）《重修舞楼碑记》，现存陵川县崇文镇沙上头村。

吾村旧有舞楼七楹，无如年湮代远，墙壁坍塌，父老塑之而生悲，子弟盼之而发急。惜乎，丁不满一旗，家仅属一里，欲募化而无地可至，欲积殷而富户甚稀，因循莫定，几乎基趾（址）泯灭矣。于是公同商酌，群言有志竟成，即吾村虽小亦屈……社之事。实时兴工，募化按亩起钱，不满一载，舞樱重焕然而润色，信乎逡巡奠前：惟力不足，寅登地以白限也。因之证碑刻石，于是表壮观之志耳。

凤邑：吉生岐　蔚泰昌　信义店　各捐银三两　顺兴礼　福星岐　永森岐　各捐银一两五

清化：路元来　连道芝　各捐银二钱　协和店　隆兴合　各捐银二

两　公胜局　捐银二两六　福水明　捐银七钱五

泽郡：会元店　捐银一两　浚邑：元泰仁　凌茂恒　各捐银一两　树掌：体仁堂　云盛冯　各捐银一两　道口：会馆　捐银五两　乔云合　益兴亨　各捐银二两　玉恒义　捐银一两五　永兴成　东升恒　同吉永各捐银壹两　武邑：义兴号　捐银一两　□邑：三合公　捐银一两五　清化：玉盛长　捐银一两　平城：同益元　捐银二两　荫城：复成店　捐银二两　玉成店　捐银一两　滑邑：成兴新　捐银一两　薄邑：至诚店　捐银二两　同益谦　捐银一两　获邑：郑福杰　捐银五钱　浪牛：魁玉山　捐银一两五　新邑：泰成店　捐银二两　武邑：鸿盛山　发兴号　各捐银五钱　协盛同　捐银四钱　平城：宋七太　王四科　各捐银一两　姚增祥　捐银五钱　李松喜　捐银叁两　都增玉　都群孩　李金昌　都小五　各捐银一两　都明聚　捐银八钱　李明盛　都跟牛　各捐银六钱　都堆金　都小六　都元公　都玉新　焦秦　付春狗　刘玉兴　李二孩　各捐银五钱　李肥孩　捐银二钱　李福起　捐银四钱　徐成孩　郭生　各捐银三钱。

同治十一年（1872）《重修板圣阁碑记》，现存陵川县六泉乡大王村德明观。

尝思作善降之百祥，试观宇宙间，创修庙宇补□神□，种种善事，难以胜指。吾村古有关圣文昌神阁一座，不知创修始自何时。往来行走棚石为祸，人皆有举足之患。吾数人急欲补葺，奈囊资无余，幸有四方善士愿捐资财，同种三生之福。今工程告竣，理当刻石芳名于后：

本村：王福来　捐银二两　王伏栓　捐银二两　王祥聚　捐银二两　王永寿　捐银二两　王祥贵　捐银一两五　王祥锁　捐银一两　王东义　捐银一两　王起鹏　捐银一两　王成美　捐银一两　王志鸿　捐银一两

焦虎：双盛公　捐银一两　大成店　捐银一两　于青黎　捐银一两　段和德　捐银一两　永顺中　捐银一两　道口：大成永　捐银一

两　长盛云　捐银一两　王成永　捐银一两　怀郡：太顺宜　捐银一两　义聚西　捐银一两　赵庄□：郝聚行　捐银一两　清化：太顺清　捐银一两　龙集：全太仁　捐银一两　太顺裕　捐银一两　归德府：赵玉兴　捐银一两　荫城：正兴店　捐银一两　杨村：益元钉店　捐银一两　白龙王庙：广成号　捐银一两　□□镇：赵玉兴　捐银一两　老河口：顺益　捐银一两　钉船帮　玉兴店　捐银一两　平城：恭兴油店　捐银一两　正兴钉店　捐银一两　宋汝兴　捐银五钱　长葛：源合兴　捐银五钱　薄镇：恒源店　捐银五钱　焦虎：永生花店　捐银五钱　道口：仁裕大　捐钱五钱　滑县焦虎：祁同兴　捐银五钱　德隆堂　捐银五钱　西太坊　捐银五钱　永成油店　捐银五钱　全盛典捐五钱　聚盛坊　捐银五钱　监生焦克穴　捐银五钱　杨元成花店　捐银五钱　□召：同义花店　捐银五钱

本村：王心林　捐银五钱　王玉祥　捐银五钱　王祥花　捐银五钱　王苏保　捐银五钱　王希贤　捐银五钱　王元庆　捐银五钱　王增益　捐银五钱

漯湾河：太和义　捐银五钱　平城：同元福　捐银五钱　高邑：双和永　捐银三钱　岭北底：顺成永　捐银三钱　郭家沟：贵升号　捐银三钱　杨家河：赵玉兴　捐银三钱　杨家河：王怀林　捐银三钱　赵口　捐银三钱　本村：王永　捐银三钱　王香孩　捐银三钱　杨村：双盛元　捐银三钱　获邑：贺忠兴　捐银二钱　春元和　捐钱二钱　阖盛和　捐银二钱　附城镇：文兴号　捐银二钱　杨家河：赵清　捐银二钱

大清同治十一年八月拾五日合社同立

道光二十六年（1846）《重修古佛堂碑记》，现存陵川县礼义镇宋家川村。

盖闻莫为之先，虽美弗章；莫为之后，虽盛弗传。吾乡旧有古佛堂，创自康熙十六年间，至道光二十六年墙屋崩颓，意欲旧贯，但邑仅十室，愧难为力，遂谋及速方，乐善之士广捐赀财，共成盛事。及工程告竣，爰举芳名开列于左：

漯口河：杨懋德 捐银五两 老马头：新盛店 捐银三两 漯湾河：义泰号 捐银二两 漯湾河：公字号 捐银五两 上蔡县：旺盛号 捐银二两 刘家阁：隆泰店 捐银一两五钱 确山县：恒春号 捐银一两 周口：永昌号 捐银一两 新安店：双合号 捐银一两 胡家庙：隆兴号 捐银一两 西平：仁和号 捐银一两 沙河店：永全号 捐银一两 漯河：郭中和 捐银一两 孙常店：文铭号 捐银一两 西平：兴盛号 捐银一两 驻马店：合义号 捐银一两 驻马店：积升号 捐银一两 遂平：万隆号 捐银一两 横山：万隆号 捐银一两 漯河：玉龙号 捐银一两 漯河：永和号 捐银一两 礼义：永和公 捐银五两 立成泰 捐银二两 巨川号 捐银一两 凤邑：张焕斗 捐银一两 杨村：同顺号 捐银一两 东沟：公盛店 捐银一两 石井：双兴号 捐银一两五钱 五里口：涌发号 捐银一两 东府底：义和店 捐银一两五钱 郭庄：郭聚美 捐银一两 礼义：李绣林 捐银一两 平川：纬泰号 捐银一两 本村：马祥仁 捐银五两 毕温 捐银二两 马川恭 捐银一两 毕河 捐银五钱 赵谟 捐银五钱 毕辅 捐银五钱 马祥法 捐银五钱 马福 捐银五钱 马祥瑞 捐银四钱 马祥顺 捐银三钱 马祥云 捐银三钱 马祥福 捐银三钱 马玉 捐银三钱 马仑 捐银三钱 马成春 捐银三钱 周万福 捐银二钱 毕本安 捐银二钱 马祥太 捐银二钱 赵德荣 捐银二钱 马祥生 捐银二钱 马秋春 捐银二钱 毕俭 捐银二钱 杜国宝 捐银二钱 马祥贵 捐银二钱 赵诰 捐银三钱

邑庠生李凤鸣书丹 维首马祥仁同阖社人等仝立

大清道光二十六年九月初一日

石工赵美勒石

清代《商号捐资花梁题记》，现存陵川县礼义镇会馆。

时大清光绪四年甲申九月乙酉日，合镇商人创修三楹耳楼六间，东

西厅平房四间，吉时上梁，千载永固，永垂不朽，是为记耳

正殿南梁题记：

同事商人　长和典　诚意典　通兴号　享益油坊　通益号　同益号　谨信盐店　长兴典　公兴油坊　同泰号　会泉涌　泰和钉店　泰和典　大川号　永丰号　合益油坊　兴隆号　广兴号　复兴号　瑾盛号　同和号　永合号　万全堂　德兴号　公和馆　恒茂号　双和楼　统盛号　万育堂　忠信楼　西昆兴　广诚亿　万盛号　岐兴号　九成楼　明泰号　恒盛染坊　义美毡坊　有聚号　连盛号　魁生号　天兴麻铺　仝立

正殿北梁题记：

纠工维首　长和典　长兴典　公泰号　大川号　公和馆　万育堂　通益号　泰和典　吉时上梁，千载永固，永垂不朽，是为记耳

纠工维首　长和典　长兴典　公泰号　大川号　公和馆　万育堂　通益号　泰和典　诚意典　西昆兴　永丰号　同益号　公兴号　通兴号　广兴号　信余永

道人　赵智润　泥匠　杨仲　水匠　李广成　木匠　李厚　仝立

（三）潞安府资料

乾隆三十九年（1774）《白衣阁碑》，现存八义镇白衣阁。[①]

我八义南堡外，旧有水口，镇人筑桥于上。数年来颇无倾圮，其车马往来率无所减，其□□□□□共议若谓更建阁于上，则南连北接，东有对待，西无缺欠，愈觉气聚而风藏矣。将来之居民殷富、商贾兴隆，不可以预卜乎？遂卜吉督工，起于乾隆之甲午岁，供奉白衣大士、文武财神并金龙大王诸神于上，以为一方之保障焉。

本镇客商士民捐助银两开列于后：

金顺号捐银十四两；福兴号捐银十两；四钱公义号捐银十两；三义

[①] 转引于刘泽民总主编《三晋石刻大全·长治市长治县卷》，三晋出版社2012年版，第156页。

号捐银十两；公义典捐银十两；东盛号捐钱六千五百；张虞典捐钱六千文；东兴盛捐钱四千五百；成太号捐银五两七钱；玉顺号捐钱四千五百六十；义顺号捐银四两；贾永兴捐银四两；隆兴利捐钱三千文；一全顺捐钱三千文；和兴号捐银三两五钱；一义典捐钱二千九百；庆太号捐钱二千八百；众会友捐银三两；玉盛号捐钱二千六百；福义号捐钱二千六百；太顺号捐钱二千五百；吉升号捐钱二千五百；仁和号捐钱二千二百；兴隆号捐钱三千文；吉兴号捐钱三千文；赵仁捐金三□；张鲍氏捐银三两；赵李氏捐钱一千五百；义顺当捐钱一千五百；保元堂捐钱一千五百；张世魁捐钱一千三百；隆盛号捐钱一千一百；杨功成捐银一两；张程氏捐银一两；冯进祥捐银一两；公义缎店捐钱九百；李旺盛捐钱九百；天成棚铺捐钱九百；兆盛缎店捐钱五百；苏宗茂捐钱五百文；崔贤云捐钱五百文；陈裴氏捐钱五百文；玉兴号捐钱五百文；南福兴捐钱六百文；天福堂捐钱五百文；魏缎店捐钱四百五十；陈廷弼捐钱四百五十；西万顺捐钱四百文；万全号捐钱四百文；祥盛号捐钱四百文；普济堂捐钱四百文；王振元捐银四钱五分；付甲捐钱三百文；金聚广捐钱三百文；刘兴旺捐钱二百文；秦宗典捐钱二百文；刘天明捐钱一百五十；杜天才捐钱一百五十；全盛肉铺捐钱三百文；宋铺林捐钱三百文；王汉荣捐钱二百五十；秦周捐钱一百文；魁星楼捐钱一百七十；崔官太捐钱三两；丁九成捐椿一卦；宋兆连捐钱三百；王金桥捐钱三百；王金升捐钱三百；龙山村捐钱五千文；东平村捐钱三千文；石后堡捐钱一千八百；西八村捐钱四千文；西平村捐钱一千八百；横岭社捐钱二千五百；沟底村捐钱一千文；东山村捐钱一千七百；南山村捐钱一千一百；岔口村捐钱七百文；南泉庄捐钱一千文；西沟村捐钱五百文；本街三社捐钱五千九百；中社捐钱一千五百；裹角社捐钱一千一百；北社捐钱七百文；西社捐钱一千文；河西社捐钱八百文；北坡村捐钱一千文；太义镇捐钱六百文；狗湾村捐钱一千五百；观会铺户捐钱三千文；聚信徒捐钱十千五百；中社捐钱二千六百；西社捐钱一千九百；刷坨西社捐钱一千九百；南社捐钱五百五十；新西社捐钱一千八百；赵连捷捐饭一百廿

工；秦太环捐饭一百廿工；赵钦捐饭一百工；陈福增捐饭一百工；赵仁捐饭九十工；陈进仁捐饭七十工；赵珏捐饭六十工；秦进捐饭五十工；秦万银捐饭五十工；赵锡捐饭五十工；赵秉让捐饭四十工；赵鹏捐饭四十工；郗廷御捐饭四十工；张永太捐饭卅四工；赵秉桐捐饭卅工；秦万金捐饭卅工；秦进枝捐饭廿七工；赵俊捐饭卅工；赵秉武捐饭卅工；赵连宽捐饭廿五工；赵进昌捐饭廿二工；赵及孔捐饭廿工；赵捷捐饭廿二工；赵太捐饭廿一工；陈子升捐饭廿一工；赵秉直捐饭廿工；赵宿捐饭廿工；赵恺捐饭廿工；赵连珠捐饭廿工；赵洪铎捐饭廿工；秦春惟捐饭廿工；宋丞禄捐饭廿工；秦学士捐饭十八工；胡进元捐饭十六工；赵增普捐饭十五工；秦进京捐饭十五工；秦进英捐饭十五工；秦赛捐饭十五工；赵连普捐饭十五工；丁世恺捐饭十五工；陈子楦捐饭十五工；陈伏捐饭十五工；陈子亮捐饭十五工；秦茂昌捐饭十五工；秦起元捐饭十五工；秦殿忠捐饭十三工；秦秉成捐饭十工；赵里吉捐饭十工；赵子敬捐饭十工；张永寿捐饭十工；范祥捐饭十工；赵祝捐饭十工；张茂龄捐饭十工；陈子端捐饭十工；陈子善捐饭十工；陈子让捐饭十工；陈福张捐饭十工；赵秉捐饭十工；赵吉普捐饭十七工；秦德功捐饭十工；赵文发捐饭十工；陈全捐饭十工；苏尚义捐饭八工；张文元捐饭八工；赵汉捐饭八工；陈子忠捐饭八工；赵维启捐饭八工；赵顺普捐饭八工；秦起洪捐饭八工；陈伏连捐饭八工；赵辛捐香炉四个；秦进德捐饭六工；赵寓捐饭六工；丁元福捐牛六工；赵洪捐饭六工；陈福成捐饭六工；赵连凤捐饭五工；陈子运捐饭五工；王洪捐饭五工；刘进兴捐饭五工；苏尚洪捐饭二工；宋林捐饭二工；秦昆捐饭三工；钊世海捐饭六工；秦起云捐牛二工；赵仁捐牛二工；赵义捐牛二工；秦进兴捐牛四工；赵珏捐牛三工；赵宋氏捐砖三千块；魏功捐银五钱。[①]

[①] 刘泽民总主编：《三晋石刻大全·长治市长治县卷》，三晋出版社2012年版，第156—157页。

致 谢

《明清泽潞商人研究》这本书，是我学术生涯中第一本正式出版的学术类专著。从 2023 年开始筹划，到今年正式出版，前后历时一年。但要说起与泽潞地区的结缘，则要追溯到十多年前。我涉足泽潞地区的研究，始于对此地基层社会和蚕桑业的研究，随着资料的发掘，研究领域逐步从农业、副业而至商业，又拓展至区域经济的发展，以泽潞地区相关研究为命题，笔者先后完成了硕士学位论文及博士学位论文。至今专著撰写完成并准备出版，距离初涉这一领域已经十年有余，可谓十年一剑了。

在本书即将出版之际，衷心想对过去数年间为本书的撰写提供帮助的朋友们，在过去的十多年里，为我的学业顺利完成保驾护航的列位师长们，在过去的三十多年里，给我以生活上的关心与帮助的亲人们表示感谢。

首先要感谢的是大学时代的授业恩师许檀教授。导师治学严谨，利用碑刻文献进行经济史研究更是研究的特色之一。在硕博的数年里，跟随导师学到了不少有益的知识，毕业论文更是得益于导师呕心沥血的指导。大到选题与文章架构、小到资料处理都受到了导师无微不至的关怀与指导。这一过程如同小儿学步，无形中对自己的治学风格也有了潜移默化的影响。本书大量利用民间碑刻资料进行研究，即是对数年所学的一次牛刀小试。饮水思源，再次对导师表示感谢。

其次要感谢山西省晋商文化基金会。2018年，有幸获得山西省晋商文化基金会资助，立项题目为"清代泽潞地区商人群体研究"。课题结项成果即系本书最初的基础。为了符合出版要求，本书在原成果基础上作了部分改动，第一处改动是将研究时段从清代拓展至明代，书名也由《清代泽潞地区商人群体研究》调整为《明清泽潞商人研究》；第二处改动是增补充进去一批近年新出版的资料，将篇幅扩展至二十万字；第三处改动是对书稿的框架结构进行了小幅修改，以便各章节内容更为均衡，逻辑更为流畅。基金会的资助是本书顺利成稿的重要契机，本书的出版也得到基金会的大力支持，并承蒙基金会允准收录入本丛书系列出版，在此再次表示感谢。

再次要感谢的，是我的工作单位。本书的出版，离不开单位的关心和支持。众所周知，晋商文化是山西的文化品牌之一，晋商研究也是我校学术研究的特色之一，我院更是山西省内为数不多的以晋商研究为主的研究机构。在学校历届领导班子的关心重视及几代前辈学者数十年的努力下，我院才具备了今天这深厚的学术积淀。筹划出版《晋商史研究》系列是我校在现有学术积淀基础上，进一步推进晋商相关研究和晋商特色学科建设的又一重要举措。这一系列的政策，不仅对于晋商研究是一大助力，在扶持学界新人，提携学界后进方面更是极大的利好。作为一名学界新人，拙作能够入选《晋商史研究》系列，感到无比的荣幸。是学校的大力支持，让本书的顺利出版获得重要的契机和保障，再次表示感谢。

最后，感谢在本书出版过程中付出大量心血和汗水的各位编辑老师们。本书约二十万字，在过去数月里，书稿经过数次审阅，一遍遍的修改建议背后是各位编辑老师强烈的职业责任感。本书的质量有赖于各位编辑老师的严格把控，本书的成功付梓，更离不开各位编辑老师的无数心血，再次表示感谢。

再次感谢大家。